U0501990

白庚胜,纳西族、博士、研究员、教授,1957年2月14日生于云南丽江市。就读于中央民族学院(中央民族大学)、北京师范大学、中共中央党校,以及日本大阪大学、筑波大学。长期从事学术研究管理、行政领导工作,曾先后任中国社会科学院民族文学研究所副所长,中国民间文艺家协会分党组书记,中国文学艺术界联合会主席团成员,云南省人民政府副秘书长,中国作家协会党组成员、书记处书记、副主席等职务,兼任国际萨满学会副主席、国际纳西学学会会长、中国少数民族文学学会理事长、中国民间文艺家协会常务副主席、中国民俗学会副理事长、中国人口文化促进会副会长等职。现任第十三届全国政协常委,中国作家协会副主席,中国纪实文学研究会会长,20余所大学及机构的教授、研究员。他在文学创作、翻译、评论、研究,以及文化学调研、研究、组织领导等领域卓有成就,出版有70余种专著、专集、译著、编著,并主编出版40余种近万卷(册)类书、丛书、套书,主持"中国民间文化遗产抢救工程""中国少数民族文学发展工程"等10余项国家特别委托项目、社科重大项目,获10余项国内外重要学术奖项,被中国文联授予"全国青年优秀文艺家",中央机关授予"优秀党员",国务院授予政府特殊津贴,国务院授予"全国民族团结模范",中央组织部、中央宣传部、中央统战部、教育部、科技部、人事部联合授予"优秀留学回国人员成就奖",为党的十七大代表。

本书获

2020 年贵州省出版传媒事业发展专项资金资助
贵州出版集团有限公司出版专项资金资助

白庚勝文集

业禅 己亥年书

白庚勝文集

国际东巴文化研究集粹

孙淑玲 主编

白庚胜 杨福泉 编译

贵州出版集团

贵州民族出版社

图书在版编目（CIP）数据

国际东巴文化研究集粹 / 白庚胜, 杨福泉编译. --
贵阳 : 贵州民族出版社, 2022.1
（白庚胜文集 / 孙淑玲主编）
ISBN 978-7-5412-2660-1

Ⅰ.①国… Ⅱ.①白… ②杨… Ⅲ.①纳西族—民族
文化—文集 Ⅳ.①K285.7-53

中国版本图书馆CIP数据核字(2021)第124410号


BAI GENGSHENG WENJI
GUOJI DONGBA WENHUA YANJIU JICUI
白庚胜文集
国际东巴文化研究集粹

编　　译：白庚胜　杨福泉
主　　编：孙淑玲
责任编辑：王丽璇　李小燕

出版发行：贵州民族出版社
地　　址：贵州省贵阳市观山湖区会展东路贵州出版集团大楼
印　　刷：贵阳精彩数字印刷有限公司
版　　次：2022年1月第1版
印　　次：2022年1月第1次印刷
开　　本：787×1092 mm　1/16
印　　张：19
字　　数：280千字
书　　号：ISBN 978-7-5412-2660-1
定　　价：75.00元

# 总　序

孙淑玲

　　两年前，贵州民族出版社社长胡廷夺先生前来北京寻找贵州民族出版业"突围"的突破口，寻找到中国社会科学院民族学与人类学研究所研究员石茂明先生。盖因他们都是苗族同胞，又曾在中央民族大学同过学。十分谦虚的石先生便介绍白庚胜先生为胡先生做宏观策划，并建议先选编一套"白庚胜全集"作为开端。

　　白庚胜先生虽然已从工作一线退下，但仍是中国作家协会副主席，还担任全国政协常委，需要长年为文化、文学事业和参政议政而奔波全国各地，根本无暇顺从这一美意，做自己的文化、文学、学术总结。而且，白庚胜先生认为中国能人高士多得很，自己的诗、文、论、译工作还在源源进行之中，还轮不到出"全集"。

　　经多次谢绝无果后，胡先生与我们商定，这项工作就由我独担，并只称"白庚胜文集"，以留有余地。

　　众所周知，白庚胜先生是名副其实的文人，或称"文人型领导""领导型文人"。他因文而留京，为文而留学，为文而从政，所从的"政"也是与文化、文学、学术有直接或间接相关的"政"。他除先后担任多种文化、文学、艺术类领导职务，兼任国内外多个学术团体负责人，主持多项国家"重大课题""委托项目"，在二十多个大专院校、研究单位兼职教学外，还在组织、策划、领导有关文化、文学、学术工作，以及读书、写作、讲课、改稿、为他人写序跋与评论中生活，代价是年仅61岁就已双目摘除白内障。

他的著述较为丰富，其中有论著、论文、译著、译文、编著、编纂、创作、评论、对谈、演讲、民间文学翻译整理等，不一而足，而且历时太长、跨度太大、数量太多，要把它们分门别类选编在一起绝非易事。由于我的专业是戏曲教育，选编这套文集对我的挑战极大。但是，好在30多年来我们一直相濡以沫、了解较深，他的资料工作又一直做得极周全、细致，还有女儿白羲、女婿肖天一做助手，更有胡廷夺先生全力协助、指点。所以在有铁凝主席、慕德贵部长出席的有关它的出版签约会召开，以及班禅额尔德尼·确吉杰布大师为它题写书名之后，我的工作也在日积月累、不断推进，在全国人民喜庆中国共产党成立100周年之时收官，向新时代的中国文化界、文学界、学术界献上了白庚胜先生与我的一片薄礼。

最终选编确定的《白庚胜文集》共为50卷，每卷主要以已出版过的专集为单位，分属文化、文学、翻译、纳西学四大类。所要说明的是：（一）所收各卷均是独立或合作完成的专著、专论、专译等；（二）不收入主编的论集、丛书、辞典30余种，使之更本色；（三）对已出版过的卷本，基本保持原貌，但部分卷本在内容上略做一些增、删、合、分，使之更加匀称；（四）考虑到工作量太大，为赶进度，内文时间顺序不能太严格;(五)为节省版面,一些原著中的图片被删除;(六)为保持基本原貌,原序、后记及其内容不做任何改动。

当文人兼领导的妻子不容易,当白庚胜先生的妻子更不容易,因为白庚胜先生就很不容易。长期以来,他因生于文化中国而自豪,他因感动于中华民族终于迎来文化盛世而激动不已,他因文化使命而奋斗不止。至今,他已考察全国2000多个县(市),阅读书籍无算,抢救保护文化遗产及其传承人无数,提交内参提案巨量,写下文字多多,特别是在口头与非物质文化遗产学、纳西学、地名文化学、色彩文化学方面用力最甚、用功最勤、用心最深。这部文集就是他的文化、文学、学术心路的遗痕,也是他对祖国、对中华民族文化忠诚的结晶。这些,读者们都会从中一一窥见,不用理会有多少人怀疑、不解。至于水平之高低,自可以"仁者见仁,智者见智"。可贵的是,在别人的灯红酒绿、笙歌弦诵间,白庚胜用生命、勤奋、爱、忠诚,谱写了一曲文化爱国主义的壮歌。我以作为他的妻子见证了以上的一切,并以能参与到他的文化工作中做"内助"而为幸。

是为序。

2021年5月15日

# 目　录

国际纳西东巴文化研究述评·························· 白庚胜　杨福泉 / 001

纳西人驱逐使人致病之恶鬼的仪式············〔美〕洛克（J.F.Rock）/ 023

论纳西人的"那伽"崇拜仪式——兼谈纳西宗教的历史背景

　　和文字·································〔美〕洛克（J.F.Rock）/ 034

纳西族巫师"吕波"和达巴 ·················〔美〕洛克（J.F.Rock）/ 056

纳西宗教综论·························〔美〕孟彻理（C.F.Mckhann）/ 068

论祭天仪式的时间安排和参与人员···〔美〕孟彻理（C.F.Mckhann）/ 086

纳西象形文手稿中所反映的亲属制度···〔德〕普鲁纳尔（G.Prunner）/ 106

也谈东巴经中反映的纳西亲属制度——兼与"吕西"（摩梭）人比较

　　·····························〔英〕杰克逊（A.Jackson）/ 112

纳西族神话和仪式的结构·················〔英〕杰克逊（A.Jackson）/ 126

殉情、仪式和两性角色转变 ·············〔英〕赵省华（Emily Chao）/ 150

洛克收集的东巴经及其在德国的藏本······〔德〕雅纳特（K.L.Janert）/ 171

纳西文与甲骨文比较研究·······················〔日〕山田胜美 / 177

汉字的六书与纳西文·························〔日〕西田龙雄 / 195

纳西族表音文字的诞生·························〔日〕西田龙雄 / 220

纳西族的传说及其资料——以《人类迁徙记》为中心

　　·······································〔日〕君岛久子 / 234

从口诵神话到笔录神话——语部与纳西族的东巴

　　·······································〔日〕伊藤清司 / 241

神话与民间故事——大穴牟迟与纳西族利恩的难题求婚故事

　　……………………………………〔日〕伊藤清司 / 251

纳西族神话中创世过程的重复性及各创世主题谱系

　　……………………………………〔日〕诹访哲郎 / 264

黑白的对立统一……………………〔日〕诹访哲郎 / 277

东巴文化源流研究序说………………〔日〕荒屋丰 / 284

**总后记**……………………………………… 295

# 国际纳西东巴文化研究述评

白庚胜　杨福泉

纳西族人口只有约 32.6 万，但有着灿烂丰富的传统文化，特别是拥有用象形文字书写的数万卷古籍，在世界文化史上独树一帜。一百多年来，为国际学术界所瞩目，研究者始终不绝，近年来更呈热门趋势，各国不少专家学者从多种学科的角度进行专题研究，很多青年学者把纳西学选为博士论题，国际上出现了纳西文化研究会，各国学者与中国学者的学术交流与合作日益增多。

一

西方学者早在 19 世纪中叶就注意到了远在云南边陲的纳西族东巴文化。1867 年，法国传教士德斯古丁斯（Pere Desgodins）从云南寄回巴黎一本 11 页的东巴经摹写本《高勒趣赎魂》。数年后，吉尔（W.Jill）上尉和梅斯内（Mesney）在丽江旅居时得到了 3 本真正的东巴经，其中两本被寄回梅斯内在英国泽西的家，一本被寄往大英博物馆。这本东巴经被标以"中国缅甸之间山地祈祷者的象形文稿"的题目。这之后，不断有一些西方的探险家、旅行家、传教士从云南丽江带走东巴经。这些东巴经被视为人类启蒙时期的原始图画文字的珍本，在欧洲高价出售。1922 年，英国曼彻斯特约翰·赖兰图书馆从英国爱丁堡植物学家福雷斯特（G.Forrest）那里买到 135 本东巴经，成为当时世界上收藏东巴经最多的图书馆。1929 年，英国外交部和印度事务部委托英国驻中国腾越（今云南省腾冲市）理事购买和翻译东巴经，购集了 55 本属于东巴教求寿仪式的东巴经,在留居丽江的美国传教士安德鲁斯(Andrews)和一个东巴的帮助下,把它们译成汉语,其中一部分已译成英语。当时,美籍奥地利植物学家洛克(J.F.Rock)已开始大规模收购东巴经,价格上涨。英国方面于 1931 年停止了翻译工作,匆忙购买了 125 册经书,连同原有的 55 本东巴经一起运回国内。这 181 册东巴经分别收藏于大英博物馆和印度事务部。

西方第一篇讨论纳西族象形文字和东巴经的文章是拉卡珀里尔(Terrien de Lacouperie)于 1885 年发表的《西藏境内及周围的文字起源》一文。他在文章中公开发表了由德斯古丁斯带回西方的第一本纳西东巴经的复制本,明确指出这是么些(纳西)人的象形文手稿。第一个比较完整地写出一本关于纳西族和东巴经书、东巴象形文字专著的是法国人巴克(J.Bacot),他在 1913 年出版了《么些研究》一书,全书约 6 万字,作者在书中介绍了他于 1907 和 1909 年两次考察纳西族地区时所见到的 370 多个象形文字,并对纳西族的口语、词汇和语法做了初步研究;书中还介绍了纳西人的衣食住行、地理环境、体质特征、婚姻道德和宗教等。

对纳西族东巴文化用功最深的是美籍奥地利学者洛克,他于 1921 年至 1949 年长期留居丽江,原受美国农业部之托采集植物标本,接触到东巴文化后就醉心于此,潜心研究。在美国农业部、美国地理学会、哈佛大学等单位的资助下,洛克购买了大量的东巴经,这些数以万计的东巴经后来由他赠送或卖给各国的一些图书馆、研究机构及个人收藏者。经数十年锲而不舍的努力,洛克在纳西学的研究领域里取得了举世瞩目的成就,在美国、意大利、瑞士、联邦德国等国家先后出版、发表了《纳西语英语百科辞典》(上下卷)、《中国西南的古纳西王国》(上下卷)、《纳西人的“那伽”崇拜和有关仪式》(上下卷)、《纳西人的祭天仪式》《中国西南纳西人的“示路”丧仪》《中国西藏边疆纳西人的生活与文化》《与纳西武器起源有特殊关系的武士祭丧仪》《开美久命金的爱情故事》《献给中国西藏边疆纳西人的萨满教》《纳西文献研究》《纳西人驱逐使人生病之鬼的仪式》《纳西文献中的洪水故事》《纳西巫师占卜书"左拉"的起源》《纳西巫师所举行的"杀魂"仪式》《江边纳西人"日喜"和他们的宗教文献》《美国地理学会所藏尼古斯么些手稿》《德国东方手稿纳西手写本目录》等十几种论著，影响很大，在西方被誉为"纳西学研究之父"。在国际学术界享有盛誉的西方藏学权威、东方学家、意大利罗马东方学研究所所长杜齐（G.Tucci）教授对洛克的纳西文化研究给予了很高的评价，在为他的论著所写的序言中多次称洛克为"伟大的学者"。洛克的代表作《纳西语英语百科辞典》以及《纳西人的"那伽"崇拜和有关仪式》被杜齐列入该研究所的东方学研究丛书出版。他认为纳西文化在宗教学、民族学的研究中具有特别的、重要的意义。①

洛克的研究是开拓性和奠基性的，他为西方的纳西学研究奠定了雄厚的基础。他在纳西族地区期间广泛搜集资料，翻译了很多东巴经，并对东巴经的文字、词语进行详细考释，在译文中附以大量注解。他在丽江进行研究工作期间，很多知识渊博的大东巴仍健在，他对帮助自己工作的东巴的筛选也很慎重，经反复考查后才任用，因此，他在对东巴教仪式和经书的翻译和解释中保留了很多珍贵的资料，有许多是后世年轻的东巴已解释不清楚的，加之他懂梵文，比较熟悉藏族文化，对东巴教的不少观念、教义中的文化互渗现象阐释得比较清楚。洛克的论著中还有多种关于纳西族社会历史、宗教活动的调查报告，积累了大量现在已很难获得的民族学资料。洛克在研究中的缺陷之一是未对纳西族社会进行深入细致的调查，未能把纳西族的社会结构、纳西人的社会生活与东巴教作为一个文化整体来进行立体的研究。

俄裔作家顾彼得（Peter Goullart）于1941年作为路易·艾黎等领导的国际援华组织"中国工业合作协会"的一员到丽江建立办事处，留居丽江8年，于1955年在英国伦敦出版了《被遗忘的王国》一书，书中比

---

① 洛克:《纳西语英语百科辞典》（上卷），意大利中东和远东研究所1963年版。

较翔实地描述了当时丽江的风土民情，是认识当时纳西族社会不可多得的珍贵资料，在某种意义上可以弥补洛克论著中的不足。作者在书中对东巴教及殉情等社会问题也表述了自己的看法。1961年，他在伦敦还出版了《玉龙山中的喇嘛寺》一书。

1944年，美国罗斯福总统的长孙昆亭·罗斯福（Q.Roosevelt）在丽江收集到1861册东巴经，其中有很多珍贵的占卜经书。他把其中1073册经书卖给了美国国会图书馆，88册卖给了哈佛燕京学院。罗斯福还于1940年在美国《自然历史》（第45卷）上发表了一篇关于丽江和东巴的文章，题为《在魔鬼祭司的土地上》。

## 二

20世纪60年代初，联邦德国国家图书馆动议购集已在国际学术界享有盛誉的东巴经。在阿登纳总理的支持下，以昂贵的价格把洛克原先赠送给意大利罗马东方学研究所的500多册东巴经悉数买回。当时，该研究所急欲出版洛克的《纳西语英语百科辞典》两大卷，但苦于资金短缺，只好忍痛割爱，卖出经书筹资。联邦德国国家图书馆随后又从洛克那里得到他个人收藏的1700多册东巴经原本及照相复制本。1962年1月，洛克应邀赴联邦德国讲学和编撰东巴经目录及经书内容提要，西德梵文学者雅纳特（K.L.Janert）博士协助洛克从事编撰工作。至1962年10月，编订和描述了527本西德国家图书馆所收藏的东巴经，编撰成《德国东方手稿目录》第七套第一部《纳西手写本目录》一、二卷。编撰工作尚未完成，洛克不幸于1962年12月5日去世。雅纳特继续进行西德所藏东巴经的编目工作，完成了《纳西手写本目录》三、四、五卷。这五卷书是迄今世界上唯一一套公开出版的东巴经目录，编目完整，叙述详备，受到国际学术界的好评。美籍华裔著名语言学家张琨教授曾撰文评论此书，给予了高度评价。所遗憾的是由于洛克的逝世，后三卷书缺少了对经书的内容提要。

这之后，雅纳特教授继续从文献学、语言学角度研究纳西文化，与其夫人合作，按照《纳西手写本目录》的顺序把西德国家图书馆所藏的东巴经摹写编印出版，现已出版八大卷。他认为把藏于图书馆的东巴经公诸于世是进行研究的第一步工作，只有让国际学术界看到东巴经的面目，才谈得上进一步的研究。1983年1月至1985年1月，1986年3月至1988年3月，他邀请杨福泉到科隆大学进行合作研究，完成了"联邦德国亚洲研究文集"第七套《纳西研究丛书》的《现代纳西文稿翻译和语法分析》《古代纳西文稿翻译和语法分析》《现代纳西语语法》等著作，其中第一卷于1988年在波恩科学出版社出版。雅纳特是目前西方学者中为数不多的从语言文献学角度研究纳西学的学者之一，其研究方法承袭了德国传统的语言描写方法，以文稿为本，逐字逐句分析解剖，求其真意，翻译过程即是一个语音、词汇、语法的研究过程。这种研究方法以其严谨细腻、讲求科学性的特点饮誉于世界学术界，它除了能保留民族语言文化的原始面目和真实性之外，也为从多种角度进行研究的学者提供了真实可靠的资料。同时，在这种深钻穷究、以语言剖析为本的研究中，也能探究出不少有关民族历史、语言演变、民族关系、民俗宗教等方面的很多问题。我国著名语言学家傅懋勣先生研究东巴经的方法与此有相似之处。

从20世纪60年代起，西方一些学者也开始从文化人类学的角度研究纳西学。1964年，列舍托夫（A.M.Reshetov）在莫斯科发表了《纳西族的母系组织》一文。1977年，西德的普鲁纳尔（G.Prunner）在《民族学》杂志上发表了《纳西象形文所反映的亲属制度》一文。英国爱丁堡大学的高级讲师安东尼·杰克逊（A.Jackson）是在以文化人类学方法研究纳西学的学者中成就较为突出的一个。他于1965年在英国曼彻斯特约翰·赖兰博物馆学刊上发表了《么些巫术手稿》一文；1969年在北欧第六届民族学会议上发表了《灵魂，巨蛇和精灵》一文；1970年在瑞典的哥德堡发表了《纳西宗教仪式的基本结构》一文；1971年在《民族学》上发表了《纳西亲属称谓制、自杀和象形文字》一文，文中就亲属称谓制等问题与普鲁纳尔、列舍托夫进行了商榷，提出了不同看法；1973年在《民俗学》第 84 期上发表了《论纳西族的一个民间故事》一文；1975年在维利斯（Willis）发表了《人的血统、乱伦和儿子们的命名》；1975年在《民族学》杂志上发表了《洪水、繁殖和享受》。1979 年，杰克逊在荷兰海牙出版了在其博士论文基础上写成的专著《纳西宗教——对纳西宗教经典的分析评价》。全书分为历史背景、基本结构、分析、结论、附录五章。第一章讨论了纳西族的历史、地理区位、民族志结构、文献问题、亲属称谓制、殉情、象形文字、巫师"吕波"（桑尼）、东巴经的形成等；第二章讨论了东巴教仪式的基本结构、纳西宇宙观、自然环境、人文环境、社会环境、宇宙观环境（如鬼、神、精灵、灵魂等观念）、各种环境事象的象征意义、仪式结构的信仰体系（其中分基本信仰、普遍信仰、特殊信仰）、毗邻而居的汉族与藏族的信仰体系、生产周期的仪式、生命周期的仪式等；第三章详细论述了神话与仪式的结构、东巴教一些主要符号的涵义；第四章概述了分析研究的结论；第五章讨论了丽江纳西与永宁摩梭之间的关系，论述了大英博物馆和印度事务部所藏的 55 本属于东巴教求寿仪式的东巴经。杰克逊的研究主要根据洛克翻译注解的东巴经和其他论著，把洛克所建构的资料纳入文化人类学的理论框架中进行分解、归纳、论析，方法新颖，理论性、学术性都较强，其中不乏精辟独到的见解，特别是在剖析东巴教仪式的结构和各种文化符号的意义上颇有创见。但由于杰克逊未对纳西族的社会历史做纵向与横向的深入研究，未进行过田野实地考察，单纯根据洛克的资料立论，在不少问题上的论述失之片面和错误，诸如在论述苯教、喇嘛教与东巴教之间的关系时，忽略了纳西族的原生文化形态在东巴教中的大量表现；在东巴教的形成时期、象形文字的创制时期等问题上的论点也存在着比较明显的错误，如他认为象形文和东巴经都创始于 17 世纪中叶的论点就缺乏明确的论据，猜测性的论述居多。事实上，美国学者洛克所发现的标明日期的东巴经最早版本就已是明万历元年 8 月 14 日，[①] 台湾学者李霖灿

---

① 洛克：《中国西藏边疆纳西人的生活与文化》，德国威斯巴登，1963 年版。

教授在美国国会图书馆所发现的标明日期的最早东巴经版本是清康熙七年（1668 年）[①]。

杰克逊于 1987 年 8 月到丽江进行了短期考察访问，后仍在孜孜不倦地致力于纳西学研究，还带了一名有志于研究纳西文化的研究生。他想弄清东巴经在世界上分布的确切数字，编撰出一份书名目录，根据书名目录对所有纳西东巴教的仪式进行分类，编出各种仪式的参照目录，确定东巴教最基本的经书和复制传抄的经书，从而弄清东巴教发展的历史脉络。在他所定的 4 年研究计划中，其研究内容还包括外来文化对东巴教的影响，东巴教所反映的文化转移等问题。1988 年，他与挪威奥斯陆大学东亚语言学系勃克曼（H.Bockman）博士等人共同发起组织了国际纳西文化研究会，并制订了研究会章程，拟编一份纳西学研究通讯，筹办国际性的纳西学学术讨论会。

挪威奥斯陆大学东亚语言学系的卡瓦尔内（P.Kvaener）教授、哈尔伯梅耶尔（C.Halbmeyer）教授和勃克曼博士都对纳西学深感兴趣，已把纳西文化研究列入他们的"藏缅之行"研究课题。勃克曼曾两次到丽江考察，于 1987 年发表了长文《中国的纳西学研究》，并致力于把我国著名语言学家傅懋勣教授在日本出版的东巴经研究专著《纳西族图画文字〈白蝙蝠取经记〉研究》翻译成英文。

## 三

近年来，西方涌现了一批把纳西文化作为博士论题的青年学者，他们从多种角度对纳西族的社会和文化进行深入的观察、体验、研究。1985年至 1986 年，美国芝加哥大学人类学系博士研究生孟彻理（C.F.Mckhann）为完成他有关纳西族传统文化和社会的博士论文，在丽江进行了为期一年半的田野调查。他的主要兴趣在纳西宗教仪式结构中所表现的宇宙观和亲属关系，以及汉藏文化对纳西人的思想和行为的影响，纳西族近

---

① 李霖灿：《么些研究论文集》，台北"故宫博物院"1984 年版，第 127 页。

代的文化变迁等。1988 年，他在第 12 届国际人类学、民族学会议上发表了结合东巴教仪式、东巴经和田野调查资料写成的论文《骨与肉：纳西传统建筑空间结构中体现的宇宙观和社会关系》，通过对纳西传统民居结构的细致分析，论述了纳西族宇宙观在居住空间中的反映和各种亲属关系。

1992 年 3 月，孟彻理完成了博士论文《骨与肉：纳西宗教中的亲属关系和宇宙论》，全书分为 8 章。第一章综论纳西族传统宗教，第二章论析了纳西族祭天仪式的时间安排和参与人员，第三章论述了纳西族创世神话史诗《崇般绍》，第四章专论丽江市鸣音乡纳西族的祭天仪式，第五章论述了纳西族的宇宙观和宇宙结构论，第六章论述了纳西族的丧葬仪式和祖先崇拜，第七章专论纳西族婚姻和亲属制度，第八章讨论了纳西族社会历史中的宇宙观和亲属制度。作者从上述各方面细致地分析了纳西族东巴教中所反映的纷杂的亲属关系和宇宙观，把纳西族的社会生活和宗教活动二者作为一个有机的整体来剖析，从多侧面揭示纳西族的亲属关系和社会结构以及宗教在其中的作用。由于作者在纳西族地区做过较长时期的田野调查，他的论述内容翔实，有不少创见，具有比较突出的理论思辨色彩。

1990 年，美国密歇根大学人类学系博士研究生赵省华（Emily Chao）到丽江进行了为期一年半的田野调查。她的博士论题是关于纳西族的两性社会角色及在特定历史时期所发生的社会角色的转换、变化等问题。她想通过对纳西族两性社会角色的细致分析和对社会角色转换、变化的论析，揭示纳西族社会和文化中一些重大问题的内涵和真义。1990 年，她在密歇根大学人类学论集第九卷上发表了论文《纳西族的殉情、宗教仪式和两性社会角色的转变》，文章论及纳西族的历史背景、两性角色体系、纳西族妇女在宗教仪式中的低下地位、丽江和永宁两地纳西族妇女角色的比较、男尊女卑的儒家学说对纳西族社会的影响、社会阶层、纳西族有关两性的宇宙观等。文章把 1723 年丽江"改土归流"后所发生的两性社会角色的转变作为纳西族殉情问题的重要原因来加以理论性的论述。

美国伯克利大学博士研究生白西林（S.D.White）则选择从医学人类学的角度研究纳西族文化。她的博士论题涉及纳西族民间医学传统的多元性，东巴教中有关医疗的教义、方法和各种有关健康和饮食的信仰，以及中西医对纳西族医学文化的影响，纳西族对诸种医学文化兼收并蓄的传统等。她想探索形成这种医学多元文化的历史因素和社会因素。白西林于 1989 年至 1990 年在丽江进行了一年多的田野调查。

1991 年，澳大利亚佩斯·摩尔多赫大学亚洲研究中心博士研究生兰诗田（Christine Lumb）来云南进行关于丽江、永宁两地纳西族的宗教和家庭形态的比较研究，在两地进行了田野调查。

意大利威尼斯大学人类学博士研究生克里斯蒂娜（Christina）以纳西族的丧葬礼仪为研究论题，该校另一个博士研究生阿丽娜（Alina）则以东巴教反映人与自然之间关系的大型仪式"祭署"为其研究专题。她俩在丽江已进行了一段时期的田野调查。

此外，也有不少西方国家的青年学者对永宁纳西族的社会结构和婚姻形态感兴趣，不少人以此为博士论题。到云南丽江、永宁等地进行过田野调查的有德国科隆大学民族学系的苏珊（Susan）、柏林自由大学东亚研究所的艾娃（Eva）等。苏珊主要从历史的角度论述永宁纳西族的母系家庭结构和功能，艾娃则把研究重点放在 1949 年以后永宁纳西族母系制的变迁上。

除西方学者外，我国在美国留学的施传刚、在法国留学的蔡华、在加拿大留学的郭晓临等留学生都选择了永宁纳西族为学位论题，施传刚、蔡华二人在永宁进行了长期的田野调查，郭晓临也正准备到云南进行田野考察。这些青年学者的研究方法、角度都各有特点，在永宁纳西族母系制的性质及其产生的时期等问题上有一些不同的学术观点，他们的研究将促进对永宁纳西族母系制问题的进一步深入研究。

从目前所看到的上述年轻人类学者的研究情况看，有一个突出的特点，即他们大都受过人类学专业的严格训练，对西方各种文化人类学的理论和研究方法很熟悉，其研究角度新，论述带有较强的学术性和理论色彩，加之都在纳西族地区进行了较长时期的田野调查，有较多的感性认识，因此具有很大的研究潜力，可望成为今后国际纳西学研究的骨干力量。西方青年学者的局限性是语言问题，尽管他们都或多或少学了一些汉语和纳西语，但尚不足以用于田野考察，靠辗转的翻译很难清晰地认清许多纳西文化的确切涵义。

近年来，西方学者的纳西学研究逐渐趋向多学科、多角度，研究范围相比20世纪70年代前有很大的拓展，这一点从上述学者的研究中也可窥见一斑。有的西方学者也开始从艺术的角度研究纳西文化。如法国克利夫兰艺术学院教师伍德沃德（Woodward）博士从原始艺术和形象化艺术的角度研究纳西象形文，认为纳西象形文是"作为形象化语言的艺术"。她于1990年在丽江进行了一段时期的田野考察，拟对纳西象形文做更进一步的研究，用艺术的理论阐释它，并把它纳入她的"视觉形象化艺术"的教学计划中。加拿大学者卓罗文（Norman S.Track）则从民间音乐学的角度研究纳西文化，先后两次到丽江考察民间音乐——东巴音乐和丽江古乐，已拟定了一项研究计划。

英籍美国博士研究生李海伦也选择从音乐学的角度研究纳西族文化，已在丽江进行了长期的调查、学习。德国柏林自由大学学生习佩蒂（Petrakiel）拟从文学的角度研究纳西族传统文化，已到丽江做了初步的田野调查。

丹麦阿尔胡斯大学硕士研究生贺美德（Mette Halskov）则着重探讨纳西人的民族传统意识在当代的表现，她认为，洛克等西方学者断言纳西族的传统已随着时代社会的变迁而消逝，其实，民族传统是不会轻易销声匿迹的，特别是潜藏在民族心理深层的传统精神，会在各方面表现出来，她想通过表层的文化现象探索深层的纳西民族精神。贺美德已在丽江进行了几个月的田野调查。

有的学者则从社会语言学的角度研究纳西族文化。如加拿大魁北克大学教授福伊尔·汉妮（Feuer Hanny）正与杨福泉进行一项合作研究，通过分析东巴及老幼妇孺等不同社会角色在仪式、社交及不同的日常生活情境中的问候语言来探视其语境的社会文化意义。他们已在丽江、中甸纳西族地区进行了三个多月的田野调查。

曾于1990年到丽江参与纳西族原始宗教学术讨论会的意大利罗马东方学研究所和意大利贝鲁伽大学的罗马诺·马斯特罗马特（Romano Mastromattei）教授和卡尔拉（Roberto Ciarla）博士等意大利学者已拟定一个中意双方合作研究计划，拟与云南省社会科学院的学者们进行关于纳西文化和"东巴传统"的研究，该项研究将"着重从语文文献学和民族学两方面进行"，是对"喜马拉雅东部区域文化层的限定和历史性评估"的一个重要尝试。他们的学生阿丽（Alessandra）以纳西族的占卜为研究专题，于1992年到丽江、昆明等地进行了调查了解。

此外，加拿大不列颠哥伦比亚省西门大学国际交流系与云南省社会科学院拟定了一个长期的合作研究计划，以研究20世纪40年代顾彼得在丽江组织的"工合"（gung-ho，工业合作社）运动历史为主线，进一步探索纳西族传统文化和传统的互助合作精神在新的历史环境中的发展问题。该研究课题涉及一系列与纳西族传统文化密切相关的内容，如反映在东巴教和民俗中的生态环境保护意识和人与自然之间关系的传统哲学思想，以及社区协作精神等。来自西门大学的6位学者和云南省社会科学院的学者于1992年4月在丽江进行了一个月的田野调查，该课题组的中方成员亦于当年9月回访加拿大，在印第安人社区等地调查，双方拟定了研究计划。

此外，还有不少到丽江做初步考察，选择研究角度的西方学者，如法国著名藏学家麦克唐纳（A.Macdonald）教授、奥地利维也纳大学的毛雷尔（Maurer）女士、荷兰的霍依卡特拉（Hoekotra）和内斯纳（Nesna）、美国旧金山州立大学的柯力（Capenter）、意大利罗马东方艺术研究所的卡尔拉（Ciarla）博士等。

# 四

比之欧美，日本的纳西东巴文化研究不能不说是起步较迟。当西田龙雄于 1966 年出版《活着的象形文字·纳西族的文化》这部奠基性著作时，欧美学者已经在纳西文化研究园地辛勤耕耘了半个世纪。日本的情况是：直到 1980 年以梅棹忠夫为团长的日本民族学代表团访问丽江为止，还从来没有一位日本学者奔走于玉壁金川之间，更没有一双日本学者之手实地收集过一件有关纳西文化的资料。在那座号称毕集世界民族文化精粹的日本国立民族学博物馆，至今仍然找不到一册可资陈列的东巴经典。

然而，仅仅二十多年过去，情况却发生了重大的变化。以"邯郸学步"为伊始，经过不断积累，日本的纳西文化研究包括对东巴文化乃至当代文学的研究，已从无到有、从单一到多样，到今天，已经形成了一定的规模和声势，建立起了一支以文字学为先锋、以神话学为中坚、以宗教学和民族学为两翼的队伍，为立体地、多角度地接近并探讨纳西文化创造了重要条件。并且，无论是西田龙雄、山田胜美的文字研究，伊藤清司、君岛久子的神话研究，还是斋藤达次郎的宗教研究，生明庆二的音乐研究，志村多喜子的传承研究都取得了一定的成绩。青年学者诹访哲郎更是兼文字学、辞书学、神话学、语言学、文化史学研究于一身，成果频出，令人刮目相看。到目前为止，日本学界出版的有关专著已有四部，为数更多的是专题性论文、译文、介绍。中国大陆古文化研究会出版的《纳西族特集》收有论文、译文 7 篇，对纳西文化进行了综合介绍。从目前的状况看，无论是学科之全，还是学者之众、规模之巨，日本均已跃居国际纳西文化学界之首，大有将其中心东迁之势，真可谓"青出于蓝而胜于蓝"。

那么，是什么原因使得日本学界对一个分布于中国西南边陲、人口不过 32 万许的少数民族如此醉心？又是什么力量推动着日本的纳西文化研究在这样短暂的时间里得到如此迅速的发展呢？

我们认为，这首先是由纳西文化固有的价值所决定的。我们知道，纳西文化由东巴文化、汉字文化、传承文化三个部分所组成。前者指用纳西象形文字——东巴文记录下来的文化遗产，次者指明清以来由纳西族文人墨客用汉字书写而成的诗、文、论、著，后者指至今仍存活于纳西族社会中的生活样态、生产形式、语言民俗、口头文学、宗教信仰。其中，以第一部分最具有特色。据统计，纳西象形文共1400多个单字，被公认为世界上唯一"活着的象形文字"，是我们解开文字发生之谜的宝贵参考资料。鉴于中日两国都拥有汉字文明这一共性，日本学者对东巴文字的研究格外垂青，以至于在仅出版的四部纳西文化著作中，有关文字的著作就占了三部。而且，日本的纳西文化研究也最早开始于对东巴文字的研究介绍。用东巴文写成的东巴经典共1500多种，仅残存至今的经典总数就达2万多册。它们犹如一部内容宏富的百科全书，生动记录了古代纳西人的生活、思想，以及与大自然斗争的经验。可以说，欧美及日本学者对纳西族文化的研究几乎都集中在东巴文化之上。

其次，这与日本的文化寻根有关。日本学界的文化寻根进行了很长时间，至今仍然长盛不衰。先有"南来说""北来说""西来说"，分别将东南亚渔捞文化、阿尔泰通古斯游牧文化、中国大陆农耕文化视为大和民族及其文化的源头，尔后形成较一致的看法，即日本民族及其文化都不过是以上三种因素的"杂交品"而已。近年来，随着日本迅速发展成世界经济巨魁，其民族主义又露端倪。日本朝野都空前重视文化事业，致力于建立文化大国。在这种文化热中，出现了两种现象：一是现实性研究异常活跃。有的学者持"文化相对主义"，强调日本文化的特殊性，借以配合日本政府的"贸易保护主义"。有的学者则面对日美贸易摩擦等严酷现实，宣扬"反文化相对主义"，批判传统文化中的封闭性，呼吁国际化社会的早日到来。二是纯理论的研究亦在更高、更深的层次上得到开展。学者们热衷于在现代化条件下重新审视日本文化，回答"什么是日本人""什么是日本文化的精神"等重大问题。而仅仅研究自身是不可能对日本文化的多元性复合性做出科学的说明的。鉴于农耕文化是日本社会赖以生存的命脉这个事实，在日本学者对海外文化的研究中，中国大陆占有极重要的地位。就对中国大陆的研究而言，有一个以汉族为主变为以少数民族为主、从以东南沿海为主变为以西南边陲为重点（甚至出现了"日本人的故乡在云南"之说）、对西南民族研究的热点也从苗瑶系扩展到了彝语支诸民族的过程。由于纳西族所居住的云南与日本具有共同的照叶树林文化，纳西族及日本社会都有一个从烧田文化到稻作文化过渡的共同历程，在中国大陆各种语言中，纳西族所从属的藏缅语族语言与日语最具对应关系，纳西文化和日本文化都具有游牧文化与农耕文化相融合的特征，日本学者对纳西文化也就自然产生了亲近感。

至于日本的纳西文化研究能迅速崛起，无非有以下几种原因：

一是战后国际局势的一系列变化。在战前，日本在中国的殖民范围集中在东北、华北、山东一带，对西南地区鞭长莫及，造成了对那里的民族文化的陌生。加之当时他们宗师德国，远离国际纳西文化研究中心美国，延误了其进程。战后，日本以美国的军事占领为前提，改宗美国，在哲学、文化人类学研究方面都受到其强有力的影响，致使日本易于受到以美国为中心的国际纳西文化研究学界的刺激，并易于及时吸收其研究成果。当历史进入20世纪70年代之后，中日外交关系的确立，为两国学界在各方面的交流、合作开创了新纪元。日本的纳西文化研究也以此为前提，变过去靠翻译、利用欧美及中国台湾出版的有关资料、著作而为直接从中国大陆获取更真实的资料、更大量的成果。自1979年之后，中国推行对外开放政策，纳西族聚居地丽江作为我国首批对外开放地区，先于邻近许多民族迎来了包括日本学者在内的国际友人。此时的日本学界进一步从过去利用第二、第三手资料的困境中走出，直接深入本土，到纳西族地区调查、收集各种研究资料，直接与纳西族学者进行交流，大大提高了其研究水平。如诹访哲郎、横山广子、百田弥荣子、志树多喜子等年轻学者都有过这样的经历。

二是因为起点较高。日本的纳西文化研究起步虽晚，但因开始于中国及欧美学者的研究成果之上，所以起点比较高。中国学者的研究材料丰富，论述严谨，而欧美学者的研究不仅先于日本 50 多年，而且谈论恢宏，方法多样。这些都成为日本学者极好的借鉴，使他们得以缩短距离，力避弯路，取得较佳的效果。另外，近十年来我国的纳西文化处于繁盛阶段：云南社会科学院在纳西族的聚居地丽江设置了专门性研究机构——东巴文化研究所，纳西文化学会也于 1986 年成立，以《玉龙山》为代表的有关杂志相继问世，《纳西象形文字谱》《东巴文化论集》《纳西东巴古籍译注》《东巴文化论》等一大批著作已公开出版。这一切给予了国际纳西文化学界以极大的方便，日本学者更是"近水楼台先得月"。

三是与近年来我国的纳西文化学者不断走向世界，尤其是日本有关。长期以来，我国的纳西文化走向世界以欧美学者的传播及成果被翻译介绍为主要特点。但是，从 20 世纪 80 年代初开始，已经有一批纳西文化学者走出国门，进行国际间的合作、交流，打破了过去半封闭的状态。杨福泉曾经赴联邦德国帮助雅纳特完成了《纳西语—英语词典》《现代纳西语语法》《纳西族文稿（韵文体）句法分析及翻译》《纳西族文稿（散文体）句法分析及翻译》几本著作的编撰工作。在波恩大学任教的杨春蕾博士帮助有关学界完成了方国瑜教授的《纳西象形文字谱》、李霖灿的《么些象形文字字典》的翻译工作。在日本，先是傅懋勣教授在东京访问讲学，出版了《纳西族图画文字〈白蝙蝠取经记〉研究》；后有南宁师范学院副院长杨焕典出席 1983 年 9 月在东京召开的"第 31 届国际亚洲北非人类科学会议"，发表了有关纳西语言的论文；白庚胜亦在留日期间参加了"第 33 届国际东方学者会议"，并发表论文《纳西文化阶段论》，随后又在《日本学报》发表了《黑色与白色的象征性——以纳西族史诗〈东岩术岩〉为中心》一文；还有画家张云岭赴日展出他的东巴画。可以料想，随着我国对外开放的日益扩大，这种交流将会得到加强，更加引向深入。

这些因素综合地、交叉地发生作用，使得日本学界博采各国之长，选择最佳途径，利用种种便利条件，在国际纳西文化研究领域取得了令人瞩目的成就。

<h1 style="text-align:center">五</h1>

对东巴文学的研究，不过是日本学界研究纳西文化的一部分，但它又确实是一个重要的部分。其特点是着重于对纳西创世神话的解读、比较研究，其方法又是非文学性的。自西田龙雄首加介绍以来，《创世纪》日译本已达三种之多。它们分别是：君岛久子、村井信幸合译的和志武整理本《人类迁徙记》；村井信幸译的洛克英译本《纳西文献中的洪水故事》；诹访哲郎、渡边真树合译的周汝诚汉译本《崇搬图》。最有成就的研究者当推伊藤清司与诹访哲郎。

伊藤清司著有《日本神话与中国神话》《中国的神兽恶鬼们》等许多著作，论文《古典与民间文学》《眼睛的象征》曾翻译发表在我国有关刊物，是一位长期致力于中日民间文学比较研究的学者。他的最大功绩是通过自己卓越的研究，确立了少数民族神话在中国神话学中的重要地位，有力批驳了曾盛行于国际学界的"中国神话贫乏论"，并论述了一批日中故事的源流关系。

他的纳西族神话研究开始于 1972 年。那年 4 月，他在《日本神话讲座 11 集·日本神话的比较研究》一书中，发表了《日本神话与中国神话——其比较研究的视点》一文。其中，第 5 节 "《古事记》与纳西族的《古代故事》"，第 6 节 "纳西族创世神话诸相" 便是这方面的最初研究。后来，他又连续发表了《"系谱型" 神话诸象——纳西族的创世神话与〈木氏历代宗谱〉》《从口诵神话到记录神话——语部与中国云南省纳西族的东巴》《神话与故事——大已贵神与纳西族的利恩难题求婚故事》《眼睛的象征》等论文，分别就纳西族创世神话与日本创世神话在类型、存在形态、结构、体系几个方面的类似性做了比较。

在类型上，他认为纳西族创世神话与记载于《古事记》《日本书纪》中的日本创世神话（以下简称 "记纪神话"）同属 "进化型" 或 "系谱型"。它们所讲述的从混沌到万物诞生→独身神→夫妇神→人祖→民族始祖的内容互相对应,表现出宇宙、社会、历史的高度一体性。

在存在形态上,他认为纳西族创世神话与日本记纪神话都有一个从口诵变为笔录的过程。它们的一般顺序是先以口头的方式流传民间,然后由神职人员整理集中,用于种种神事祭仪,最后才统一为体系性神话。在其过程中发挥主要作用的是东巴与语部。这两者也具有以下类似点:①纳西族的东巴与日本的语部都是神话传说的传承者,他们的职业是世袭的、终身性的;②他们从属于族长等地域共同体首长,在该共同体的祭祀等仪式上吟诵神话传说等;③他们并非游吟诗人、巡游神人,而是作为词章传承者的定居农(渔)民;④他们除在所属共同体的神圣祭祀中吟诵神话传承之外,在一般性日常生活中也讲传有关神话传承。由这两者笔录而成的东西,在纳西族的场合是东巴经神话,而在日本是"古词"或"本辞""旧词"类神话。

在结构上,纳西族创世神话与日本记纪神话都是进化型、系谱型神话与难题求婚故事的结合体。在纳西族《创世纪》中,主人公崇仁利恩从洪水中脱身之后,前去天界向天神求婚。在经受了天神的严酷考验之后,他与天女衬红褒白命结合,下凡大地,成了人类的始祖。与之相类似,日本记纪神话也有同样的内容:当大国主命前去出云大神处求婚时,受到了大神须佐之男命的严酷考验,但他经受住考验,解决了一切难题,与大神之女须势理比卖成婚,成了人类始祖。

伊藤清司在承认纳西族神话与日本记纪神话都是体系性神话的同时,也指出了两者的差异。他认为,日本的记纪神话是一种以天神降临神话为核心、按时间顺序纵向组织而成的体系,它与统一国家政权的存在相适应。而纳西族的神话只是一种氏族社会水平上的体系,这是由纳西族社会历史的特殊性所决定的。他解释说:纳西族虽然在唐代建立了像越析诏这样的地方政权,但不久即为南诏所灭。元代以后,一直处于历代中央政权的统治之下,本民族独立的政权并没有延续下来。这样,也就没有造成将各地流传的神话整理为统一的民族神话体系的政治条件及要求。另外,从唐代以后,纳西族一直受到藏汉文化的压倒性影响,自己的民族精神受到了压抑,致使组织高度体系化神话的土壤一直没有形成。假使纳西族的《创世纪》顺应某种政治需要而继续发展,这部作品的种种异传也就必然集中、重合在一起,被加以组织化、体系化,成为足以与记纪神话相匹敌的体系性神话。并且,种种异传亦会以类似于记纪中"一书云"的形式记录下来。

比较研究的特点之一,就是通过对比较对象异同现象之分析,对它们给予发生学、传播学的解释。但是,伊藤清司似乎并不屑于这样做。他多次强调说,他之所以将纳西族创世神话与记纪神话相比较,完全是为了去加深对日本神话的认识,即纳西族创世神话不过是研究日本神话形成过程的一种比较参照而已,绝没有在两者中间寻求源流关系的意思。

他的专题性小论《眼睛的象征意义》一文写得饶有兴味。在列举了彝族史诗中的例子之后,他对纳西族《创世记》中那段洪水浩劫之后,天神只允许利恩与横眼女婚配,但利恩违背神意与竖眼女婚配,生下了妖魔鬼怪,利恩只好再婚的描写中所表现出来的横眼丑而善、竖眼美而恶的观念做了有趣的说明,他说:"一只眼与两只竖眼、同样两只眼睛的竖眼与横眼的差异,可以认为是从非人类社会到人类社会的进化发展阶段……即竖眼象征着妖魔鬼怪、蒙昧和邪恶,而横眼则象征着神、文化和纯正。也可以把这一概念变换为丑与美,恶与善的人伦、道德的价值来叙述。"这实在是非常精当的见解。

正如有的学者所指出的那样,由于占有丰富的资料,伊藤清司的研究显得视野开阔,多有高见,他不仅对纳西创世神话内容的表层意义,而且对潜在意义、象征意义都进行了深入的探讨。他用历史民族学的方法对纳西族创世神话没有形成更高层次上的体系的解释也令人耳目一新。然而,我们也明显地感觉到伊藤清司之研究的某些不足。比如,他对"体系"的说明就非常含糊。如果说它指的是神话与社会历史的一体性,其观点就没有什么问题。但如果说它指的是神话内部的体系,神话本身的体系,那么,那种只引《创世纪》、不及其余地谈论纳西神话的体系问题的做法就极不科学。另外，伊藤清司一边否认他对纳西族创世神话及记纪神话的比较研究是为了探讨其源流影响关系，一边却试图借助与日本神话迥然两异的纳西创世神话说明记纪神话的形成过程。人们不禁会发问，这种比较研究到底具有多大的意义？这样的研究到底能得到多少合乎规律的认识？

真正将纳西族创世神话当作一个主体进行研究的是诹访哲郎。

诹访哲郎，现为学习院大学副教授，曾深入到纳西族地区进行调查、观察、学习语言，先后发表了许多纳西文化的专著、专论。其中，以1988年出版的《中国西南纳西族的农耕民性与畜牧民性》最具代表性。他的研究摒弃了比较的方法，也不做意义性解释，而是通过系列性的工作，用结构主义方法去解析纳西创世神话的结构、基本因素，从而对纳西文化的原质，对纳西民族的形成做合理的说明。他的研究非常严谨，且具有独到之处，特介绍如下：

第一步是研究对象的确定。到目前为止，已公诸于世的《创世纪》译本共八种。由于译者所持的目的不同，他们的文化教养不同，加之他们各自所依据的底本有别，这八种译本面目各异，如果不选择最可信的对象，必然不能得到正确的结论。经比较分析，去伪存真，他采用了周汝诚译本。其理由是周汝诚为纳西族出身的东巴文化研究专家，其译本又是科学版本，上书象形文，下用国际音标注音，后为对译、意译，还有种种注释，毫无随意删改、添增之嫌。

第二步是对所选定的底本进行日译。事实上，在此之前，纳西族《创世纪》已有两种日译本，但为了避免以讹传讹，他还是花费了相当大的精力对周汝诚本做了全译。翻译本身又具有某种整理的性质。他将这部创世神话分为13个主题，每个主题均加以小标题附在相应内容之前。如 A 主题的标题为《从混沌中诞生影子》、B 主题的标题为《白善黑恶的系谱产生于蛋》……在每一个主题中又分几个，甚至几十个小节，分别在译文前标以记号。如 C 主题《立柱开天地》之下分两小节，标以"C—1""C—2"。这样做，既便于记忆和研究，也使译文脉络清晰。

第三步是对中国、日本、欧美学者关于这部作品的研究状况做一钩沉，指出其特点，道破其不足，褒赞其优点，借以确定自己的研究方位。例如，他在充分肯定英国学者杰克逊的有关研究采用中日两国学者所鲜见的方法，从纳西族创世神话中抽出了苯教象征主义部分，分析了纳西族创世神话怎样在形成过程中被东巴加以修正增补的情况之长处的同时，也指出了其不足：即杰克逊对受苯教影响前的纳西族创世神话只字不提。

第四步是具体研究。诹访哲郎将自己的研究集中在纳西族的《创世纪》中从宇宙起源到人祖诞生为止的部分，并将它分为四个主题：卵生主题、天柱主题、死体化生主题、混沌主题。他说，从结构上看，纳西族的《创世纪》"并非一种连续不断、一贯到底的神话，而是由起源各异的几种神话主题重叠而成的"。如"混沌型主题是汉民族文化，卵生主题是吸收了南方（南亚）文化的苯教文化，死体化生创造天地属西亚文化或中国西南远古文化，天柱主题是披上了佛教色彩的汉文化"。这些神话主题是怎样同时交织于纳西族神话《创世纪》中的呢？作者通过对纳西族语言的分析，发现纳西文化中有两个原质：即农耕及游牧两种文化因素。由此可推知纳西族并非单纯的南下游牧民族，而是世居农耕民与南下游牧民的结合，从而否定了长期以来所盛传的纳西族为单纯的游牧民族说。与之相应，世居农耕民族拥有以"东亚半月弧"为中心的照叶树林地带古老的"死体化身"主题神话，南下的游牧民族则带入了天柱型及混沌型主题神话，卵生主题神话不过是受苯教及邻近的南亚文化影响所造成。他进而指出，纳西族《创世纪》中的崇仁利恩所代表的是游牧文化，衬红褒百命所象征的是农耕文化。这一观点在他关于纳西族史诗《黑白之战》的研究中得到了强调。他认为黑代表游牧文化，白代表农耕文化，它们的对立乃是纳西族文化内部两种文化原质的矛盾。

对诹访哲郎的某些观点，我们是不敢苟同的。具体讲，他把一部作品中的一对夫妇神截然分开，然后各作为一种文化的代表进行研究的做法让人难于理解、难以接受。有关利恩赴天界前的活动均与畜牧有关，而从天界下凡后的活动均与农耕相关的说法更是牵强附会。在洪水暴发前的部分不仅有"开天辟地"的描写，而且有利恩九兄弟田耕到神界的内容，怎能说与农耕无关？洪水之后也累累出现了畜牧与迁徙有关的内容，怎能说它所代表的只是定居的农耕文化？另一点是他只将黑与白、农耕文化及畜牧文化在一个平面上组合，强调其对立统一的一面，忽视了它们之间还可能存在的纵向连接关系、转折过程，同时也忽视了普遍存在于人类社会的"黑白二元对立"观念与纳西族神话所具有的共同性。

对东巴神话做过专门研究的还有君岛久子、村井信幸。但是，君岛久子并不把这个作品视为神话，而是视为故事进行研究的。她认为，纳西族《创世纪》属"难题求婚型洪水故事"，那个被人们视为独具特色的、因兄妹相奸而导致洪水泛滥的部分并非纳西族专有，而是彝语支民族中所流传的两种洪水故事类型中的一种。坦率地说，君岛久子的论述好像只是在阅读李霖灿有关论著时所记下的读书笔记。因为她的论点之间缺乏内在的联系，只是就事论事，对李文的一些批驳、补充。村井信幸的研究并没有提出任何观点。他只是为了更准确地把握中国西南少数民族的神话，将纳西族《创世纪》的种种异传与彝族、傈僳族的有关神话做了一番比较，指出了它们各自的特点。

日本学界对纳西族民间故事的介绍开始于 1971 年，到了 1988 年才有志村多喜子对它们进行的研究。她的论文《中国云南少数民族纳西族的传承世界》一文，对纳西族的歌手、故事家、重要传说故事、口传故事中所反映的纳西族的生活做了全面介绍、研究。她指出："纳西的传承世界，的确是深邃而又广阔，其最大的外因是存在有支撑传承的重层结构，其最大的内因是纳西族人那种作为生息于大自然中的生灵所具有的慈善、优雅。"

在迄今一百多年的时间里，国际纳西学研究从未间断，至今更是热潮迭起，形成"显学"。纳西族有丰富独特的传统文化，但又以能兼收并蓄其他民族的文化闻名于世，一些国外学者把纳西族作为文化融合、文化变迁和转移的典型来加以剖析。目前国外纳西学的研究，正逐步形成多元立体的格局。

　　基于以上局面，我们编译了欧美、日本学者所著的具有代表性的论文，在贵州民族出版社的支持下结集出版。其中，英文部分由杨福泉翻译，日文部分由白庚胜翻译，全书由白庚胜组织、策划、编纂。

# 纳西人驱逐使人致病之恶鬼的仪式 *

〔美〕洛克（J.F.Rock）

在深深的峡谷和高六千多米的远古山脉的斜坡上，在去往中国西藏的西部入口处，生活着一个部落，汉人称它为"么些"（Mo-so）。这个部落远离中国北部和东部的汉族文明，僻居一方，几乎与世隔绝。除了与藏人交往之外，他们只与那些处于劣势的部落交往接触。

藏人接受了佛教，它与藏人那已退化的恶鬼崇拜融汇一起。而么些人（或如他们自称的"纳西人"）则固守着自己的传统巫教。这种巫教也曾一度流行于西藏，但后来被势力强大的喇嘛教排挤出西藏。纳西（我们从这儿起将按其自称称之为纳西）现在是藏缅语族中已衰落了的一个部落，而在许多世纪以前，他们是一个很强大的民族，受部落王的统治，以依姑（即今中国云南省丽江地区的首府）为首府。

在中世纪时的欧洲，城堡是骑士团体的要塞，今天，我们也许可以把位于纳西王国中心的大雪山视为重振这个正在逐渐衰落的部落雄风的摇篮。这个其状如龙的雄伟山脉，被金沙江横贯而过，犹如被一柄巨人的利剑劈开。雪山山脉一直延伸到四川省边界。雪山的三座主峰终年积雪，冬季长驻。在曾经是冰湖的山坡和小平坝上，分布着纳西人的小村落，他们在这里快乐地生活着。仿佛是在石器时代，人们还在用燧石和火绒草引火而不用火柴，用松木火把照明以代替灯。

---

* 这是洛克发表的第一篇研究纳西族的文章，原载美国《国家地理学会杂志》1924年第 5 期（National Geographic Society Magazine, Vol.VIVi, No.5，1924）。

## 公元 786 年的汉文史籍首次提到纳西

纳西是纯粹的农业民族，以农业维持着艰难的生计。大约在公元 796 年的唐代史籍中首次明确地提到纳西部落。而在公元前 16 世纪时的汉文古籍中，曾含糊地提到在中国西部边境有一个部落，名叫"Nung""Jung"或"Njung"①。藏人称纳西为"Djong"或"Djung"，现在有粗暴、蛮野、粗鲁等含义，这也许是某个普遍性名称的残留，这一点也反映在居住在西藏边境下方萨尔温江（怒江）峡谷地带中的怒子的名称上，怒子又被称为"怒"或"Nung"。

纳西部落于公元 778 年首次被征服，但在一个世纪以后又得以独立。直至 1253 年，才成为忽必烈统领下的游牧部族的牺牲品。

从此，蒙古王室的王子们统治着云南，实行父子世袭制。直到蒙古统治者相继被驱逐出中国各地很久后，他们仍然还统治着云南。明朝的建立最终结束了蒙古人对云南的统治，最后一个统治云南的蒙古王子于 1381 年自杀。

在"巫鲁肯"（意为雪山脚）村子背后，有一排巨大的石灰石峭壁，上面用汉文大字刻着汉官接管丽江的日期，日期是清雍正二年，相当于公元 1724 年。从此，丽江不再是由部落王统治下的王国。

## 真正的纳西人都姓和或姓木

所有真正的纳西人都姓和或姓木。由于他们与邻族通婚，因此纳西人中也出现了李、赵二姓，这二姓源于民家（白族），民家是居住在丽江南面的部落。

纳西人现在是安宁平和的民族，可在过去，他们是伟大的武士，能十分机敏灵巧地使用弩弓，藏人都对他们畏惧三分，过去纳西人曾攻占过他们的领土。现在，纳西男人已变得懒散了，但纳西妇女却不是这

---

① 作者未附汉文，不明所指，故留原文以待考释。——译者注。

样，她们在干着所有的活计。

鸦片已经在纳西人中流行起来，但纳西人不是如汉人那样吸烟成癖的鸦片烟鬼，只是由于罂粟属植物已成为税收的一个财源，中华人民共和国成立之前的税收官员们乐于在丽江发展鸦片生产。

"巫鲁肯"——一个环境优美，坐落在纯净的丽江大雪山山脉山坡上的小村子，雪山主峰扇子陡犹如保护神似地护卫着它。美国国家地理学会云南省探险队的总部就设在这儿。我在这个村子的两年中，给村民治疗了一些小疾病，或是帮他们去掉基于想象的精神不安等，在与村民的交往中赢得了他们的信任。村民们如果碰到较为严重的疾病或灾祸，便去请他们的祭司东巴，东巴是萨满式的男巫，他们认为，邪恶和不洁净的精灵会选择人或牲畜作为他们的栖居处，这样就会导致人和牲畜生病。

## 奇异仪式举行的壮观背景

纳西人有很多宗教仪式，我是被村民授予"特权"而可以观看仪式的人。我在这里想叙述一个我所经历的极有意思的仪式。

事情发生在 7 月一个阴郁的夜晚。黑色的云团集聚在金沙江峡谷的上空，远方传来一阵阵雷鸣，我当时正从丽江坝往回赶路，雷声催我加快了脚步，想赶在暴风雨之前回到我住的村子。

由于在丽江城度过了使人厌烦的一天，我回到家后已感到很疲劳，于是就靠在可折叠的帆布床上休息。天空越来越黑，阴沉的云团在雪峰对面石灰石山脉的上空越聚越厚，越压越低，无疑，暴风雨就要来了。

当我躺在床上看着闪电照亮云层，突然传来一阵沉闷的鼓声。起初，由于距离远，沉重而怪异的鼓声听上去节奏缓慢，但随即鼓声越来越激烈，节奏加快。

## 受病痛折磨的患者

于是，我向村里人打听发生了什么事。村民告诉我，有几个东巴聚集在我的一个邻居家里，要驱赶那在这家主人脑袋里作祟的鬼，由于鬼的作祟，他的牙床化脓，腭部溃烂，疼痛异常。

　　我记起几天以前，这位患病的男子来向我要药。我发现他的痛是由一颗化脓的龋齿引起的，龋齿已所剩不多，在下颌龋齿部位留下一个黑洞。他的牙床红肿得很厉害，腭部化脓。他因疼痛而不能吞咽食物，不能闭拢嘴巴，嘴唇的每一次蠕动都使他疼痛钻心。我既无治疗这种病的药，也没有治这种病的本事，所以我只好把他打发走了。

　　由于我无力帮助他，他便去请祭司东巴，请求他们帮他驱走那使他生这种病的邪恶鬼怪。

　　击鼓声是东巴们宣布将与鬼怪战斗的号令，东巴们随即将进行系列赶鬼、驱鬼、使鬼走投无路的祭仪程序，我由于被特许观看各种仪式和狂烈的舞蹈，因此目睹过不少这样的场面。今晚要举行的这场仪式的地点、背景都是很理想的，时间正是晚上 10 点。暴风雨即将来临，一道道闪电从东面划过金沙江峡谷上空，空中滚过一阵阵"隆隆"的雷声，它的回声从那巨大的石灰石岩壁和冰雪凝聚的玉龙山扇子陡主峰反传回来。

## 祭坛上的鬼面偶

　　在当事者家那用不规则的圆形砾石铺嵌的院子里，已立着一个依托于竹凳上的圆形结构物，这个似祭坛的结构是用藤条或小竹条编成的，上面用编织的稻草或麦秆、长着叶子的桃树枝以及穿孔的黄色纸旗装饰着。整个圆形构架的直径约有 91 厘米，离地约 60 厘米。在稻草带上，插着直立状的木棍，在正中间插着一根较大的桃树枝。在这根树枝的权口放着一个灰色的碗，碗里醒目地放着一个象征鬼的面偶，这鬼面偶正位于两根香烛中间。

　　在靠近这祭坛的地方，一个瞎眼东巴坐着击打一面立在地上的大鼓。他边击鼓，边咏诵着神秘的经文。其他东巴则在忙碌地为即将举行的正式仪式做准备。

　　击鼓的音量增大了，发出诡秘的"隆隆"响声，接着，锣声也响起来，东巴们戴着形状古怪、状如跃动的火焰的五幅冠出场了。那个患病的男子将一只大公鸡带上来，把它的头和嘴洗干净后又带走了。这时，沉闷的鼓声变得悠长，东巴的咏诵转变为哀怨的丧葬经调。

## 祭献给祖灵的供品

现在已准备好祭献给祖灵的供品。一个用松木做的小棺材模型放置于祭坛前的地上。主祭东巴出示他紧抓着的一只小鸡。他和那个患病的男子都跪于祭坛前，那男子开始用米粒和豌豆向那小鸡发起"攻击"，一些米粒和豌豆被硬塞进小鸡的喉咙。

最后，他又把面粉洒在小鸡的翅膀上，然后又往小鸡嘴里塞进一些面粉，直至这小鸡被闷死。

一首纳西挽歌叙述了弄死这小鸡的来历。

人们把这只鸡洗干净，把鸡毛梳理好，然后轻轻地放在那个小松木棺材里，上面盖上米粒、红纸和有孔的黄纸，让小鸡把它们带到阴间。然后，把这小棺材盖仪式性地盖在上面，那个生病的男子手执一把大斧头，做出钉棺盖的动作。纳西人没有铁钉，因此，这个小棺盖是用草捆缚上去的。

## 鼓点活泼欢快起来

这时，所有的人都起立，东巴们咏诵神秘的丧葬挽歌10余分钟，雷声与他们的歌咏声交织在一起。

人们在小棺材前祭上供酒，米饭和煮过的土豆则供在棺材上面。

那个患病的男子此时跪在棺材前，吞咽着这些供品。

上述这些行为可称为祭仪的第一过程。

第二过程又以活泼欢快的鼓点和锣声开始。在离祭坛不远处燃起一堆篝火，将一个犁铧在火中烧红。在祭坛前面放上一根木棍，一把剑横放在木棍上。一个东巴手持一棵小橡树和小松树来到祭坛前，他将这两棵树竖立在地面上，然后继续咏诵经文。在紧密的锣鼓声中，这东巴先用剑锋轻轻地叩击小橡树9下，然后猛地一刀把它砍断。

随着这一举动的结束，所有的锣鼓声和诵经声都戛然而止，祭场静穆了几分钟。

这个东巴又拿起那棵小松树，将它递给跪着的那个病人，他亦用剑轻叩小树 9 下，然后一刀把它砍断。在这整个过程中，伴之以疾言厉色、吵闹似的说话声。

这时，主祭东巴进入住宅的正房，在正房墙上挂着纳西卷轴神像画。在正房左面摆着一张上面堆放着东巴经书的桌子，桌子上点着一盏罂粟籽油油灯。现在，人们的注意力都集中到卷轴上所绘的神灵上。主祭东巴脱下他黑色的长袍，换上一件蓝色的长袍；脱掉五幅冠，在头上重新缠上一条鲜红的长布带，在背部腰带上插上 4 面有孔的纸旗，其中两面红色、两面白色，看上去酷似蝙蝠的翅膀。这么一穿戴，这个东巴看上去显得凶神恶煞。

鼓声和锣声以疯狂的节奏响起来了，而且越来越猛烈。主祭东巴在这紧密的锣鼓声中将原来攥在手中的剑放在口中衔着，然后又弯腰从两腿间猛地用口把剑掷向上方，与此同时，他狂舞着，仿佛着了魔似的。

那只可怜的大公鸡又被带上来，它的头被按着浸到酒中，在最为狂烈邪门的锣鼓声和音乐声中，这只鸡伸着脖子，蹬着腿。汗水淋漓地旋舞着的东巴斜着眼睛向上方一瞥，随即一下扭断那只公鸡的脖颈。沉闷而拖长的一阵鼓声滚过，昭告人们这条生命的结束。

## 主祭东巴狂烈的舞蹈

死去的这只公鸡现在摆放在祭坛上，音乐的节奏变快了，此时此刻，那个主祭东巴看上去几乎已完全着魔，他狂烈地舞蹈着，脸上带着离奇怪异的神情，眼珠子急剧地旋转着，反映出他的情绪。他左手摇着铁制板铃，右手快速地敲着锣。

聚集在院子中观看的村民们保持着肃静，但从他们的表情上可以看出，他们已完全被这神秘的仪式感染了。

此时，在门前摆上一个火盆，火上煮着一锅油，主祭东巴右手挥舞着火红色的纸带,疯狂地舞蹈。突然,他一下跳进火堆,用赤着的脚将燃烧的木头踢向院子的 4 个角落。鼓声、锣声、隆隆滚过的雷声和耀眼的闪电伴随着他的动作。

## 主祭东巴以舌舔烧红的犁铧

主祭东巴用他的剑从火中挑起灼热的犁铧,将它放在地上,然后猛烈地绕着它舞蹈,用赤脚"嚓嚓"地去蹭它,并站在这已烧红了的犁铧上,最后,将犁铧直立,伸出舌头去舔它,舌头舔灼热的犁铧所发出的"嘶嘶"声清楚地传到人们的耳朵里。

东巴又用左手提起油锅,将右手浸进滚烫的油锅里,然后走进挂着神像轴画的正房。他用剑搅拌着油锅里的油,油锅里闪耀着蓝色的火苗。他把手浸进火焰熊熊的油锅中,手指上迅速燃起火焰。他手端油锅,嘴衔利剑,从一个屋子冲到另一个屋子,从住宅的一个角落蹿到另一个角落,驱赶着可能会躲藏在某个角落的恶鬼。

围观的村民现在变得很兴奋,他们的注意力都集中到一个尚未被除秽的角落,东巴手端油锅,挥舞火苗闪烁的手指冲向这个角落驱鬼。最后,他把火焰洒向那个圆形祭坛,然后迅速端起这个祭坛冲出院子,在燃放的爆竹声中,这个圆形祭坛被烧毁了。当手上燃着火焰的东巴在烧这个祭坛时,锣声、鼓声和铁铃声伴随着他。

这时,妇女们飞快地拿起扫帚,清扫院内的每个角落,直至把所有东西都清理干净,然后关上各个房门。人们认为那患病的男子现已从恶鬼的手中摆脱出来了,因此,他的疾病也会痊愈。

## 患病的男子不再受病痛折磨了

当风雨大作之时,这个仪式刚刚结束,整个村子都在使人心悸的雷声电光中颤栗,暴风雨成为这个神奇诡秘的祭仪的尾声。

第二天清早,我去访问那个作为昨晚仪式主角之一的患病男子。使我万分惊讶的是,他看上去仿佛没有过什么牙床和腭部的病痛,尽管那颗坏牙还在。这个男子很自然地把他的痊愈归功于东巴们那卓有成效的仪式。他送给东巴们谷物、面粉、火腿和相当于两美元的钱,作为酬谢。

昨晚举行的仪式叫"资对"(Dzudü),它一直到翌日凌晨两点才结束,我当时无法拍照。我后来找个借口请几个东巴在我的住处举行这个仪式,东巴们同意了,并允许我拍照。这个仪式举行了数小时,最后以一个东巴将烧红的犁铧衔在口中而结束。

## 将灾难归罪于邪恶的精灵

几天以后,我被邻村白沙街的几个东巴所邀请,参加另一个宗教仪式。

由于迷信观念主宰着纳西人,他们对一切乱子、灾难、疾病都不是寻找其自然原因,而是统统归咎于邪恶的鬼怪,或是那些死者的精灵,认为他们通过导致无休止的灾难来向他的亲属表明他们想得到救济的愿望。

我受邀参与仪式的当事者家庭正是碰到了这样的麻烦。主人家的家畜得了病,当地没有兽医,他便去求告东巴。东巴算出他的家畜的病灾是由于他死去的父亲作祟所致。他的父亲是在 30 年前殉情自杀而亡的,东巴说他现在在阴间需要得到救济。于是,东巴们在当事者家里设了祭坛,在祭桌上摆上长着绿草的土坯。在草坯上插上竹子,在祭坛后面立着松树枝,两棵点缀着纸装饰物的白杨树竖立在祭坛最后面,在那块草坯上也插着白杨树枝。

当我来到当事人家里时,仪式已经开始了。5 个东巴手持剑、钹和锣,围绕祭坛舞蹈,一个东巴在击鼓。男主人把一个小碗里的酒抛洒到低矮的屋顶,表示祭献给鬼魂,最后,他噙满一口酒,将它喷向屋檐上方。

东巴的舞蹈持续了两个多小时,并渐趋激烈。他们把剑抛向空中,与祭坛周遭看不到的鬼怪进行着摹拟式的战斗。

到中午，东巴们休息了一会。下午又继续跳舞驱鬼，当天的仪式在常规的纳西驱鬼方式中结束，其过程与上文所述一样。第二天，那两棵装饰华丽的白杨树被搬去村外的草地上，东巴在树前做最后的舞蹈，然后把树烧掉。

当事人的家畜在仪式举行后是否痊愈平安，我不得而知。

## 象形文字书写的宗教经书和祭天仪式

纳西人保存着他们的宗教文献，大多数文献是用象形文字写成的。这种书写形式无疑源于藏人，文字发明的时间不得而知。这些文字与西藏佛教传入前苯教的一些经书中所绘的图画很相似。只有东巴知道这种象形文字，他们把自己的这些知识传授给儿子，因为纳西东巴的职务是世袭的。纳西东巴所使用的文字有两种，一种是象形符号，另一种是类似汉字的书写符号①，事实上，其中有一些字符是纯粹的汉字。我认为这后一种文字是后来才发展起来的，象形文字比它更原始。②

在一本纳西宗教经书中提到，朗纠敬纠③（据说是汉人信奉的释迦佛）教会纳西人书写这种文字和经书。

每个纳西村寨都有一个或几个东巴，每个东巴都在村外有自己举行祭仪的地方。这种祭场叫做"蒙卜赕"，意为"祭天场"。这是一块呈椭圆形、坐北朝南的地盘。

每年旧历新年初五，东巴们与村里的男子聚集在一起，在祭天场举行祭天仪式，向神灵奉献年度性的供品，特别是祭献那些对洪水、闪电、打雷等从天而降的灾祸和对保护人们避免被野兽袭击和遭偷盗等负有责任的精灵们。

---

① 洛克在这篇最初发表的文章中尚未提出标音文字和音节文字的概念。——译者注
② 洛克后来又改变了这一观点，认为音节文字（或标音文字）"哥巴文"的产生早于象形文字。——译者注
③ 东巴教中专门镇压凶死鬼的一个神祇，其本原是一个神化的东巴。——译者注

在祭坛上,立着三棵树,一棵柏树居中,两棵橡树①分居两边。左面的橡树象征天(称为"蒙")、右边的橡树象征地(称为"达"),中间的柏树象征神(称为"绪")。一个开裂的鸡蛋安放在分三叉的竹竿上。盛着大麦的大竹篓象征家庭之父,同样盛着大麦的小竹篓象征长子。

在祭坛上还放着作为祭供品的石头、香炷、盛在碗里的酒。祭坛前插着的三根大香炷叫"绪美",上面用橘黄色的纸鲜艳地装饰着。当这三根大香炷被点燃时,人们将一头猪和一只大公鸡放在香炷之间的地上,宰猪后,把猪血抹在祭坛中央的那块石头上和那些祭树的树干(被剥了树皮的部位)上,表示祭祀。

东巴首先咏诵宗教经书,对祭坛、祭物进行除秽和净化,然后在祭天场下端将祭牲开膛剖肚,将它一一祭献于祭坛。猪的胆囊挂在象征天的橡树上,猪肾挂在象征神的柏树上,猪的肝脏(或它的一部分)挂在象征地的橡树上。东巴继续咏诵,祈求邪恶的精灵进入那个立于竹竿上的鸡蛋里。

最后,村里的男子们聚餐分享这些供献品,仪式就此结束。

## 禁止妇女进入祭天场

妇女被禁止进入祭天场,接近祭天场都不行,还禁止她们听仪式中的咏诵,禁止持续数天的聚餐。

许多纳西妇女过着艰难的日子。由于一些东巴经中描绘了另一个世界的快乐生活,因此,人们害怕妇女们听了这些经书的咏诵后,会自杀而去寻找那个世界。

由于人们认为,在祭天仪式中,邪恶的精灵已进入那个鸡蛋中,因此,很自然地,纳西病人普遍不吃鸡蛋。我常常劝告那些好多天没有吸收足够营养的病人和着牛奶吃一些鸡蛋,但常被他们坚决地拒绝,他们声言:"如果我们吃了鸡蛋,我们一定会死去。"

---

① 俗称黄栗树。

除了上面描述到的仪式外，纳西人还有很多仪式，每种不同的疾病都需要一个特定的祭坛。而祭司的舞蹈从其外观上看，在各种仪式上都是相同的。

我这是首次试着描述纳西人的宗教仪式。纳西——这个鲜为人知的部落，由于持续地受汉人的影响，正在很快地丧失他们的特性。

# 论纳西人的"那伽"崇拜仪式*

## ——兼谈纳西宗教的历史背景和文字

### 〔美〕洛克（J.F.Rock）

当安东·希夫纳尔（Anton Shiefner）翻译的苯教第一部著作《十万白那伽①》问世后，学术界感到很失望，因为学者们在阅读它之后，认为其与佛教经籍没有什么不同。然而，希夫纳尔所翻译的这部著作确实是受佛教影响的苯教典籍，而劳弗（Laufer）所译的经籍却是典型的喇嘛教经书，其中完全没有提到先饶米沃（gShen-rabs-mi-bo）等苯教神人的名字。

现在所发现的纳西文献，特别是关于"那伽"的文献是纯粹源于苯教的，这些文献的内容比在西藏所发现和业已翻译出来的苯教文献要丰富得多。而且，这些纳西文献绝对不是佛教经籍，因为纳西人只是在后来才与佛教产生联系的。在纳西人崇拜"那伽"而举行的仪式中，要咏诵60多册经籍，所有这些，都使我们得出这样的结论：纳西人有关"那伽"崇拜的文献可以上溯到藏族的原始苯教，而不是现在已融汇了苯佛内容的衰退的苯教形式。

---

* 本文为洛克《纳西人的"那伽"崇拜和有关仪式》一书的前言，该书作为意大利罗马"东方学研究系列"之四，由罗马东方学研究所在1952年出版。全书分上下两卷，标题为译者根据文章内容所加。

① 那伽（Naga）：印度教和佛教神话中的一类精灵，其形半人半蛇。据说他们属于强壮俊美的族类，可化作人形或蛇姿，在某些方面优于人类。他们也与水、河流、湖泊、海洋和源泉有关，并能护卫财宝。该书在国内通译为《十万白龙》，为与汉族文化观念中的"龙"相区别，这里照原文音译为"那伽"。——译者注

在为数众多的纳西族宗教仪式中，有一些是完全源于苯教的，如
"堕拿肯"（³Cto′na³k′ö），而人们还所知甚少的苯教大仪式"堕"（lto 或 gto）
必定是与纳西"堕拿肯"相同的仪式。在"堕拿肯"仪式中，要咏诵不少
于 85 本的经书，杀很多祭祀用牲，该仪式前后要花一个星期的时间。

纳西族如此众多的文献是从哪里来的呢？要回答这个问题，我们
就有必要追溯一下它的历史。赫尔穆特·霍夫曼（Helmut Hoffmann）[①]
所著的《西藏苯教历史研究》一书很有价值，它特别描述了苯教的历史
背景和后来的发展变化，以及它与大乘佛教的争斗。苯教后来被迫向佛
教妥协，但即使这样，它也不被允许留存于它的起源之地，而是被放逐
出西藏。放逐苯教徒的命令是由在公元 740 至 786 年在位的藏王赤松
德赞下达的。这一历史事变可能是纳西人和摩梭人成为苯教信徒的原
因。上述霍夫曼著作第 223~224 页中说，藏王赤松德赞对苯波们说："你
们这些苯波，你们已经变得太有势力了，我料想你们是要我的臣民疏远
我。"除了少数苯波变为佛教徒外，大多数苯波则被放逐。据说他们只
准带上半面鼓，也许还有板铃"展来"（²ds-¹lěr），把这些东西裹在蓝色
棉布中，然后骑在公牛和驴上被驱赶出境，屈辱地被放逐到西藏边境周
围的荒僻地区。在苯波被放逐去的那些地方的名称中，有个地名叫姜么
（IJang-mo），现在，姜（IJang）是藏人对纳西人和摩梭人的称呼，藏王格
萨尔曾与姜部落之王三赕（Satham）打仗，现在，三赕是丽江的藏语名
字，姜么实际上是指里塘区域。

需要注明的是，到 16 世纪，姜么的领域包括里塘周围 64 千米之地
和金沙江湾内丽江城之南的地区。这个地区的所有居民都信仰苯教，后
来，一个黄教活佛从察姆多（Chamdo）来到永宁传教，使当地居民皈依
了佛教的格鲁派。

永宁位于丽江东北部，当时控制着包括里塘以南 64 千米的领域。
永宁、前所、后所等地所有的居民都成了黄教的信徒，只有左所是例外，

① 赫尔穆特·霍夫曼：《西藏苯教历史研究》，"科学与文献研究协会论著"第 4 号，
德国美因兹，1950 年版。

当地人拒不皈依黄教，直至现在仍然信仰苯教。当从察姆多来的活佛想回去时，永宁摩梭人首领劝他留下，并把永宁北部一片广阔的领域赠给这位活佛，这片领域现在叫木里。

霍夫曼指出，苯教经籍中说，苯教经师在西藏以外的地区也很活跃。有这样的可能性，即在苯教教徒被放逐到相邻部落中去之前，这些部落（特别是羌人部落）的民众就已经信仰苯教。作为羌人的一支的纳西族，在他们南来到现在的居住地之前，他们可能已经是苯教的信徒。他们征服了古时就居住在丽江区域的濮人，在这儿定居下来。这个地方后来就被称为三赕（Satham，即今丽江）。

关于纳西族历史方面的详情，我建议读者去读我写的《中国西南古纳西王国》一书。

现在由于近族通婚而很难区别的摩梭人和纳西人的主要不同点是：纳西人像羌人一样仍然举行着祭天仪式，而摩梭人却不举行这一仪式。被丽江纳西人称为"吕西"（$^2$Lü-$^2$Khi，意为吕地之人）的永宁摩梭人的语言也与丽江纳西人十分不同。看来，永宁、左所、前所和与其相邻的瓜别、古柏树的民众以及其他 3 个仍然留存的所的首领和民众是汉人所称的"么些"（Mo-so）人。

纳西与摩梭不同的还有一点，即纳西人有象形文手稿，摩梭人却没有。而生活在纳西与摩梭人中间地带的"日西"（Zher-khi）人则接受了纳西象形文字体系，在他们中表现为一种经过修改的形式，他们能识读其内容。而在其他方面，他们则与摩梭相同，比如也没有祭天仪式。

由于喇嘛教黄教派主宰着摩梭人，他们非常艰难地保存着他们的原始苯教仪式，加之由于他们没有文字，因此很多仪式已经失传了。而在左所，在来自嘉绒（Nyarong）的苯教祭司的影响下，原始苯教的内容正在日趋变迁。这些从嘉绒来的苯教祭司在永宁以及其他皈依喇嘛教的地方是不受欢迎的人。他们帮助左所的人兴建了苯教寺庙、培养苯教僧侣、教授舞蹈等，在西藏以及云南北部边境，也可以看到这种情况。

属于过去卓尼（Cho-ne）王子领地的特窝（Cho-wo）国的许多苯教

寺庙和左所的苯教寺庙也都成为与嘉绒最东面边区村落苯教寺庙一样的形式。1929 年，在左所主要的苯教寺庙中看到角落里堆着一大堆苯教经典如《甘珠尔》( bka-hgyur ) 和《丹珠尔》( bsTan-hgyur )，这些经典都写在黑色的硬纸上。当时我是可以把它们全买下来的，但那时交通中断，难以进行大宗物品的运输。渡口那用来渡金沙江的船只被破坏了，而在雨季末用羊皮筏渡这急流汹涌狂暴的江河并非易事，而且还得小心落入叛乱的军队手中。在左所，人们祭拜先饶米沃( gShen-rabs-mi-bo )、塔拉墨巴尔( sTag-lha-me-hbar ) 和苯教大神巴尔萨斯( dBal-gsas )，绘着这些神像的"唐喀"画在寺庙的椽子上悬挂下来。

在丽江，苯教崇拜占据着统治地位，因为在这个领域没有喇嘛教黄教派流行。直到明朝年间( 大约在公元 1627 年 )，噶玛教派①才传入丽江。这个教派比黄教派要宽容得多。噶玛教派在丽江从未成为强大和有影响的教派。

金沙江湾内和金沙江流域西部的纳西人明显地带来一种音节文字，这种文字现在只用于记录陀罗尼( Dhārani )。②但为了不忘掉他们所信奉的宗教，他们又创造了一种象形文字，以自然界为字符的基础，如环抱着他们的美丽森林和林中的野外生活，那终年积雪的雪峰，多姿多彩的鲜花等，他们以这些字符记录自己的宗教传统，这样，卷帙浩繁的文献得以留存至今，这些文献保存了古代的苯教内容以及纳西部落的民俗、传说和民歌等。

苯波在西藏被放逐以后，一部分去往西藏边境极远的西部地区，另一部分则去往西藏边境极远的东部地区。也许，这是为什么西藏东部和西部边远地区的传说十分相似的原因，也是为什么纳西人和拉达克( Ladakh )有那么多语言与苯教用语非常相近的原因，诸如"杯歹"( $^2$Ba-

---

① 指藏传佛教噶举派( 又称为白教派 )支派之一的噶玛噶举，有黑帽和红帽系，在丽江的噶玛噶举派属于红帽系。——译者注

② 陀罗尼( Dhārani )：佛教与印度教中所使用的据说有灵异效验的语句。相传一般人念诵可以禳灾得福，瑜伽师念诵可以促进入定。

$^1$d′a )、"阿咕"（$^1$A-$^2$gv ）等，又如东巴什罗击败鬼王笃短求巴拉里（$^1$Ddv-$^2$nděr-$^3$t′khyu-$^2$bpa-$^2$la-$^1$lfu ）的故事在两个地区都很流行。

大约在公元 750 年，在丽江地区北部有一个苏巴$^①$（ Sumpa ）王国，此即东女国。奇怪的是，纳西妇女非常大胆且敢作敢为，比男子更为积极主动。她们成群结伙、手拉手地在山坡上漫游，唱着歌，拦住经过的青年男子的路。也许，纳西姑娘是从东女国传承了这种像亚马孙族女战士那样敢作敢为的雄风。当共产主义者来到纳西人的区域时，纳西妇女如鸭子奔向水流一样地去加入他们的军队。

在位于金沙江东北面的永宁，原始苯教虽还存在，但已十分衰落，我有幸目睹在野外举行的苯教仪式。仪式的举行地点是由占卜来决定的。这些祭司称为达巴，当我于 1930 年最后一次去永宁时，已只有 5 个达巴还活着。他们专门为我举行了一个大仪式，我当时做了很多记录，拍了不少照片。如今，我猜想达巴已经绝灭。我希望在不远的将来发表一篇关于达巴的文章。

我本来想在这篇文章中对纳西部落的文献作一个全面的概述，但如果这样的话，那势必要使这部著作增加将近 500 页的篇幅，因此，我限定自己只对纳西人的"那伽"崇拜和其他与之相关的仪式进行介绍。纳西人的宗教文献是多种多样的，它们产生于不同的时间和地点。它是一座复合型的宗教大厦，其基础主要建立在原始自然崇拜（如祭天）和西藏在佛教传入前古老的民族宗教苯教。苯教不仅成为纳西宗教的一部分，而且是比现在在西藏的苯教更为纯正地道的一部分，它幸存于纳西人中。纳西人的宗教文献还受到缅甸的纳（ Nat ）$^②$崇拜和汉族道教以及藏传佛教的影响，而其核心是混合着本土部落萨满教$^③$因素的苯教。

① 汉文记载中有谓"苏毗"的。——译者注

② 纳（Nat）：缅甸民间宗教所信奉的鬼，相当于泰国人所称的"披"。众纳中以号称 37 纳的一群为最著名，他们都是横死者的亡魂，敬之者昌，违逆或轻慢者遭殃。此外尚有自然界的纳、世系纳（周年奉祀，世代相传）、村纳（保佑村民不受野兽、盗匪和疫病之害，依附于村口某树或某洞穴）。——译者注

③ 此指巫术、巫教，如桑尼、桑帕等。——译者注

这座宗教大厦的上层建筑由各种外来因素组成，如在上文中已提到的，有的内容是借自与纳西相邻的一些民族的宗教和风俗，其中的一些内容是或多或少被迫接受的。如他们被逼接受的汉人的订婚和结婚习俗，这些习俗是 1723 年（更确切地讲是 1723 年的 5 月 31 日）清朝在丽江实行"改土归流"后强迫纳西人接受的。在这之前，丽江土司家和那些相邻民族首领之间的通婚是自由安排的，而在普通民众之中，看来是流行着性爱自由的习俗。现在，在丽江北部永宁的部落中还实行着这种风俗。

被迫结婚的新郎新娘直至结婚那天之前，双方可能都从未见过面，孩童订婚的习俗导致了很大的痛苦和不幸，许多青年人为逃避与可能从未见过面或不喜欢的人结婚，跑到山中去自杀。纳西人有一个安抚凶死者精灵的仪式，人们认为凶死者会变成无头鬼或风鬼。这个仪式叫做"哈拉里肯"（$^2$Hăr-$^2$la-$^1$llü-$^3$kʼö），是目前在纳西族中最为经常举行的仪式（人们认为所有的自杀者都已成为凶死鬼，因为他们在死前未能得到照应）。纳西人中的自杀现象是如此普遍，因此，很难找到完全没有一个自杀者亲属的家庭。关于祭自杀者仪式的详情，我建议读者去读我所写的《开美久命金的浪漫故事》一文。

在汉官统治丽江之前，纳西人对死者实行火葬，但 1723 年"改土归流"之后，火葬便被土葬和使用棺材的习俗取代了。火葬只对下列的人员进行：如死于难产的产妇和分娩后 100 天内死亡的产妇，以及在山中就地火化的自杀者，中甸县①白地的纳西人则至今传承着他们的火葬习俗。

也许可以这么说，纳西人的文献完全是宗教经书的性质，其中又夹杂着他们的口头传说、经验知识和历史。在我生活在这个部落将近 20 年的时期里，我对这些文献进行了认真的研究。我第一次与纳西人接触是在 1922 年，从那时起，我雇请许多纳西人，他们陪伴我进行中国边远西部和西藏地区的探险。在这期间，我积累了完整的纳西手写本系

---

① 中甸县，即今香格里拉市。由于本书所收录的文章大多成文于 20 世纪 90 年代前，故保留原地名，全书同。

列，这是今天没有一个纳西祭司所能拥有的完整系列。我在东巴的帮助下翻译了其中的上百本，帮我翻译的东巴名叫和华亭，他从1930年至1943年被我雇请来帮助工作。他死后，我又请了他的亲戚和作伟，他是位很聪明的东巴，一直与我工作到1949年5月，直至我们因时局的变乱而不得不放弃手头的工作。

纳西人最重要的仪式都被我安排在我的住处——举行，我做了很多笔记，收集了不少不易腐烂的东巴器具，并拍摄了数百张照片，拍了电影。此外，我根据仪式内容仔细地查看了数以千计的纳西手写本[①]内容，把它们加以分类，因为每个仪式都有一组相应的手写本。我对所分类的手写本都做了内容提要。不幸的是，在1944年，由于当时的战争形势所迫，我不得不从印度加尔各答把这些经书、器物、笔记等（除照片之外）海运往美国，而装着这些东西的S.S.理查德·霍维号海轮在阿拉伯海上遭到了日本飞机的袭击，这些宝贵的资料连同这艘被袭击的海轮一起沉没到海底去了。

我希望在将来的一本书中讲纳西宗教文献的详情，而在这里只需概述一下纳西族的历史背景，叙述一下纳西宗教仪式逐渐发展的情况，指出其中哪些是纯粹的苯教内容，哪些是本土的萨满教和自然崇拜内容，哪些是纳西人在从西藏东北部向南迁徙时和到达现在居住地之后所接收和加进去的内容。

纳西宗教最初是在自然崇拜的基础上发展起来的。那时纳西人还居住在西藏东北部的草原上，过着游牧部落的生活，当时举行的许多原始仪式明显不需要东巴。越到后来就越产生出很多内容复杂的仪式，无以数计需要驱赶的鬼怪成了纳西人沉重的负担。

纳西宗教文献中既没有完全哲学性的著作，也没有深奥抽象、形而上学的著作。这样的著作恐怕在原生的苯教中也不存在，但后来可能从佛教中传入这样的内容。萨拉特·钱德拉·达斯（Sarat chandra Das）

---

① 指东巴经。——译者注

指出，苯教理论和观念与宁玛派（rNying ma-pa）的大圆满法（rDzogs-chhen-pa）有显著的相同之处。苯教的九乘、苯攘（Bon-srang）、九乘中的"因乘"等，从标题到内容，都存在于纳西文献中，它们涉及360种死的方式及丧葬仪式、处理死者的4种方式、镇压邪恶精灵的8种方法。纳西人仪式体系的主要部分是关于驱赶邪恶的精灵和鬼怪等。他们举行很多不同的丧葬仪式，其中叙述到处理死者的方式，特别是那些盛行于其他部落的处理死者方式。纳西的丧葬方式在上文中已提过，他们习惯于火葬，但在他们尚在过着游牧生活的最早期，他们的死者是暴露在秃鹫之下的。

纳西人有很多不同的经书谈到世界或宇宙的起源。其中最值得一提的是《崇搬图》，其中说，在所有出现的存在事物中，影子最先出现，然后出现母亲、出现真实和不真实、能与无能。它们又产生巫术变化或性交（经书中的短语"奔巴杯"有这双重含义），然后产生了一种光明闪亮的东西，它后来变成窝格阿格，他显然是第一大造物主。不真实与无能交合，产生了邪恶的第一造物主依格丁那，他是窝格阿格的敌手。在另外一些手写本中则说，一切都是从蛋卵中产生的，而蛋卵是从露珠等产生，这是典型的苯教观念。

像早期的苯教一样，纳西宗教没有庙宇系统，他们的祭司和信徒像苯波一样，是善饮酒、好吃肉的人，而且他们也结婚。原先他们所有的仪式都在野外举行，只是到近代才或多或少地吸收了喇嘛教的一些习俗，如在仪式中安排临时的神房，用类似于"唐喀"的卷轴画等。他们既在野外草地上举行仪式，也在住宅的院子里举行仪式，但几乎所有的仪式最后都要到村外的山头或草地中去进行一些活动。祭天仪式要避开有屏障的地方，一般在比较大的树林里举行，而"那伽"崇拜的祭仪则可能在住宅院子里或在泉溪边举行，或者包括二者地举行。属于"那伽"崇拜的"署底古"仪式显然是产生于苯教，从我在本书中所翻译的众多手写本（东巴经）中可以看出这一点。这个仪式和其他相关仪式形成这本书的主题。

## "署底古"仪式

在"署底古"仪式中，主要反映了纳西人与原始形式的爬行动物（蛇）之间的关系，但完全没有如普遍流行于印度、柬埔寨及南亚许多地方的人与头有冠状物、多头的爬行动物打交道的反映，在上述这些亚洲国家，眼镜蛇是很普遍的。"那伽"是梵文词汇，它不仅仅是指水中的"那伽"，在纳西人的观念中，在山上、尖坡、高原草地、干燥的陆地上都有"那伽"，而且，在树、岩石、悬崖、开垦和未开垦的土地、村寨、住宅和宅基地中都有"那伽"；我们在希夫纳尔所翻译的苯波经书中也看到类似的内容，在这些苯教经书中提到，先饶曾经列举各种"那伽"，以及它们所住的地方。

在东巴经《本吕空》①中，讲述了"署"（即"那伽"）的来历，大多数"署"都产生于蛋卵，这些蛋卵的颜色取决于不同的方位。有5个区域的普通"那伽"，5个区域的"那伽"王，5个区域的"那伽"头领们，等等。还有99个天上的"那伽"，77个地上的"那伽"，他们的颜色是黑的；55个山的"那伽"，33个谷的"那伽"，11个村寨的"那伽"；云的"那伽"、虹的"那伽"。只要是"那伽"产生的地方，那儿也就成为他们的栖息之地。

蛇在雨季出现这一现象或许导致产生了蛇控制着雨水的信仰，人们认为是蛇的巫术力量产生了雨。在纳西人现在居住的地区，旱季明显而突出（从十一月到六月），人们靠小河溪流供水，这些溪流有时水流很小，特别是在冬季，缺水现象更为突出，庄稼因此会得不到足够的灌溉。数年前，离丽江城几千米的著名泉水"吉瓦"完全干涸，丽江城几乎无水可汲，人们要到很远的地方去挑水。当时，东巴和噶玛巴派喇嘛都忙着举行安抚当地"那伽"的仪式，排着队去"吉瓦"泉水处祭献供品等。一些受汉族文化影响深的纳西人则到汉式的龙王庙里去祭供龙王。

纳西人相信"那伽"有能使人畜和庄稼繁衍丰饶的力量，因此不断

---

① 洛克译为《仪式索引经》，国内一般译为《开坛经》。——译者注

地奉献供品,向"那伽"祈求"尼"与"窝"①。这种信仰不仅存在于纳西人中,在印度也很盛行。几乎在每一本属于"署底古"仪式的东巴经中都有这样的内容,人们求"那伽"赐予像银河的星星、地上的青草那么多的子孙。他们认为"那伽"也是富裕的保护神,因此向"那伽"祈求赐予财富,使粮食满柜,牲畜满圈,使人长寿等。而另一方面,"那伽"又被描述为抢劫人们宝贝的精灵。在一本东巴经里说,当人类和"署"(即"那伽")分财产时,一颗宝贵的珍珠(或宝石)被"那伽"首领卓拿罗赤(相当于藏人的 gTsug-na-rin-chhen)偷走了,他把这件宝物藏在美利达吉湖(即 Manasarowar 湖)。后来,迦卢荼(金翅鸟)②将他拴在须弥山③上,将其体绕山几匝,迫使他将宝物归还给人。最后,迦卢荼神鸟将卓拿罗赤拴在赐予希望之树(Wish-granting tree)上,这棵树是迦卢荼神鸟栖息之处,据说"那伽"非常害怕这棵树。卓拿罗赤哭着向东巴什罗求救。东巴什罗替他切断了锁链,于是,"那伽"卓拿罗赤取出那颗珍珠,把它送给了迦卢荼鸟,迦卢荼把它戴在头角之间的冠上。

## 人与"那伽"之间的规则

反映那伽与人之间的规则的古代手写本(东巴经)是从"那伽"斯瑞西(²Ssu-¹ssü-²szǐ)与他的兄弟——洪水后的纳西祖先崇仁利恩的故事描述起的。斯瑞西与崇仁利恩同父异母,在东巴经《崇仁利恩传略》中说,斯瑞西与崇仁利恩分财产,将所有的家畜、开垦的土地和房屋都分给了人(即崇仁利恩),而把所有的野生动物、森林、高原草场、悬崖、湖、泉水等分给了"那伽"(即斯瑞西)。按照双方所订的规则,人不能侵犯"那伽"所管辖的领域,这指猎人、樵夫、渔人等不能

---

① "尼"(Nnü)与"窝"(¹O):这两个词几乎出现在所有的东巴经中,它们与性行为、性交有联系,"尼"指射精,"窝"指开始怀孕、女子性器、分泌液、分娩等。(译者注:孟彻理认为洛克的这种解释未免过于偏狭,详见收于本书的《纳西宗教综论》一文。)

② 迦卢荼(金翅鸟)Garuda:印度神话中毗湿奴大神所骑之鸟。洛克把纳西族东巴经神话中的神鸟"修曲"等同于此鸟。——译者注

③ 洛克把东巴经神话中的"居那若罗"神山等同于须弥山。——译者注

违规以遭致灾难。焚烧山坡、森林、挖沟、污染泉水等都是触犯"那伽"的犯罪行为。在苯波经书中写道,"那伽"对先饶说,"那伽"心中有两种意念——友谊和敌意。如果人类对他们好,他们也会给人类带来好处,为人服务;但如果人类不公道地对待他们,他们会给人类带来灾难。他们进一步告诉先饶,他们的心肠是硬的,有恶毒的尖牙,可以用它来恐吓人类。关于"那伽"的文献主题即反映人与"那伽"这一对兄弟之间的纠葛。东巴则请求"那伽"软下心肠,使其心地变得如同酥油一样柔软。纳西人认为眼睛发炎、麻风、不育等疾病都是"那伽"作祟所致。在苯波经书中,也列举了人类触犯"那伽"的种种罪孽。

纳西人对蛇(那伽)的崇拜并不像印度一样是出于对毒蛇的恐惧而产生的,虽然纳西人大都敬畏毒蛇,但对蛇的崇拜更主要的原因是认为它们能控制水,并在人们侵犯了它们所拥有的特权如森林、岩石、水源等时,会给人带来疾病。纳西人最怕蛇的一点是认为它们会偷走人的灵魂,灵魂被偷的人便会生病,生命神也将从家中逃走。如果不按照事情的危险程度举行"署底古"或"署古"仪式来抚慰"那伽"的话,病人便会有死亡的危险。人们相信东巴能以念诵巫术咒语的方式制服"那伽",迫使它们放出被它们偷去囚禁起来的人魂。因此,人们请东巴举行祭"署"(即"那伽")仪式,一方面抚慰"那伽",赔偿人们对它们造成的损失,一方面以巫术咒语消除掉它们的力量。东巴什罗扮演一个人与"那伽"之间调解人的角色,他请迦卢荼神鸟以其威力使"那伽"消除恐惧对手的心理,默许东巴什罗所做出的决定[①]。纳西东巴经中的曼怛罗(Mantras)[②]或陀罗尼是一种讹误很多的形式,因为它们是从藏人中借用过来的,而藏人在借用曼怛罗时很难准确地发出它原有的音值。

---

① 参看东巴经《修曲署埃》(《修曲神鸟斗"署"》)。

② 曼怛罗(Mantra):印度教和佛教的咒语,或一字,或数字,也有成句者。念诵"嗡嘛呢叭咪吽"这一曼怛罗,是中国西藏地区佛教修持的特色。洛克在此以曼怛罗和陀罗尼指纳西族东巴经中的巫术咒语"画吕"。——译者注

## "署"（¹Ssu）一词的来历

关于纳西人称"那伽"的名词"署"（藏人称"那伽"为"卢"KLu），我们发现，纳西人实际上有两个指称"那伽"的词，除"署"之外，另外还有一个叫"里母"（²Llü-²muṇ），它用于口语，但也见于经书中，只是在经书中使用得很少。我对"署"一词感到很大的困惑，没有一个纳西东巴能解释出它的含义。"署"一词一般用来指所有的"那伽"，但有一个"署"的氏族也被称为"署"，只是这个指氏族的"署"是用"▨"这个象形字来表示，它读如"署"（¹Ssu），是一个骰子。直到我读了杜齐（Tucci）教授的大作《西藏画卷》之后，我才弄清了"署"这个词的意思。我在该书第二卷附录 2 中看到，有一类（或阶层）鬼叫"Se"或"bSe"，这也是一个部落的名字，萨拉特·钱德拉·达斯在他所著的《藏语—英语词典》第 1273 页中提到，有个 sa-bdag 部的鬼，名叫 Se-bdud，几乎所有的 Sa-bdag 都是"那伽"，纳西称这样的 Sa-bdag 叫"世日"（³shi-¹zhi），意思是蛇精灵，山神也被称为"世日"（³Shi-¹Zhi），写如"🐍"。在上述杜齐著作的 714 页中提到一个 Se-hphang nag-po，这是藏人鬼怪信仰中最有名的一个"鲁"（KLu）[①]。杜齐指出，这个"那伽"也叫 Srog-dkar rgyal-po，现在，Srog 这个音节的发音为 Sog，是指生命的名词，这个词反映在纳西人的"素"（³ssu，生命神）一词中，也反映在纳西东巴经中的"苏盘叽哺"（²Ssu-¹p'ěr²gyi-²bbu）这个名字中，该名字的后 3 个音节是上述"那伽"藏语名 dkar rgyal-po（白王）的音译。在纳西东巴经中还提到一个"署美拿布"（¹Ssu-²mā-¹na³bpǔ），纳西人认为这个"那伽"是所有"署"与"尼"（²Nyi）"那伽"之母（不是指生理意义上的母亲）。萨拉特·钱德拉·达斯所提到的 Se-bdud 亦在纳西东巴经中有个相应的名字"署笃拿哺"（¹Ssu-²ddv-¹na-³bpǔ），这儿的"笃"（¹ddv）与藏语的 bdud 相

---

① 国内一般把 KLu 译为"龙"，其实 KLu 与汉语之"龙"仍有大的区别，故用译音。——译者注

同，它也如后者一样是指鬼的氏族。

现在我们可以看到，藏语中的 Se 和纳西语中的"署"（¹SSu）是相同的，这一结论亦可从杜齐的一个观点中得到有力的支持。杜齐在其著作《西藏画卷》第 715 页中提出："也许 Se、bSe 或 bSve 这些名字与西夏语词'Szu 厮'有联系，'厮'一词在汉语中的本意有巫的意思。"纳西语与西夏语有关，这一点已为人熟知，二者有许多词汇是相同的[①]。因此，我认为 Se 和 ¹Ssu（署）是比 KLu 一词要早得多的指"那伽"的名词，可以回溯到古代的黑苯教时代，而 KLu 一词只是从近代的佛教中产生出来的，甚至有可能是从汉语的"龙"（Lung）一词中衍生而来的。这一点也可类推于纳西口语中指"那伽"的"里母"（²LLü-²mun）一词，它与藏语 KLu-mo（那吉，Nāgi，指"那伽"女王）相同。

## 纳西的"那伽"族类及其在藏人中的相同族类

在纳西人关于"那伽"的经书中，提到 5 种"那伽"族群，首先总是提到的是"署"（¹Ssu），继而是"尼"（²Nyi）、堆（²Dtü）、撒大（¹Ssaw-³ndaw）、吕（¹Lü）。我已在上文中解释了"署"。"尼"（²Nyi）可能与藏人的 gNyan 相同，gNyan 与"尼"（²Nyi）一样，据说是住在树上。堆（²Dtü）无疑是苯教中的 gTod，发音为 Tö，他们住在岩石和悬崖上。撒大（¹Ssaw-³ndaw）是典型的大地主人，相当于藏人的 Sa-bdag。纳西语"大"（³ndaw）意为大地，在用象形文写"大地"一词时，用"土地"的字符，但不读出其发音 ¹dü，而是用一个标音字符标 ³ndaw（大地）之音。"吕"（¹Lü）只是偶尔出现在东巴经中，很难说这个词是否与藏人的 KLu 相同。

除了这些"那伽"族类之外，纳西人还有区域性的"署"（"那伽"），他们分别具有所居区域的不同颜色，如东方为白色，南方为绿色，西方为黑红或铜红色，北方为黄色，天地之间的区域为斑杂色。这些"署"都与龙（lv，读"鲁"）有联系，龙也和他们一样，各有区域性的颜色。龙

---

① 参看劳夫尔（Laufer）著《T'oung Pao 中的西夏语言》，1916 年版，第 68 页注 138。

明显是后来从汉文化中吸收进来的。龙虽然被普遍地称为"鲁",但还有一个典型的纳西名称,叫做"哦恒蒙汁"($^1$O-$^1$hăr-$^2$muan-$^1$ndchěr),意思是如绿松石般绿的天之威力,他们会使身上的鳞甲发出声音,这声音便是打雷声。

在纳西的"那伽"群中,除了上述的 5 种类别划分之外,不存在如在 KLu-hbum 中所反映出的那种等级制度。和藏人一样,纳西宗教中有"署哥叽晡"($^1$Ssu$^2$ggo$^2$gyi-$^2$bbŭ,即"那伽"王)、"署哥斯沛"($^1$Ssu-$^2$ggo$^2$swue-$^2$P'a,或称 Nāgarāja,即"那伽"首领)、那吉(Nāgi,即"那伽"女王),还有"丁居丁资"($^2$Ddü-$^1$ngyu-$^2$ddü-$^2$ndzǐ),直译为"一山一首领",意指管辖着一座山的"那伽",地位比这低的一种"那伽"叫"丁巴"($^2$Ddü-$^2$mba),他们是各管着一条山谷的"那伽",他们之下是普通的"那伽"。在东巴经中,他们的形象被描绘如下:

东印度人相信有一个蛇或"那伽"的领土,他们称之为"那伽罗卡"(Nā-galoka),而在纳西东巴经中,没有提到一个普遍而确切的"那伽"居所,而是如在上面所提到的,他们分成几类,各有自己特定的住地,如"署"在水中,"尼"在树上,等等。在东巴经中说,他们根据季节的变化改换他们的住处。

东巴经中提到"那吉"(Nāgi),并把它描绘成有纳西妇女那样的特定发型或头饰,但一点也没有提到它们的妖媚诱人之处。"署"的数量众多,而"那吉"的数量则很少。在东巴经中没有提到"那伽"和"那吉"之间的婚姻关系,只是提到一下人类(指纳西人)之父亦即"那伽"之父,它们母亲的名字虽然在经书中提到了,但它们中没有一个是"那吉"。

除了上面提到的这些"那伽"和"那吉"以外，纳西宗教经书中还提到藏人的 8 个大"那伽"，它们在藏语中被称为 Klu-Chhen Ira-yad。

## 三种"署古"或"署底古"仪式类型

纳西人像藏人和苯教一样，有 3 种称为"署古"的祭"那伽"仪式，藏人和苯教的仪式是：KLu-hbum（意为十万"那伽"）、KLu-hbumdkar-po、nag-po 和 Khra-bo，纳西仪式的名称是："署古"（$^1$Ssu$^1$gv）、"署底古"（$^1$Ssu$^1$ddü$^1$gv）、"挡鲁子"（$^1$D′a$^1$1v$^2$ds）。"挡鲁子"仪式的规模很小，其意为"约束宅基地的龙"，它只在建新房时举行。"挡"指宅基地，"子"（$^2$ds）本意指阻止水流走，这里是指阻止龙或"那伽"离开泉溪，以免泉水干涸。举行这个仪式的原因是：人们认为为了盖房子而挖掘地基，挖盖房用的石头以及砍树等行为侵扰了土地。

## 半人半兽形的"那伽"

在纳西东巴经中，"那伽"为半人半兽形只是很少的几个例子。其中最重要的一个是卓拿罗赤（$^2$Dso-$^1$na-$^1$lo-$^1$ch′i，等于藏语的 gTsug-na-rin-chhen），他的上半身是人形，下半身则为蛇体。在一些传说中提到，有的"那伽"变为人形，如昵色修罗（$^3$Nyi-$^3$ssa-$^2$khyo-$^1$lo）就曾变为一个英俊的青年男子，趁多萨欧吐（$^2$Ddo-$^3$ssaw$^1$-ngo-$^2$t′u）外出之机去见他的妻子，诱惑她与自己发生性关系（见《多萨欧吐传》）。另外，"那伽"斯汝尼麻（$^2$Ss-$^2$szï$^2$nyi-$^1$ma）也曾变为一个苯教僧人。

除了那些常规的长蛇头、名字众多的"那伽"之外，也有不少长着各种动物之头的"那伽"，如长马头、虎头、公牛头、牦牛头、水牛头、鱼头、水怪"次西"（$^3$Ts′u-$^2$ssi，相当于藏语的 Chhusrin）头、大象头、牡鹿头等的"那伽"。如苯波经书中所记载的"那伽"一样，上述这些"那伽"也没有正规的名字，只是简单地说是长着什么头的"那伽"，东巴经中把"古子"（长着头）一词加在"那伽"所生之头的动物名字后面，但纳西"那伽"中没有像印度和柬埔寨那样长着很多头的怪物。

### 纳西人的"那伽"鬼

我们在纳西东巴经中只看到9个名副其实的"那伽"鬼,他们没有长着大蛇之头,而是长着蛇尾。他们被称为"署夺"($^2$Ssu-$^1$ndo),9个"署夺"中只有一个是多头的。纳西人认为,当东巴在"署古"或"署底古"仪式上邀请众多的"那伽"时,"署夺"会最先来到祭场,因此,在仪式正式开始之前,要先驱赶"署夺"。到现在为止,我们没有发现在藏人关于"那伽"的文献中有与"署夺"对应的精灵,但可以肯定的是,这种对应的"那伽"将会在今后翻译出的有关"那伽"的苯教著作中出现。

除了"署夺"这种"那伽"鬼以外,还有4个"窟干"($^2$k'u$^2$ng'a),其中的两个多头,他们是被请的"那伽"必经之门的篡夺者。他们与护世天王(Lokapālas)[①]争夺大门,据说会给护世天王带来疾病。一个被"窟干"传染上麻风病的护世天王向东巴什罗求助,东巴什罗念起陀罗尼(Dhā ranī),把"窟干"赶走,使他们变得无害。东巴经中没有提到这4个"窟干"的来历,但在印度文献中,有4个与天空的4个部位有联系的蛇怪,纳西的4个"窟干"也许与这4个早于护世天王(纳西人称之为高劳斯沛)的蛇怪(Dikapāla)有关。关于4个篡夺大门的"窟干"的观念比具有人形和人的特点的护世天王要原始得多,后者产生于印度教神话中。"窟干"没有具体的名字,但东巴经中提到它们的双亲是"夺"($^1$Ndo)鬼和一个黑人。

### 藏人关于"那伽"的文献

目前只有两本关于"那伽"的藏人著作被翻译出来,一本是属于黄教的,译者是劳夫尔(Laufer),他认为这本书来自苯教,这是可能的。不过,该书的外部标志都已被黄教喇嘛剥去,将其合并到黄教的文献

---

[①] 护世天王(Lokapālas):印度教与佛教神话中所说的保护四方的四大天王。——译者注

中，因此，在现在该书的版本中，已见不到苯（Bön）一词和先饶米沃的名字。希夫纳尔（Schiefner）所译的《十万白那伽》不管怎么说都算得上是一部苯教经典。这里也应该提到劳夫尔所译的《苯波的一首赎罪歌》。杜齐教授告诉我，他有一些属于"那伽"崇拜的木印版苯教经书，可惜还没有翻译出来，我们希望他能尽快地把其中的内容公诸于世。我认为翻译全部纳西文献（东巴经）对于完整准确地理解苯教文献是必不可少的工作，因为我相信纳西文献中相当大的一部分是纯粹的苯教内容。

### 有关"那伽"的纳西手写本

属于"那伽"崇拜的纳西手写本（东巴经）可以分为三部分。第一部分包括讲述"那伽"来历的经书，见《本吕空》（¹Bpö²lü²k'u）、《署苦》（¹Ssu¹k'v，该经书讲述请"那伽"到祭场的事）、《过卧》（³Gko²ō，意为撒献祭粮）、《铺劳绍》（²P'u-¹la³ssaw，请所有的神和当地的"那伽"）、《汁再》（¹Ndshěr³tsa，东巴请求神灵授予他们威力）、《冲包杯》（²Ch'ung²bpa²bä，咏诵这本经时，东巴烧祭献给神和"那伽"的杜松枝）、《般米志》（²Mb'a-²mi³dshi，点酥油灯）、《董丁》（¹Ndu¹dtü，东巴列举每个神祇用来镇压特定鬼怪的"董噜"——神石。在苯波经书（Bonpo Sūtra）中几乎都可以找到与上述内容对应的内容）。接下来的经书内容是列举所有的"那伽"及其祖先，描述它们的属性、特征，以及它们在4个区域及亚区域所居住的地方等。这些后面的内容与苯波经（Bonpa Sūtra）中的一节相同。

第二部分经书的内容讲述的是古代纳西家庭与"那伽"之间的纠葛，他们如何违反规则侵犯了"那伽"的利益以及由此引起的后果等。

第三部分经书由众多与迦卢荼有关的经书构成，其内容讲述了迦卢荼神鸟如何与"那伽"首领卓拿罗赤恶斗，以及找药、施药给"那伽"，忏悔罪孽，立曼荼罗①和"署瓦古瓦"（9个"署"寨），与这些对应的内容

---

① 曼荼罗：梵文 Mandala 的音译，意译为"坛""坛场""轮圆具足""聚集"等。——译者注

亦可在苯波经中见到。这些经书最后是以打开门送"那伽"及神祇回到他们特定的领域结尾。

## 与"那伽"有关的"凑拿古"（³Ch'ou¹na¹gv）仪式

与"署古"经书一样，"凑拿古"仪式经书中也有题为"志拙"（³cher-¹dzo）①的经书，在这些经书中说，古时，有些纳西家庭发生了违禁的性行为，这些行为导致所有的一切甚至天空都受到污染和亵渎。这些不道德的行为亦导致产生了"咪此"（²Mi'ts'u，火鬼）和"凑此"（³Ch'ou¹ts'u，污染鬼②），而不是"咪此"和"凑此"先存在并诱使人们发生这种不道德的行为。纳西人认为原先这些鬼是不存在的，痛苦和不幸原来也不存在，所有这些都是由于人的不检点行为而产生的。

污染鬼"凑"堵塞了男人的尿道和女人的阴道，这样就阻断了男子的排精之道，女人的怀孕和生育之道；男人没有"尼"（¹nnü），女人没有"窝"（¹ō）。为解决这个影响到生育和性生活的问题，纳西人举行这种称为"凑古"或"凑拿古"的仪式。人们认为有一个叫"凑树吉般"（³Ch'ou-³shu-¹gkyi-²mber）的神性东巴在控制着这些仪式，人们相信他能独自与这些污染鬼打交道。他可能是古代的一个纳西祭司，或者是东巴们想象出来的人物。

纳西人认为，人们不道德的行为也会污染亵渎"那伽"的住所，使之变成"凑"（污染）。因此，在举行"署古"或"署底古"仪式之前，总是要先举行"凑拿古"仪式。事实上，在举行任何大的仪式之前，首先要对祭场进行净化（即除秽），否则是不能请神灵和"那伽"到来的。

值得指出的一个有趣现象是，在古代举行这个净化仪式时，要用三种动物，它们被领着绕祭场行走。这种习俗也见于古印度，在《迦卢荼、富楼那弥》（Garuda Purānam）中记载说，用动物（山羊和母牛）来排除净化祭场的阴影。在纳西人的"凑古"仪式中，也牵一头山羊绕祭场行走（在古

---

① 国内一般译为"传""传略""故事"等。——译者注

② 国内一般译为"秽鬼"。——译者注

代还用另外的两种动物），但以此来排除净化祭场的阴影这一目的已为东巴所忘却，在东巴经中也没有一处提到为何要牵山羊绕行来净化祭场。

现在，对祭场和祭物进行净化有多种多样的办法，如"凑本"（³Ch'ou¹bpö，以祭祀之方式）、"凑个"（³Ch'ou³gkü，以烟熏之方式）、"凑树"（³Ch'ou³shu，亦以烟熏之方式，但与前者不同的是，前者仅就地烧冷杉青枝，而后者则需由东巴手持冷杉青枝新扎的火把逐屋熏之）、"凑吃"（³Ch'ou²ch'ĕr，以净水洗涤之方式）。东巴经中还提到要在"凑古"仪式中用黑象，这显然表明此仪式是产生于印度的，因为在纳西人生活的区域里没有大象。

## 纳西人的文字类型

在这里谈一谈纳西人的书写体系也许不是离题的事。纳西人有两种不同的文字形式，一种是象形文字，另一种是标音文字或音节文字，这两种文字都是很古老的，但现在很难下结论说哪一种文字是最先使用的。我一直主张音节文字早于象形文字，也许在纳西人从西藏东北部向南迁徙时就已把这种文字带来。后来，他们又在如今居住的地方创制了象形文字，因此，更为难记的音节文字就逐渐被他们忘掉了，或者渐渐地停止使用，只用来记录巫术套语。

纳西人的音节文字有几种形式，但其中的一些是后来才发展而成的。

苯教经书中讲到先饶米沃曾由他的老师教他学习书写，但在先饶米沃生活于西藏的那个年代，西藏还没有产生文字，因此，要确定当时西藏是否存在一种与纳西人的"哥巴"（²Ggŏ-¹baw）标音文字相似或相同的文字是很难的。有一点可以说的是，纳西人有一种很古老的"哥巴"文字类型，我在写于明朝的东巴经中发现了这种文字。关于象形文字，在过去纳西王的两本家谱《木氏宦谱》中说，这种文字是由牟保阿琮创制的[①]，他生活于宋朝末期，即忽必烈南征大理到丽江的 1253 年之前的

---

①《木氏宦谱》中记载，牟保阿琮"生七岁，不学而识文字……且制本方文字"。但没有明确地说是他创制了象形文字。——译者注

时期，他的儿子阿琼阿良曾到丽江城外的地方去迎接忽必烈。象形文字为牟保阿琼创造的说法毕竟只是传说，不足全信，但象形文字是在纳西人现在居住的地区形成这一点却是无疑的，因为所有用字符所描绘的动物、植物都产生于现在纳西人居住的区域里，只有两个是例外，一个是"季尤科白"（$^3$Gkyi-$^1$yu-$^2$k'o-$^1$b'a），它的意思是两只角扫（地）的"季尤"，此兽即藏人所称之 gNyan（发音为 Nyen，盘羊），产生于天山北部遥远之地和阿尼玛青山①区域。另一种是"叽敖秋使"（$^2$Gyi-$^1$aw-$^2$t'khye-$^1$sher），这是一种很大的长脖水鸟。此鸟名字的前两个音节说明了它的产生之地，"叽敖"即藏语之 rGyasde，是一个位于西藏中部东北方的区域。

纳西标音文字称为"哥巴"（$^2$Ggǒ-$^1$baw），因为相传这种文字是由东巴什罗的弟子们创造的，东巴什罗的弟子称为"低子哥巴"（$^2$Di-$^2$ds-$^2$ggǒ-$^1$baw），故名。到后来，"哥巴"文有了一些改变，我们看到附加和在图画下面写上的藏文元音符号，但它们不必读出，看来只是起一种装饰的作用。我在上文中已提到，"哥巴"文现在只用来书写陀罗尼（或巫术套语）。

纳西语明显是单音节语言，这一点与汉语很接近。但纳西语中也有双音节词出现，这些词多用来描绘物体或行为。纳西语的句法与汉语相反，与藏语相似。它和亚洲的大多数语言一样，是声调语言，虽然每个词都有它自己的调值，但当它与其他词组合时，声调常常会发生变化，谐音也是引起声调变化的原因。例如，"古"（$^1$gku）的意思是"给，交给"，是第一个声调，但如果它与表示物体的词相结合时，它就会变成 $^3$gku，声调由第一调变为第三调，如"挨固迅"（$^{1'}$A$^3$gku$^3$hü），意为"献活鸡"。很多词在与其他词相组合时，它们原来的调值常发生变化，但其本意不变。"古"（$^1$gku）意为"给、赠予"，一词似乎是汉语词"贡"（Kung）的借词，"贡"意为"给、奉送、赠予"。纳西语中没有辅音韵尾，

---

① 即位于川甘青三省界上的大积石山。——译者注

因此，纳西人会把 Kung 发成 $^1$gku 的音。

目前，纳西宗教正在渐渐绝灭，宗教行为将会逐渐消失，随着纳西宗教的消亡，他们的宗教文献也将逐渐消亡，即使是现在，能识读大多数经书的老东巴已为数不多。我已在有关文章中指出，纳西人的文字体系是帮助记忆式的，不是严格意义上的书写文字，东巴经不是可以依靠字典就可以识读的文献，因为经书中的一段话只写着几个字符，在咏诵时，其他未写出的部分必须由把内容语句熟记在心的东巴来补充。东巴使用这种书写方法的原因有两个，一是为了节约纸张，这些纸必须由东巴自制，原料用的是一种叫"弯短"（$^2$Wan-$^1$dtĕr）的灌木树皮；二是为防止普通人也学会识读东巴经。现在，这样做的结果导致东巴经很难被识读，只有很少几个能凭记忆补充经书的必要内容的东巴还活在人间。

关于神灵、精灵、"那伽"和鬼怪等的名字，一般只写出一个字符，因为东巴认为认出这些神灵、精灵等是不成问题的。有些特定的字符用在表示神、鬼或"那伽"的字符之下标音，这些组合字总是用来指一些特定的名称，但如果它们涉及鲜为人知的和只在某些经书中偶尔出现一两次的神灵鬼怪的名字时，译解其真义就成为不可能的事。下面我们举一个形音并用的象形文例子。萨英瓦登神的名字总是用"恒"（$^1$hä）的字符来表示，其形如 🔣，然后再在这个字符内加上"萨"（$^1$ssaw, 🔣），这样就成为 🔣，每个东巴看到这个字符后都会知道这是指萨英瓦登神。

在不久的将来，纳西东巴经将成为无法译解的文献，不管编出多少完整的字典，东巴经仍将成为不解之谜，即使出现如罗塞达碑[①] 那样的文物也无法帮助译解东巴经。再者，每个东巴都有他自己记录句子的习惯和方法，对同一本经书中的某个读音相同的合成词常各自用不同的字符来表示，各个东巴独出心裁地创造出无穷的字符组合关系，使之形成

---

① 罗塞达（Rosetta）碑：1799 年在尼罗河口的罗塞达城郊发现的埃及古碑，上刻埃及象形文、俗体文和希腊文三种文字。该碑的发现为译解古埃及象形文字提供了钥匙。——译者注

无数的画谜。

我把翻译所有的纳西东巴经(将近一千多册或更多)视为自己的一项任务,但现在由于受到干扰,实现这一目标已成为不可能的事。但不管怎么说,我还可以写出大多数经书的内容概要,只有那些属于已不再举行的仪式的东巴经例外。由于仪式已不再举行,这些经书也成了难解的文献。

如果我能够活得长一些,或者,如果我能在不远的将来重新回到纳西人生活的土地上,那么,译解出全部纳西东巴经仍然是可能的事,这些文献对于研究苯教是那么有价值!

要翻译出现存的属于"署底古"和"凑拿古"等仪式的全部东巴经,一个人一生的时间是不够的。但不管怎样,我现在所翻译并发表的这些经书将能帮助读者对纳西宗教文献内容有一定的了解。

我在这里向哈佛大学燕京学院的理事会及院长塞尔日·埃利塞夫(Serge Elisséeff)教授表示感谢,由于有他们的支持,我才能在 1946 年重返纳西人生活的地区,重新进行我在 1930 年就开始进行但研究成果毁于日本人之手(如上所述)的工作。我也要向杜奇(Tucci)教授致谢,他对我的这项工作表示极大的兴趣,本书是在他的努力下得以出版的。我亦向华盛顿国家地理学会的官员们表示感谢,是他们为我提供了从我所摄的底片中所洗印出来的照片,我在本书中把它们再付印介绍给读者。最后,我向帮助我的东巴和其他纳西助手们表示我深切的感激和谢意,没有他们的协作,这部著作是不可能完成的。

1950 年 4 月 20 日于印度　初稿
1951 年 2 月 22 日于意大利　修订

# 纳西族巫师 "吕波" 和达巴 *

〔美〕洛克（J.F.Rock）

## 一、丽江纳西族巫师 "吕波"

纳西族的 "吕波"（$^2$Llü-$^1$bu）是名副其实的巫师，与祭司东巴很不同。东巴举行许多（超过 100 种）不同的仪式。"吕波" 既不懂东巴所使用的象形文字，也不懂标音文字。在古代，"吕波"（或称 "桑尼"。"桑尼" 是人们背后对 "吕波" 的称呼，是贬称，因此 "吕波" 不喜此称呼）的职务总是由妇女来担任，如象形文所示的 ""，她们被描绘为头着女性饰物，头发披散，手执以短棒击打的小平锣。后来，"吕波" 的职务改由男人担任。东巴也常常行使 "吕波" 的职能。

巫师 "吕波" 的来历要追溯到古代，特别是由女人担任这种职务的时代。据说 "吕波" 是姜子牙（吕尚）的信徒，其形象是一个端公或萨满（或称师娘），是披散着头发的女巫师，她们是古代黑巫术的残余。

"吕波" 的保护神叫 Dja-ma（不是纳西语）。关于这个神灵的详情，人们一无所知。另外还有 4 个 "吕波" 的保护者。第一个是 "突赤优麻"，第二个是 "三多" 或称 "伯时三多"（藏人称之为 Satham，藏人亦以此名称丽江城）。现在，"伯时三多" 是纳西族的守护山神，他的住所在丽江雪山（或称玉龙山）脚堆姑村 "三多" 庙里的一块白石上。他作为山神的真正住所在郭若罗，那是丽江雪山上的一块高山草地，那里有

---

* 此文选译自《献给西藏——中国边疆的萨满教》一文。该文原载瑞士《人类学》（Anthropos），54 期，1963 年。

一块白石。第三个和第四个纳西"吕波"的保护神是"三多"的两个兄长，第一个兄长称为"阿昊瓦"，玉龙雪山西面坡上有一个供奉他的岩洞和神龛。另一个兄长是"拉吉拉恒"，他的庙在丽江拉市坝附近的纳居瓦。我认为后二者是本地的山神，他们被封为三多的兄长，但其实与"三多"没有什么联系。另外还有一个为"吕波"所尊奉的神，叫"罗尤恒丁"（恒丁，意为大神），其名不见于纳西经典，但他被称为东巴什罗米吾（藏语为 gShen-rab（s）-mi-bo）的第三个儿子。据说他能扭曲烧红的钢刀，摆弄烧红的犁铧，把它们叼在嘴里；他能用滚沸的油水洗脸。

"吕波"一职不像东巴那样世袭，也不是人们可以自由选择的职务。我们也许可以把他（她）与藏人的 Srung-ma 比较。成为"吕波"者，一般开始于其举止处于迷狂状态之时，他将表现如一个狂躁或处于突出性惊厥状态中的人。当处于这一状态时，如果他是个"吕波"，他将疯狂地舞蹈，同时，边舞边走向堆姑村的"三多"庙。舞进庙中后，他继续在"三多"偶像前狂乱地舞蹈。在"三多"偶像的上方，一根绳子上悬挂着一些红色的长条布。人们相信，如果"三多"赞许此人成为"吕波"。一块红布将会落在他身上。这是神灵批准舞者成为"吕波"的证明。一旦红布落在其人身上，他的狂舞随即停止，他将这块红布缠在头上，这是"吕波"的标志，如同五幅冠是东巴的标志一样。这个过程结束后，他便被认为是成熟的"吕波"。如果舞者在"三多"庙中狂舞时，悬挂的红布并不落下，此人则将被认为是癫痫患者或精神错乱者而被带回家。不过，在这种场合，纳西人都殷切盼望那悬挂着的红布会坠落在狂舞的"吕波"候选人身上。"吕波"平时也会出现在由东巴举行的仪式上，特别是在为某病人举行的驱赶致病鬼的仪式上。

（一）"吕波"的服饰

"吕波"一般穿普通蓝色长布衫，头缠红布头巾，背后的腰带上插着各种不同颜色的纸旗，头巾上则插小纸旗。他的职能的标志是一把剑，一面小锣，一个大铁铃，其上又挂着小铁铃。当他舞蹈时，就摇动这些铁铃。"吕波"脖颈上挂一串长"麻尼"（mani，一种由白螺做成珠子，状如念珠的项链），一个用皮绷成的桶状大鼓水平地置放在地上，在举行仪式时由一个"吕波"的随从敲击。

（二）"吕波"的仪式

"吕波"的仪式常常在夜晚举行，请"吕波"驱除作祟致家人生病或倒霉的鬼怪的这家人要请"吕波"吃一顿饭。在当事者家庭的院子正中放着一张桌子，桌子上放着盛有米或麦子的器具，上插炷香和纸旗。然后，把桌子移到朝着村子街道的门口，门打开着。"吕波"首先呼唤 Dja-ma，这个他们独有的从未被东巴所邀请的保护神，该神被供在一个临时准备的类似小教堂的房子里，位于"三多"神的画像前。"吕波"手执小锣，开始咏诵"世日绍"，请当地山神。Dja-ma 则不需要邀请，因为他始终都在场，是"吕波"忠实的伙伴。据说 Dja-ma 有能呼唤任何"吕波"盼望其出现的鬼怪或精灵的法力。"吕波"首先咏诵如下语句，请雪山之神灵：

白沙雪山山神，请护佑我；阿昌郭雪山山神，请护佑我；欺累补美山山神，请护佑我；生笔阿奶山山神，请护佑我；拉市纳居瓦山神，请护佑我；阿吴瓦高山山神，请护佑我；上方白沙三多村骑白马的"三多"神，请护佑我！

呼唤这些当地神灵后，"吕波"随即请求他的住宅神（"那伽"）护佑他，同时，咏诵如下语句，请他的祖先神灵护佑他：

九代男祖先，请给我您们的力量！七代女祖先，请给我您们的力量！

祈求所有这些神灵给予力量和庇护之后，"吕波"开始和着咒语念叨当事者家庭的亲属。他唱道：

在这家主人的家里，要请这家主人辈数大的祖先呢？还是请辈数小的祖先？辈数大的要请，辈数小的也要请。①

当"吕波"咏诵这些祈祷语时，祭桌连同供奉品等一起移向门口，朝向里门。"吕波"站在桌子上，面对大门唱诵如下语句（这是在某次降神会上被请来的"吕波"预言一个濒危病妇结果的语句），他首先说：

---

① 洛克英文译意有误，现据他所记录的纳西语原文改正之。——译者注。

"一个鬼魂来了(已去世的父亲的鬼魂通过'吕波'之口来与这个病妇的丈夫——即他的儿子说话)。""你的身体很弱。我的长子和我的次子在我的护佑下长大成人了。我现在是个死去的人,我从死亡之地来。我细心地养大了我的儿子,我离开他们之后也在细心照料他们。在死者嘴里放米粒是风俗,在死者嘴里放银子也是风俗。现在就这样吧!"(鬼魂继续通过"吕波"与他的儿子们谈论那患病的儿媳,她是次子的妻子)。"我喜欢我的儿媳,现在我要带她走。家里的灶火将熄灭,大门将关闭,青蛙会在院子里叫。现在,我们('吕波'用手比划,表示有鬼伴在身旁)要回去了。"

显然,这位父亲临终时无人陪伴,未能在他咽气前将9粒米和一点银屑(统称为"少萨")放置在他的舌下。

这之后,亲属们呼唤:"啊,请您留下,请您留下一会儿!"他们供献金银纸钱,洒酒于地上,将祭献其他鬼怪的茶水洒在门外。三天后,这个病妇死去了,她的丈夫是次子,他已与长子分家,有个已允诺许配给人的女儿。他父亲的鬼魂指出灶里的火将熄灭,大门将关闭,青蛙将在院子里叫,因为家中将没有女人。

有时,应当向"鬼"奉献供品时,"鬼"仅仅来宣称一下他们的姓名(通过"吕波"之口),随即消逝。这样的降神会可以说是离奇神秘的,特别是在那星光照耀的寒夜,庭院里满是跪着的人。"吕波"叫出"鬼"的名字或描述出它,听者一旦认出"吕波"所叫的"鬼"的名字是他们死去的某个亲属之名时,他们即刻发出哀号。这哀号声中混合着呻吟、心碎的哀叹和抽泣。纳西人喜好这样的降神令,院子里挤满了渴盼"鬼"出现的人。如果"鬼"不情愿出现,或者"吕波"对继续举行降神会感到太疲倦而需要休息时,他们会等待整夜,盼望着能听到"鬼"的话语。对"吕波"举行降神会的酬劳,一般是一块半银元、一只鸡、两升米、一点糖和一顿饭。

当我旅居在巫鲁肯山村时,在1928年10月24日那天晚上,我听到一阵鼓声。一打听才知道,原来是丽江西面来河村有名的"吕波"

（姓和）被村里一户人请来举行降神会。因为这家人中一个才满 7 个月
的小男孩患了病。这家人曾经来找过我，请求我给小孩改名，以期去
掉他的病。我听到这位"吕波"来举行降神会的消息后，便前往这户人
家。如同平时这样的场面，院子里满是人，都跪着在等待鬼魂的出现。
一切都如前文所述那样安排妥当，只是在桌上多了一盏罂粟籽油灯。
那个有名的"吕波"一边击锣，一边用哀怨的声音长声高呼，他是在呼
唤鬼魂。病孩的父母和祖母跪在那渴盼着鬼魂出现的听众的前排。突
然，"吕波"唤出这家人五代前一个祖先的名字，孩子的双亲立即认出
这名字，他们恳求祖先的鬼魂告诉他们什么事做错了。但鬼魂通过"吕
波"回答说他不能继续在此逗留。"吕波"继续他哀怨的呼唤，于是，
患病男孩祖父的鬼魂与刚才不想透露身份的鬼魂结伴出现。孩子的父
母跪着请求那不善的鬼魂告诉他们："他"是谁？于是那"吕波"唤出：
"文真！"话音刚落，病孩的父亲发出尖利的哭喊，因为这正是他那几年
前在村子后面雪山上殉情而死的妹妹的名字。他妹妹通过"吕波"断言
她没有做任何与孩子的病有关的事，因此不想来这里，但却被她父亲领
来了。父亲的鬼魂随即宣称男孩的命运已定，他不能在阳间继续停留，
最好现在就替他准备一副小棺材。于是，患病男孩的双亲和其他亲属
开始哭泣。整个迎神会显得很哀伤、神秘，半圆的月亮隐藏在浓重的云
的帐幔后面，暗淡的月光照在院子里，照在肃默的人们身上，一个接一
个的鬼魂通过"吕波"出现，传达他们那使人悲伤的音讯。第二天，那
个患病的小男孩就死去了。

　　纳西族"吕波"能举行许多惊人的巫技表演，这些表演与渡火者和
伊斯兰教托钵僧相类似。这不是虚张声势的表演，而是协助东巴驱鬼。
待东巴的驱鬼仪式完毕后，"吕波"接着在晚上举行仪式。他在庭院中
点燃一大堆篝火，将一把犁铧在火中烧得通红。"吕波"在一瞬间跳进
火堆，用赤脚踢开燃烧的木头，借助他的刀取出烧红的犁铧，然后手执
直竖的犁铧，在院子中绕圈走。他用舌头舔犁铧，然后用牙咬住犁铧，
在院子里从一个角落走到另一个角落驱鬼。"吕波"另外一个驱鬼的方

法是用一口锅，锅里盛满菜籽油，把菜籽油煮沸后，"吕波"泼进烈酒，用刀搅拌后把它点燃，然后用一只手掌托着锅，另一只手伸进滚烫燃烧的油中，火苗蹿上他的手，但他继续把手不断地浸进燃烧的酒精中。他从房屋的一个屋子闯到另一个屋子，甚至到马厩、牛棚，驱赶任何可能潜藏在住宅里的鬼。

"吕波"也用下列方式驱鬼。举行仪式时，他用手抓住一只鸡的脖子和腿，把鸡嘴浸进酒里，于是，鸡能被他从一边肩头转移到另一边肩头，或者，"吕波"不持鸡，跳到桌子上，鸡虽然还活着，轻微地蠕动着，但它已完全进入被催眠后的状态。仪式进行时，伴之以击鼓、敲锣和摇动铁铃等动作。当这一切都结束时，妇女们将在院子的每一个角落哭泣，人们认为，这样一来，邪恶的精灵或鬼就不会继续停留在这里。

1931年的一天，我在玉龙雪山脚的住宅里，在我后来找的东巴经师的帮助下翻译纳西东巴经。帮助我的经师既是东巴，也是"吕波"。这时，来了个身背一大满筐纳西东巴经书想卖的拉宝农民，我和我的东巴仔细地审视这些不同的经书，发现这些经书几乎都是稀有的。于是，我把它们全部买下。这些经书中的一本是用标音文字写的，经文由陀罗尼（或称巫术套语）组成，据说把它念上一定次数后，可以表演非凡的绝技，其中的一段套语读上相当多的次数后，可以使烫的东西变冷，可以用滚烫的油洗脸。我立刻问这位集东巴、"吕波"于一身的助手能否做这些，他肯定地回答说"可以"。于是，我们一起在院子里升起一堆火，把一锅子菜油置于火上。我的眼睛一刻也未离开这个"吕波"。我们围火而坐，看着油开始滚沸，"吕波"首先把特定的巫术套语念上合乎规范的次数，然后双手作杯子状伸进滚沸的油里，弯腰向油锅洗了三把脸，每次洗脸后都把手重新伸进油锅，我十分担心这个可怜人的手将会可怕地被烫伤，结果他的手虽然通红，但没有一点烫伤的痕迹。一个小时后，他的手和脸的颜色又恢复了正常。我们都目睹了这次表演，对这种奇特的即兴表演，没有人能给以令人满意的解释。

## 二、云南永宁摩梭人的巫师"达巴"

永宁位于云南省境内扬子江的东面，丽江东北面，是摩梭人的居住地。摩梭人还分布在西康、前所、左所、右所、中所和后所等地。摩梭是早在东汉初年就居住在这个区域的古老部落。在这之前，永宁这块地盘为吐蕃所占据，后吐蕃为摩梭头领泥月乌击败。

我们读光绪三十年（公元 1904 年）编的《永北直隶厅志》第 7 卷第 32 至第 34 页，知道摩梭人约在西汉王朝更始期淮阳王二年（公元 24 年）居住在这块土地上。其他居住在与永宁毗连的边境的摩梭人是宁蒗的农民，过去宁蒗被称为滇渠州、瓜别、古柏树、毕苴芦，从前被称为阿撒拉。虽然摩梭原先的宗教是萨满教，但在很早的时候，他们就已转信喇嘛黄教，只有左所的摩梭人仍然是萨满教式的苯教的虔诚信徒。尽管摩梭人的宗教信仰有改变，但他们还在继续举行萨满教的祭仪和仪式。这些仪式在野外的草地上举行，具体地点则通过占卜来选择。

纳西人称他们的巫师为"吕波"或"桑尼"，后者是贬损的称呼，摩梭（或"吕西"）人则称他们的巫师为"达巴"。达巴举行许多不是很复杂、精细的仪式，这些仪式都以纵酒吃喝至醉结束。虽然达巴醉到不能动的程度，但他们还能平躺在地上快速地咏诵，然后酣然入睡。由于他们的狂饮，他们常常在醒来的第二天早上发现丢失了自己的随身法器、鞋甚至衣服。

达巴像东巴一样使用"展来"，藏语称为 gshang，是一个平整或微凹的金属铃，上有铃槌，铃用青铜、银、金和铜的合金制成。羌人也用这种铃[1]。达巴另一个必不可少的法器是大平鼓，纳西语称之为"支堵"，藏语称之为 chhosrnga。这种鼓现在已不为东巴所用，但它在古代必定是他们的法具之一，因为在纳西经书中有它的名字和象形文字[2]。黄教喇嘛把鼓直立在一个有雕刻的大木棒上，达巴和苯教僧人则把鼓拴在一根插

---

[1] 参看洛克《纳西人的"那伽"崇拜和有关仪式》，第 94 页，1952 年版。

[2] 参看洛克《纳西人的"那伽"崇拜和有关仪式》，第 268 页，注 564，1952 年版。

在地上的木桩上,咏诵一段经文后,快而连续地敲鼓。

尽管喇嘛教在永宁人中有很大影响,但他们仍然在实行自己很古老的萨满祭仪,这些祭仪或许先于苯教而存在,或许是摩梭到这个区域之前当地原有的宗教。达巴与纳西东巴是相同的,后者在后来以摩梭本土的统治者出现于历史舞台上。与纳西人不同的是,摩梭人没有书面文字,所有的诵经全凭记忆。在我最后一次访问永宁时,摩梭的苯教和达巴已处于非常衰落的境况,当时只有5个还活着的达巴能够举行下面所描述的仪式。

在左所,摩梭人的原始萨满教和苯教已经退化,融入了已为喇嘛教所渗透的现代苯教。在西藏,为使苯教得以存留,苯教徒被迫接受了为喇嘛教所渗透的现代苯教。但左所处于拉萨的政治影响之外,当地没有迫使苯教徒接受现代苯教。但是,他们面临着从嘉绒来的现代苯教喇嘛的影响,在嘉绒,现代苯教是很盛行的。结果是,古老的苯教在左所日趋衰落,而新的苯教尚未在此地站稳脚跟,如今的左所人是十分弱小的现代苯教的信徒。

而纳西人则保留了相当多的文献,他们的东巴举行很多仪式,各种仪式中所咏诵的手写经书达一千多册。达巴没有这样的文献,但有口诵的传统,依靠记忆举行宗教仪式。虽然东巴还在野外举行一些仪式,但已基本上把举行仪式的地点转移到住宅的院落里,他们在院子里设祭坛,每个仪式都有专门的设置。他们还把客房用作临时的"小教堂",而达巴却从未改变他们的老传统。

1931年秋,我为调查达巴萨满教和研究他们的仪式去到永宁。我请我的东巴和一个永宁当地人进行协助。早在1924年,我就与永宁土司建立了友好的联系,他在各方面帮助我,叫来5个尚存的达巴,他们在喇嘛寺围墙外面的草地上为我举行了几个仪式,并解释了别的仪式。这些为我举行的仪式,因为遭到黄教喇嘛的反对,平时很少举行。因此,达巴主要为土司家庭的安康等举行仪式。在新年里,达巴为土司举行了一个很长的求寿仪式。在仪式中,达巴立一棵树,象征生命树,在树顶安置神鸟，一根线从树上一直垂到地面，由一个土司家庭成员用手握着下垂的线之一端。这个仪式从日出时举行，一直到日落时才结束。达巴在仪式期间以惊人的速度不断地咏诵，从未中断，甚至没有停下来吃饭。尽管如此快速地咏诵，直至日落西山，他们才结束了漫长的咏诵。没有一个达巴能讲汉语，他们也无法和我的东巴交谈，因为双方的语言很不相同，难以相互交流。幸好有永宁总管（永宁地方长官）的帮助，我才了解了整个仪式的内容。由于这些达巴来自不同的边远村子，因此，在一两天中，每天只能请他们工作几个小时。

达巴的创始人不是别人，正是先饶米沃（Shen-rab-mi-bo），达巴称之为丁巴什罗（Ti-mba Shera），纳西人则称之为东巴什罗（$^2$Dto-$^1$mba$^3$shi-$^2$lo）。其他他们恳请协助镇鬼的神灵是：美波精如高劳（Muàn-bpö-dzi-zu-gka-hla），即纳西人所称的美波精如（$^2$Muàn-$^1$bpō-$^2$dzī-$^1$szǔ）；支支高尔（Dshi-dshi-garr），即纳西人所称的"修曲"神鸟；普劳高劳（P'u-lla gka-hla），即纳西人所称的普劳高劳（$^2$P'u-$^1$la$^2$ngaw-$^1$la）；姆绿精补（Mun-lü-dzi-pu），她是美波精如高劳的妻子，纳西人不知道这个女神，东巴经中也没有她的名字。上述神灵是永宁达巴的主要神祇，但也许还有更多的神灵，只是在我询问时，达巴未能记起。

我的纳西东巴感到奇怪，达巴诵经的语言只有达巴懂，而永宁摩梭人却不懂，因为这是一种古代的书面语言。这或许表明达巴是从古代苯教的老师那儿学到的咏诵，或者，达巴是外来者。当达巴在咏诵时，我们听出许多在纳西东巴经里也有的名字，但摩梭（或者按他们的自称"吕西"）人却不理解这些咏诵。

以下所述是达巴举行的仪式：

卑得拉（Be-te-la）。此仪式为患病者举行。如果这个仪式举行后病人的病仍未好转，就连续地举行多次。举行仪式时要宰一头绵羊献祭。

使支堕拿高（Shi-dshi-dto-na-gka），也叫"使支堕拿补（Shi-dshi-dto-na-pu）。这个仪式与纳西仪式"堕拿肯"（$^3$Dto-$^1$na$^3$k'ö）相同。这个仪式在人们认为某个灵魂走迷路了的情况下举行。通过举行这个仪式，呼唤灵魂归来。在该仪式中,要宰一只鸡,以此表示赎物。虽然该仪式的名字在达巴和纳西人中都一样,但纳西人所举行的仪式与此完全不同,比达巴的仪式长得多,历时 5 天至 7 天。

杂补（Tsa pu）。"杂"是个长 4 张嘴、8 只眼和 8 只耳朵的鬼,他居住在山中。达巴抚慰他,以阻止他到处漫游和散布疾病。纳西人不知道这个鬼。

禾拉补（Hra pu）。这个仪式与纳西的祭风仪式"哈补"（$^2$Hăr$^1$bpö）有关。如果某个人突然中风,达巴会被请来咏诵"禾拉补"。该仪式中不用牺牲,纳西人亦不知这个仪式。

高酥补（Ga-shu-pu）。这个仪式专为在黑暗中受惊恐而致病的人举行。该仪式不为纳西东巴所知,但也许与纳西人的一个仪式有关,在纳西人的那个仪式中,咏诵一本叫"告孜树"的经书,同时祭当地神灵"三多"。

在举行"高酥补"仪式时,用两个"夸杷"（K'wua-p'a）。一个无画饰,一个在顶部绘上虎,根部绘上蛇尾。将一小块石头、一点酥油和已去壳的黑白掺杂的爆米花装在一个小口袋里,然后将口袋绑在"夸杷"凹口处一块位于所绘虎嘴的木板上,这是用来供献给被认为是病因的鬼。人们认为,疾病已同供献物一起装在口袋里,鬼不仅会带走供品,也会带走疾病。这个仪式就以这样的方式祛病。

另外,仪式还要用上一只用柳枝编成的雄鹿,达巴向它撒爆米花。他们也认为这只柳鹿将驮走任何尚残留的疾病。这一切都做完后,他们就将柳鹿扔到外面。纳西人在仪式中也用相似的鹿,它也用柳枝编成,但他们还用棕榈叶编成驮袋,里面放上食物形式的供献物,放在柳枝扎成的鹿上,把它放到外面。人们认为,鹿会将疾病连同供物一起驮往鬼地。

几科补（Dji kok pu）。这是抚慰大蛇精灵〔或"那伽",纳西人称之为"哩摸"（$^2$Llü-$^2$mun）,摩梭人称之为"日姆姑"（Zhi-mu-ku）〕的仪式。这个仪式与纳西人的"几科补"（$^1$Gyi-$^2$k'ö$^1$bpö,意为祭泉水）仪式有相同之处。该仪式在泉边举行，届时将白米和一种叫"姑渣鲁儿"（Ku-Cha-rur）的当地药材作为供献物投于泉水中，此药用来治愈大蛇精灵的病。两块大约 76 厘米长的楔形木牌——达巴称之为"夸杷"，纳西人称之为"跨表"（藏人称为 Khram-shing）插在靠近泉眼的地上。与纳西"跨表"木牌不同的是，"夸杷"木牌上无绘饰。达巴相信有 8 个大蛇精灵之母（或称日姆）。该仪式完毕后，达巴在回村的路上呼唤："阿哦雷又（A-olaiyu）！"，这与纳西语的"哦雷噜"（Ō-lä-lu）一样，用此语呼唤某个人的灵魂归家。他们劝告灵魂不要继续和"那伽"（大蛇精灵）呆在一起，快回到有好饭和甜食的地方来。他们认为如果灵魂与"那伽"呆在一起，就会产生疾病。如果"那伽"不高兴的话，它们也会降病于人，这就是它们投药物于泉水的原因。

"若夸"（Zok'wua）和"母夸"（Muk'wua）。这个仪式在婴孩诞生后举行，共三个晚上，旨在保护新生的婴儿不生病、不遭灾。这个仪式与纳西人的"孜瓦本"（²Dzu²wua¹bpö）一样。

达巴也举行阻止冰雹的仪式。特制的"多尔玛"（Torma，纳西语称为"多玛"（²dto-²ma），藏语称为"gTor-ma"）由芦苇秆立成，大约 3 米高，分上下两层。上层放置着由燕麦面做成的神偶像，他们被"欺夺"（尖顶染红的木牌）围绕着。这"欺夺"把神与鬼分开，并卫护着神们 [1]。下层则放置着代表鬼的面偶。在这整个奇异的装置上都插满了三叉和三角形的旗。在"多尔玛"的主要构架上，从上到下都有相互交叉的削尖的木条，它们象征闪电。

在"多尔玛"的周围插着松枝，代表鬼的歇息之地。在松枝中立一些门，供神进出。在"多尔玛"下面有一个放于地上的篮子，里面有一个象征当地主管肥沃与植物之精灵的偶像，在他面前有一个供献给他的面偶。

达巴长时间地咏诵后，一头公山羊被牵来，两个达巴揪着它的背，

---

① 参看洛克《中国西南纳西人的"示路"丧仪》，第 212 页，注 5。

一个达巴用刀切开它的胸部，剜出尚在跳动的心脏。可怜的羊因痛而惨叫。达巴把羊心脏作为供品放在鬼的那一层上，血滴落在木牌的尖端。

不幸的是，我在许多达巴仪式上所记的笔记、注解等未能全部整理完成，因为在第二次世界大战中，载运这些资料到美国的船被日本人击沉了。

达巴的"达"（Nda）也许源于藏语 zla，它发音为 de，意思是轻声低语、咕哝、咒语，而"巴"（pa）意为咒语念诵者。

在达巴坐下举行仪式之前，他们用稠的白粉涂面，以白色的形象出现。他们解释说这是用来恐吓鬼的，因为鬼害怕白色。

在仪式结束时，达巴拿三块大而圆的鹅卵石，在炭火中把它们烧为白炽色，然后把它们放在一只手掌里继续诵经（也许他们诵的是巫术套语）。同时，他们将酒和油的混合液体泼到石块上，然后把石块置于火中，达巴走过来走过去地驱赶恶鬼。

# 纳西宗教综论*

〔美〕孟彻理（C.F.Mckhann）

礼云礼云，玉帛云乎哉？乐云乐云，钟鼓云乎哉？

——孔子《论语》

孔子崇尚礼仪，他认为礼仪能最好地表现和促成宇宙与人类社会之间的和谐。孔子从宇宙与人类社会这两个方面看待礼仪，早在两千多年前就提出了后来由社会学家杜尔克姆和安妮阐述的宗教功能论中最重要的观点之一。孔子的思想中包含了个人与社会、历史与结构、社会行为与文化之间的辩证关系，而这些内容都是当代人类学讨论的核心问题。在孔子看来，仪式（礼）是道德和社会秩序最有效的集体表现形式。个体在仪式中了解到自己所应具有的道德行为和所应遵循的特定文化方式。仪式是社会的模型，也是指导社会行为的模式。

我的研究是通过分析中国西南纳西族的神话和仪式，试图弄清他们的宇宙观、社会和历史。纳西族人口约有 32 万，大多数居住在四川省和云南省西部边境地区。纳西族这个民族的居住区域周围是人口和文化都十分强大的藏族、彝族、白族、汉族等民族，他们在这强邻云集的地区生活了很多世纪。由于与这些邻族持久的文化相互影响，当代纳西族的宗教有突出的调和性特征。在包括巫术、祖灵崇拜以及主要反映自然力崇拜的多神信仰等的本土宗教体系中，融进了苯教、佛教、道教仪式和象征符号等诸多因素，而这种文化的相互影响是在纳西族与汉族、

---

* 此文译自孟彻理 1992 年 3 月完稿的博士论文《骨与肉：纳西宗教中的亲属关系和宇宙论》第一章。

藏族二族特别是与藏族历史上十分密切的关系中形成的。这种文化调和传统的特征在纳西宗教精细复杂的仪式系统中反映得最清楚，而这些仪式的要义包含在仪式中咏诵的大量东巴经[①]中，这些东巴经为纳西宗教的主要专家——东巴所书写和使用。

## 宗教专家

纳西族有三种类型的仪式专家：东巴（祭司）、桑尼（萨满）、帕（占卜者）。他们依不同的功能标准而划分。很多纳西仪式试图纠正宇宙状态和栖身宇宙中的人类关系之间可察觉到的不平衡。在举行这些宗教仪式之前，伴以治疗功能的最重要的事是找出造成这种不平衡的原因。在这方面，纳西人有许多方法（如肩胛骨卜），其中不少是来自他们的邻族文化中。这一确定原因的过程是由"帕"（占卜者）来进行的。通过占卜找出造成这种不平衡状态的原由（这些原因往往是恶毒的鬼怪引起的）后，人们就要请一个或几个东巴（祭司）举行纠正这种不平衡的有关仪式。东巴能独立承担大多数仪式，但在举行一些仪式时，东巴也邀请桑尼（萨满）参加。桑尼所具有的独特才能是能去到作祟的鬼怪所栖居的宇宙空间，直接与作祟的鬼怪交流。桑尼在进行这一"宇宙旅行"的过程中，常采取进入迷狂状态的鬼魂附身等手段。因此，我把桑尼注解为"萨满"。

"东巴"一词有以下几种译法：祭司（priest）（见洛克《纳西语英语百科辞典》上卷第87页）；巫师（见方国瑜、和志武《纳西象形文字谱》第350~351页）。摩梭（永宁纳西族）的"达巴"、藏族的stonpa（意为老师，见杜奇《西藏宗教》第126页）、彝族的"毕摩"、景颇族的"董萨"（dumsa，意为祭司，见利奇《缅甸高地的政治体系》第190~191页）与"东巴"都是同源词。无疑，在藏缅语族诸民族中，类似的宗教专家角色都有这种性质相同的专门称谓。[②]

---

① 原文用text（原文、本文）一词，这里据纳西语原意和国内学界习惯称谓译为东巴经，下文亦同。——译者注

② 有时，人们也用"吕波"（leebbuq）一词指称东巴。

在藏传佛教的制度化语境中，"老师"（stonpa）一词有其特定的功能内涵，与纳西族的"东巴"一词并非完全一致。东巴是纳西宗教知识的主要口头传承者，他们并不是那么突出地把自己视为甚于宗教实践者的"老师"。东巴是宗教仪式中的专家。"萨满"和"男巫"（sorcerer）这两个在汉语中译解为"巫师"的词汇与纳西宗教专家称谓的含义相近，但仍有区别。如埃利德所说，萨满的特征是他能在处于迷狂和鬼魂附身状态时在宇宙的不同层面做灵魂的旅行。[①] 而且，这一能力通常是继承的，是如个人的礼物一般地传承而得的。而祭司的身份在一些情况下是传承的，他们的力量来于学到的知识。萨满（桑尼）和祭司（东巴）都能与恶鬼交锋，但萨满是从人界走进灵界，而祭司则是把鬼神从灵界呼唤到人界。

萨满和祭司也可以清楚地从他们与鬼神交往的不同方式中加以辨别。萨满能处于迷狂的鬼魂附身状态，并进行口衔烧红的犁铧等类的表演，而祭司的行为则较为沉闷，它包括节奏特别慢的吟诵和舞蹈。舞蹈是对抗恶鬼的模拟战斗。祭司与萨满的最后一个区别是"性别"，虽然现代的萨满都是男性，但纳西人和外来的专家都一致认为纳西萨满的角色最初是由女性来担任的。纳西宗教经书中的象形文"桑尼"一词是个妇女的形象，而祭司一职则从未让妇女担任过。

"男巫"（sorcerer）一词通常指某个利用超自然力履行宗教职能的人。从这一点看，似乎以它作为东巴的译解是可以接受的。但"男巫"一词也有恶的含意寓于其中，从这一点看，以它代指东巴又不是很合适。纳西祭司利用超自然力只为人谋求利益。和藏传佛教仪式一样，纳西祭司呼唤神灵，请神灵对抗恶鬼。从调动超自然力量损害自己的或其他社区的成员这一意义上说，纳西族是既无妖术（sorcery），也没有巫技（witchcraft）的。[②]

在我的这一研究论著中，我用祭司（priest）这个名词作为东巴的译

① 埃利德:《萨满：古代迷狂术》，普林斯顿大学 1972 年版。
② 我在此指我们要根据纳西宗教的实际情况，使之与这种在有关超自然力内容方面有矛盾含意的宗教现象相区别，后者如雅诺玛莫萨满和赞德的妖术与巫术制度。

语，但它有意义上的限定。有时，祭司一词指已发展了的宗教官僚僧侣统治集团中的职位，在此我特别考虑到纳西邻族所信奉的藏传佛教、汉传佛教和道教体制中的这一情况。因此，以英语的"祭司"（priest）一词也并未能很好地表达出纳西东巴的含义。纳西东巴在知识上有多或少的差别，但纳西族没有那种僧侣等级制。纳西社区的人只是根据东巴的宗教知识和经验的丰富程度，以大东巴或小东巴的称谓来评价他们。

## 文字和仪式经书

纳西仪式体系中包含约 1000 种经书，这些经书在大约 40 种不同而互有关联的仪式中咏诵。[①] 举行这些仪式所需的时间有的是数小时，有的则长达 6 天至 7 天，平均地讲，咏诵一本东巴经需要 30 分钟至 45 分钟的时间。有些简短的仪式只需咏诵几本经书，而有些长的仪式则可能要咏诵数十本经书。

纳西祭司用两种文字书写东巴经，一种是象形文字，一种是标音文字。象形文字在纳西语中称为"斯究鲁究"，意为"木上之雕刻、石上之雕刻"[②]；标音文字称为"哥巴"，直译是呼叫、叫出来的意思。象形文字的使用范围比"哥巴"文要广得多。大多数研究者认为"哥巴"文创制的时间晚于象形文。按照过去纳西土司的世系谱系《木氏宦谱》

---

① 这一数字是很粗略的，勃克曼在《中国的纳西研究》一文中指出，据纳西族、汉族和西方学者的不同估算，纳西族有 8 种 ~100 种仪式，394 种 ~2000 种东巴经。8 种仪式和 394 种经书的估算无疑是太低了。纳西仪式的区域性重大差别（这一点反映在上述这些估算数字的差异上）使准确地估算仪式和经书的数量成为不可能的事。我在这里所用的数字是以丽江东巴文化研究所的学者们现在的估算数字为依据的。

② 照我采访的东巴的说法，象形文之所以叫"木石上的雕刻"，是因为在古代，纳西人在松木制作的薄板上雕刻象形文字。现存的东巴经落款的日期最早可以上溯到明代，可见当时纸与笔已取代了木头上的雕刻。东巴经书的纸是在当地制造的，东巴常常自制这些纸。东巴经呈长方形状（其长宽约为 10 厘米 ×30 厘米）。在经书的左面边缘用线缝订。其形状与藏族经书相同，可以想见这是纳西文字在 17 世纪发展起来后，东巴从藏人那里借鉴了藏传佛教经书的样式而装订成现在所见的东巴经。我们从下文中可以看到，在纳西仪式上，东巴大量使用未经制作或只是粗糙地制作的木石祭器。我这样猜测，在纳西文字创制之前，这些木石祭器可能被用作帮助记忆的物件，东巴通过这些提醒物，回忆所举行的仪式的概念结构。

所载，象形文字是木氏祖先之一牟保阿琮于宋朝末期（1127~1279）创制的，这一记载反映了木氏王朝那包含着一些使之合法化的虚构成分的历史。洛克认为象形文字的创制时间要比《木氏宦谱》所记载的时间早得多。

"哥巴"文的创制时间也是不明确的。洛克购买了属于几个仪式的经书。他根据一些经书末页关于作者和写作时间的题署，以它推算出中国皇帝统治时期的相应时间。他认为有一本东巴经的写作日期可以上溯到明代（1368~1644）早期，在这本经书中有一些"哥巴"文字。而更多的研究者则认为标音文字"哥巴"文的创制时间大大晚于明代，大约创制于17世纪~18世纪，但他们都认为从"哥巴"文运用的一些特点和字符形状中可以看出它产生的时间晚于象形文字。构成标音文字的许多字符的结构为认为哥巴文是外来文字的理论提供了证据，其中有些字符完全来自藏文、汉文，有的可能来自彝文。而其他"哥巴"文字符则具有与这些纳西邻族的标音字符普遍相同的外形特征。纳西标音文字主要用于两个方面——占卜经书和记录佛教的"陀罗尼"[①]。这也给认为"哥巴"文是外来文字的理论提供了证据。这些富有魔力效力的套语在仪式过程中咏诵，在梵文和藏文中，可以理解这些套语含意的一半，而在纳西族的标音文字中，这些套语的含义全然不为人知。与此相似，纳西人所用的许多占卜方式不是产生于纳西本土的，尽管占卜经书中用标音文字所写的词汇和短语完全地为东巴所理解。

纳西族这两种文字体系重要的一点是它们都是完全地由祭司用来记录宗教仪式，从未用于书写历史、个人日记或简单的账本。除了祭司以外，纳西社会中无人能识读这些仪式经书。纳西土司在记录他们的家庭谱系时，是在汉族学者的帮助下用汉文书写的。

纳西象形文作为一种当今世界上唯一还在使用的象形文字，将近一

---

① 陀罗尼（Dhārani）：佛教与印度教中所使用的据说有灵异效验的语句。相传一般人念诵它可以禳灾得福，瑜伽师念诵它可以促进入定。陀罗尼是长篇经籍的精华，念诵它可以帮助记忆全文内容，以正确方式念诵，其效验同于念诵全文。——译者注。

个世纪以来，强烈地吸引了亚洲和西方的学者们，他们撰写了很多讨论这种文字的论著。我不试图评论这些宗教文献，但想就与仪式实践的区域性差别相关的纳西象形文东巴经的产生和使用这一问题提出几个综合性的观点。

（一）东巴经中的短语不反映完整的语法单位，其功能在很大程度上是起一种帮助记忆的提醒作用（虽然也有逐字完全写出来的经书），祭司是凭记忆咏诵文本的大部分内容的。[①] 经书中的每一段话都写在用墨线描出的长方形框格内，其中包括象形文字和标音文字相混合的书写形式。每一框格中的象形文字和标音文字都反映出祭司咏诵的一段话中的一些基本内容，但它们很少把祭司咏诵的每一个语词都反映出来，其中空缺的部分要祭司在咏诵时凭记忆去补充。因此，即使你认识每个象形文字的单独含义，但如果没有经过像东巴那样的训练，也是无法读懂东巴经的。

鉴于东巴经所具有的这种帮助记忆的特性，一些西方学者提出纳西象形文与标音文这两种文字并非一种书面语的观点。托多罗夫在论述阿兹台克人（墨西哥印第安人）的象形文字时也提出与此相似的观点，他把它视为起索引作用的一种记号，而不是一种符号。[②] 由于汉族书面语有表意文字的性质，因此，汉族学者并不按字母顺序的方法对纳西象形文进行探讨，这是不奇怪的。丽江东巴文化研究所的一个东巴现在用两种纳西文字书写了一本东巴经，其中的图例阐明了一个事实，即如果不按照传统方式来书写，用这两种文字可以完整地记下口头语。

---

① 当我在丽江东巴文化研究所与东巴们一起工作时，我很清楚地领会到东巴经所具有的帮助记忆这一特性。当我向祭司询问有关一些特定仪式或神话的问题时，他们为了记起这些仪式和神话的详情，在作出回答之前，总是首先凭记忆咏诵有关的一段章节。洛克在很久以前所说的东巴单调的咏诵看来是能帮助他们回忆起经书内容和背诵语句的。他们在咏诵中形成了很强的节奏感，咏诵的速度十分快，因此语句如一根不断的线一般流泻而出。由于词句如线一般连接得如此完整，以致东巴如果不完整地咏诵全部经文，常常就不能够单独地记起其中的某一部分语句。

② 托多罗夫：《美洲的征服》，纽约，1984 年版。

（二）东巴常根据象形文字的语音音值来记录纳西语词，而纳西语中有很多同音词，因此，有时很难确定在一个特定方格内每个象形文字的确切意义。有时，由于象形文字的语音与所指语词之间的发音只是大体接近，因此加大了辨认象形字所指的确切意义的困难。而且，在书写时，用象形文反映的词语的声调（纳西语有 4 个声调）常常被忽略。例如，一个字符的形状是一个男人，头上伸出一枝蕨菜，读为 ddee，其意为父系，而蕨菜的读音是 ddiq，这里被用来标 "父系" ddee 之音，而 ddiq 与 ddee 的发音和声调都是不同的，只能说有一些接近。虽然每个象形文字的形状在各地基本上是一致的，但各个东巴在书写时对词义和文字的结合运用的不同可能导致识读经书的复杂性。如我们在上面所举的 "父系" 这个象形文例子，某个东巴可能把表示 "男子" 的这个字符省略掉，仅依靠 "蕨菜" 这个字符来使他想起 "父系" 一词的意义。

（三）除非某一本经书是直接从别人的经书上抄下来的，不然，很少有这样的情况，即两本经书反映的是同一祭仪或咏诵时完全相同。尚是学徒的东巴抄袭他们师傅的经书，但由于东巴经是口头咏诵的派生物，在概念简化这一现象后面存在着这么一个事实，有多少非正式的东巴 "世系"，每一册东巴经就有多少种文本。祭仪和祭仪所包含的数量众多的神话、传说的基本叙事结构在整个纳西族地区是完全一致的，而其内容的变异则是相当大的。在某一本经书中提到的神和地方可能在另一本同名的经书中却没有。所描述的某个具体行为的过程在同一经书的不同文本中可能会有差异或缺少某个情节。来自不同区域的祭司们一般能识读不同区域的经书，但两个祭司咏诵同一本经书时，他们的咏诵从不会完全相同。[①] 这种变化也反映在仪式的结构中，我们将在下文中讨论这个问题。

---

① 这就是为什么目前发表的纳西经书的译注标音本总是把诵经东巴的名字（有时连同其村名）写出的原因。

## 苯教、佛教和纳西族宗教仪式分类

纳西宇宙论和宗教仪式为藏族苯教和藏传佛教传统所影响的程度可能是纳西宗教研究者所面临的最大问题。约瑟夫·洛克进行了尝试性的探索，并在某些方面取得了一些成果，为后人做出了值得仿效的努力。洛克运用达斯（S.C.Das）、弗兰克（A.H.Franke）、赫尔穆特·霍夫曼（Helmut Hoffmann）、埃万斯·文茨（W.Y.Evans-Wentz）、贝特霍尔德·劳弗（Berthold Laufer）、杜奇（Guiseppe Tucci）等学者研究藏族宗教的论著内容，能够把他所翻译的东巴经中所出现的很多神的名字追溯到其在藏族和印度宗教中的本源，识别出有些仪式实质上是源于其他宗教传统的。

研究藏族宗教的学者普遍认为，作为藏族本土宗教的苯教是基于三重宇宙结构学。由于苯教区域性多样化的信仰，这三重宇宙结构的叙述描写和认为居住于三重宇宙结构中的神们的功能角色内涵，尚未有人进行过探讨。对苯教系统化的研究还无人问津，在不同的资料，或有时在相同的资料中，宇宙被描述为由天、地、地狱构成，或是由天、中间世界和地构成。杜奇在《西藏宗教》一书中论述到这一问题，指出天、地、地狱这种宇宙结构一般出现在多种神灵之间的关系构成事件核心的背景中。[①] 与此相反，在由人与神的关系构成中心事件，人被描述为从天上下来（藏族神话中的人类起源观）的背景中，天、中间世界、地构成宇宙的观念则占主导地位。

苯教神祇的归类十分复杂，其原因有二：一是神祇种类如此众多（有时其类别的划分十分含糊），二是苯教神祇的内涵在佛教对神灵重新诠释的影响下产生变异。苯教神祇中最大的三类是神（lha）、巨蛇精灵

---

① 我在文中用 deity（神）这个名词指一切非人类血统的超自然生物，以有别于祖先和鬼魂。从宇宙结构上来讲，藏族和纳西族都认为 god（神）居于天上，demon（鬼）住在地狱，而非人类血统的一切生物都居住在天与地狱之间。

（Klu）<sup>①</sup>、鬼（btsan），他们分别与天、中间世界（或大地）、地（或地狱）相联系<sup>②</sup>。佛教在西藏传播的早期历史在很大程度上是佛教与苯教宇宙论和宗教观相互调节争端的历史。佛教关于这一历史状况的记载围绕着一些传说讲述了8世纪晚期把佛教传入西藏的莲花生（由一名印度教师转化成半神半人者）与西藏本土神祇斗法，并最后征服他们的故事。莲花生把被征服的一些西藏本土神祇任用为护法神，而其他的则被降为鬼。

纳西族也经历了这种宗教的变化过程，但在这变化过程中却剔除了这些神祇的很多佛教神学内容。启蒙、以虔诚皈依的行为摆脱因果轮回、常规的祈祷、冥想等佛教内容并未成为纳西宗教中的主要内容。纳西人也不了解佛教的三宝——佛、法、僧。与佛教十分明确的来世观念（基于认为现世的主要特征是受苦的观念）相反，纳西的宗教体系中有自己独特的尘世内容，如健康、富有、庄稼的丰收、家畜的繁衍等。苯教、佛教的宇宙三重划分的内容一部分被纳西人吸收，一部分则与纳西族的二元宇宙论结合为一体。在这二元宇宙论中，主要范畴天（蒙）、地（达）一方面与祖先、母方（肉）亲属和"给妻者"的观念有紧密的联系，另一方面与活着的人们、父方（骨）亲属和娶妻者有密切的联系。

## 纳西宗教仪式的分类

纳西祭司把他们的仪式分为三大类：祭神与祭祖、从炼狱中把死者拯救出来<sup>③</sup>、驱鬼。第二类仪式在纳西语中称为"务"（vl）或"嗯"（nvl），意为拯救死者于炼狱中。第三类仪式叫"慈吐"（ceeqtvl），意为驱鬼。从其普遍的主题和特殊的符号意义上讲，属于第二类和第三类的仪式和

---

① 一般把藏族的 Klu（纳西的"鲁" lvq）译为巨蛇精灵（Serpcnt Spirit），它们通常与水源有密切的联系，如湖、江河，特别是泉溪和水井。大多数学者把它们视同于印度的"那伽"（Nāga：印度教和佛教神话中的一类精灵，其形半人半蛇。据说他们属于强壮俊美的族类，可化作人形或蛇姿，在某些方面优于人类）。——译者注

② 霍夫曼在《西藏苯教历史研究》中指出，lha 与天有关，Klu 与空气有关，btsan 与地狱有关。

③ 国内一般译为"超度"或"超荐"。

经书清楚地反映了藏族宗教的影响。

纳西众神（deities）中主要的阶层是"窝"与"恒"、鬼（"慈"）、山神（"署"）、蛇王（"鲁"或"里蒙"leemee）以及神化的祭司（东巴）。他们都卷入了为控制宇宙而进行的无休止的争斗中。洛克的《纳西语英语百科辞典》第二卷中记录了2450多个不同的纳西神祇和鬼，是迄今最大的综合性纳西神祇名录。

纳西丧葬仪式（"务"）直接反映了佛教的观念，这些仪式的目的是把人的灵魂从炼狱（被鬼所控制）中拯救出来，然后把它首先送到人与自然的世界（分别为祭司和蛇王所控制），最后送到神和祖先所住的神圣之地。这一过程反映在10多米长的卷轴画"神路图"（纳西语称为"恒日屏"）中的宇宙结构描述中。这一卷轴画的内容是：（1）下段部分是"炼狱"，住着拷问虐待死者的鬼和判官（此地称为"米瓦冷凑陈霍堆"，意为冷凑火海的18个地方或层面）[1]。（2）卷轴画下段的中间部分是"人类世界"（纳西语称之为"堆恩鲁堆罗"，意为在四个好地方[2]中）。（3）上段中间部分绘着"自然世界"，此地居住着山神（纳西语称之为"署堆"，意为"署"之地[3]。最高部分绘着"天"，居住着神（纳西语称之

---

[1] "冷凑"是不洁和污染之鬼（"凑"意为不洁和污染）。他们盘踞在死者从地狱必须经过的路和桥上，阻挠他们前行。"冷凑"也是导致死胎、死产的鬼（参看洛克《纳西语英语百科辞典》第276页。）有时，"火海"这一宇宙层（实际上是下面有水池的18层）被称为"尼瓦"（其直译意为"鱼池"），这种说法产生于认为炼狱中有水池，池中有吃死者肉的鱼这一观念，水与火都象征着人类不能生存的领域。

[2] "四个好地方"指人类世界的四个基本方位，人类居住于其中。这一领域的另一名字是"吉亏路亏罗"，意为在四个（方位）都没有云的地方。

[3] "人类世界"和"自然世界"都是直接译自汉语，我采访的祭司一般都用上述词汇指这些地方。"署"通常译为蛇王或龙王，他们是山神，管辖着自然界。相传"署"与人类是同父异母的兄弟，人类照顾家庭的植物和家畜，而"署"则照顾野兽、山峦、树木、湖泊、江河。在神路图上，"署"被描绘为居住在人类世界上方（人类住在低的山谷里，"署"住在高的山上）。给我提供信息的祭司告诉我，人类和山神这两类在宇宙结构中所占据的区域实质上是同一个，只是他们分别控制着包含于这个区域内两个不同的领域（自然的和文化的）。

为"蒙吉陈霍堆①",意为"天上的18个地方")。纳西宗教受藏族宗教影响也反映在纳西丧葬仪式中使用很多藏族宗教器物,如鼓、钗、交叉线、旗、五幅冠、多玛(面偶)、海螺等,反映在请神、祈神和送神或驱除众多鬼怪过程中藏族宗教和纳西族宗教两种不同风格的音乐、舞蹈、咏诵方式的相互影响和混合一体化。

祭神和祭祖仪式则与拯救超度死者于地狱和驱鬼这两类仪式不同。这表现在其中没有佛教的符号体系,其结构是依照不同的对立逻辑形成的,尽管这种对立逻辑并非完全贯穿始终。这些仪式最有区别性的特征是其中心在于宇宙、自然和社会秩序的生产和再生产,特别是其最终功能是社会关系和社会形态的再生产。属于祭神、祭祖这一类的一些仪式叫"尼许窝许背"(niq xioqxiubbei),意为为求得"尼"与"窝"而举行(背)的祭仪(许)。它们都反映了没有佛教另一世界观念倾向性的人生目的,所关心的是俗世的问题,如家畜和植物的繁殖增殖、人口的繁衍、婚姻继嗣关系、姻亲关系等。这些都是存在于与佛教宣称的要超越人类世界的苦难这一目标之外的,而恰恰是这些日常生活的内容形成了纳西宗教基本的核心。②

"尼"这一概念在象形文中写如一头长角的公牛,其意表示"家畜""牲畜",一般把这个词翻译为"财富"。"窝"一词通常涉及妇女的

---

① 更完整的名称是"蒙吉陈霍堆恒衣恩莱斯慈斯堆罗",意为18层天上的前33个善神居住的地方,反映了天堂如炼狱一般延伸向无穷尽的观念。纳西数词的重叠如33、99、999都意指"很多很多""不可数"。神路图中,天的物质表征直接来自佛教宇宙结构论,"层"的观念与佛教"冥界"观念相同,其中居住着菩萨和佛陀,坐如冥想姿态。这一结构的意义则完全不同,如上面已提到的,冥想作为宗教启蒙的方式,不是纳西宗教的特征。

② 说到藏族社会谱系计算的价值,当代藏族宗教仪式中欠缺亲属关系含意的具体表现是佛教重构藏族宗教内涵的有力证明。在杜奇对藏族民间宗教进行的精彩论述中(见杜奇《西藏宗教》),我们隐隐约约看到藏族继嗣理论的一些迹象。但即使是这些微弱的反映,在过去的一千多年中,也被佛教教义重重笼罩着,以致于很难建构出佛教传入前藏族宗教的整体观念形态,我希望我对纳西宗教的分析能对今后学术界在这方面的研究有所促进。

珠宝饰物，在象形文中是用一种雕刻如花的绿松石或玉珠的字符来表示这个词。纳西女子常常在举行婚礼时把这种绿松石或玉珠饰物插在称为"姑俄"的布质头带上。因此，这一类仪式名字的直接翻译应大体如"为得到家畜和财富而举行的仪式"。纳西族和汉族学者常常把"家畜"和"财富"二词的意义综合起来，以汉语"福"一词来概括（如方国瑜、和志武《纳西象形文字谱》中的第 403 号字），把两个词混为一谈，这样就模糊了两个词所含有的重要区别意义。从名字上看，"尼"与"窝"是具有性别意义的词，家畜和珠宝分别是男性和女性财富形式的典型符号。李霖灿在《么些象形文字字典》第 93 页中说，"尼窝"常可作子女福分解。洛克在《纳西语英语百科辞典》第 345 页中更进一步地解释说，"尼窝"特别指男性的射精和（女性的）阴道分泌液。我采访过的东巴们没有哪一个像洛克一样对这两个词作出含义如此狭窄的定义，但从这一类仪式结构和内容中可以清楚地看出，性别和两性之间的关系以及社会形态的再生产是其中最重要的因素。也许，对这一语境中的"福"这一解释最好的理解可以简明地这样概括：生物性和社会性的再生产是"福"这一概念中的基本因素（或是"福"的前提），人们拥有的好牲畜和珍宝等财产也反映出这一点。①

我在表一中列出"求尼与窝"这一类别的主要仪式，其中 1~7 的仪式是季节或年度性举行的，第 8 个仪式"迎接家神"作为一些年度性仪式中的一部分，只有在新的家户建立时才单独地举行这一仪式。祭畜神和五谷神（第 11 和第 12 两个仪式）是补充性的仪式。它们作为一些年度仪式中的一部分，每年由各户在不同的时间地点分开举行（有时请祭司协助）。另外两种仪式是求寿（9），求后裔（10）。这两种仪式的花费

---

① 英语中的"牲畜"（1ivestock）一词（可分解为活着，农具，living stock）也反映了相似的重视自我再生产的能力这一特点。

非常大，因此很少举行。①

表一　求"尼"与"窝"的仪式

1. 蒙卜（祭天）

2. 孜瓦卜（祭山与村寨之神）

3. 恒树〔祭（所有的）神〕

4. 署古（祭山神）

5. 高卜（祭胜利神）

6. 杂卜（祭和平之神）

7. 儒卜（祭祖）

8. 素苦（迎接家神）

9. 汝仲卜（求长寿仪式）

10. 仁妹卜〔求后裔（或求育）〕

11. 糯补（祭畜神"糯"）

12. 窝（美）卜（祭五谷神"窝"）

　　在更进一步考察这些仪式之前，我们注意到其他一些纳西仪式的分类。洛克把纳西仪式分为 15 类，反映了洛克认为的相关仪式群之间不同的功能作用，洛克的分类和每个仪式的序号列在表二中。

　　洛克对纳西仪式的分类与我所采访的东巴的分法没有根本的不同，他的分类中的 1、2、3、5、6、9、10 都包括在我所采访的东巴所列的求"尼"与"窝"的仪式表中，第 8 与第 10 种仪式则是旨在解救死者于炼狱；第 4、7、12 种仪式是驱鬼仪式。

---

　　① 据作为我调查对象的东巴说，求后裔仪式只是在当事人的妻子或儿媳未生育，特别是未生育男孩的情况下举行。这个仪式的名字'仁妹'限定了亲属关系范畴，即包括"儿媳"和"姐妹的女儿"，反映了纳西族父系交表优先婚的习俗，它在这里标示"后裔"（之源）的效用对分析纳西族的祭天是具有普遍意义的。

　　举行这些仪式所耗花费的多少取决于请几个祭司、用多少物器和仪式举行的时间长度。据方国瑜与和志武在《纳西象形文字谱》第 614 ～ 620 页中所言，求寿仪式中要咏诵 55 本经书。据杰克逊对这一仪式的统计（可能是从洛克的某一部著作中得出的结论），这个求寿仪式包括 98 个他所称的"亚仪式"（见杰克逊《纳西宗教》第 183 页）。

**表二：洛克对纳西仪式的分类**

1. 最早的自然崇拜原始仪式（原文如此）

2. 求家庭昌盛和牲畜繁衍的仪式

3. 安抚山神和保护神的仪式（4）

4. 防止恶鬼从天地产生的仪式（5）

5. 婚仪

6. 安抚"那伽""署"或巨蛇精灵（原文如此）（7）

7. 净化仪式（4）

8. 丧葬仪式（19）

9. 请祖先仪式（5）

10. 延寿仪式（1）

11. 占卜书①

12. 安抚和驱除恶鬼的仪式（32）

13. 为自杀者或非正常死亡者举行的仪式

14. 消除积累的罪孽的仪式（3）

15. "吕波"或"桑尼"（萨满）举行的仪式（7）②

　　杰克逊在他的纳西宗教研究中，重新复制了洛克的纳西仪式分类（见杰克逊《纳西宗教》第172页），这一分类基于各种仪式的名字（同上书第182～183页），最后，杰克逊归纳出两部分功能性的仪式类型，他把所有的纳西仪式归入"生命周期"和"生产周期"两类。③杰克逊是在三种标准的基础上来区别"生命周期"和"生产周期"的，即：1.决定一个仪式举行时间的条件；2.仪式举行时参与人员群体的规模和范围；3.仪式举行地点的位置。他尤其指出"生产周期"的仪式与农历有关，

---

　　① 洛克意识到这些经书不构成一种仪式，"左拉"一词本身是外来语，表明"左拉"卜书是来源于外族的。这些卜法被用来解释整个占卜过程，"左拉"卜书分很多类型，在其他事情上，用占卜来确定举行那些不为农历某个日子所规定的仪式，如婚仪和丧仪。纳西人认为占卜不是一种仪式。

　　② 这一分类的划分也不如人意，4个其中有萨满参加的仪式中也有祭司参与，所有这类仪式都可以划分到其他类别中。

　　③ 在我看来，杰克逊的这种划分（他把那些有普遍性标题的仪式归为一类）不是很有意义的，就我所知，"子瓦本"这一仪式就有好几个不同的标题，我估计还有其他仪式会有这种情况。

它们把"相互有关的家庭群体"包括在内。这些仪式在位于村子外面的公共场地举行，而"生命周期"仪式的举行则反映了个人在生命周期中的过渡点。这些仪式以家庭为中心，在家里或靠近家屋的地方举行（见杰克逊《纳西宗教》第 106 ~ 107 页）。①

如果我们按照杰克逊的划分标准考察求"尼"与"窝"的这一类仪式，可以看到这么一点，虽然大部分仪式是按照常规的时间顺序举行，但有的仪式却并非如此〔如素苦（祭家神仪式或婚礼）、汝仲卟（求长寿仪式）、仁妹卟（求后裔仪式）〕。再者，"糯补"和"窝卟"（祭畜神和五谷神）虽然是作为较大的群体定期的仪式中的一部分来举行（如祭天），但它们也由个体家庭不定期地举行。

我觉得杰克逊对"生产周期"和"生命周期"仪式的划分并不能精确地反映纳西族宗教仪式中所表现的观念。按照这种划分，就很难看出他认为属于这两类的一些仪式之间密切的实际上从逻辑上讲是不可分割的关系。我在本项研究中将对祭天仪式进行重点分析。祭天是个定期性的仪式，杰克逊把它视为纳西"生产周期"仪式的一个典型范例。事实上，祭天的实际内容与婚姻和纳西族基于继嗣和联姻观念的限定继承权有密切的关系。而杰克逊把纳西的传统婚礼（素苦）归类到"生命周期"仪式中，我认为只能在二者互相关联这一意义上看，才能理解这两个仪式。因为这两个仪式有内在的逻辑联系，我采访的祭司把它们归入"求'尼'与'窝'"的仪式中。

与"生命周期"和"生产周期"仪式相对，杰克逊低估了生产的社会限定继承权。他论著中的"生产"一词的概念仅仅是狭隘地指经济生产，很少关注到物质生产和社会形式的生产、再生产之间的关系，祭天仪式是纳西人赖以生存的有关谷物牲畜的再生产的仪式（该仪式的举行与这些物质生产的生物性周期有关联），但它也显著地是有关人的生物性再生产特别是社会性再生产的仪式。

---

① 杰克逊的分类当然是与传统的仪式按"生命周期"和按年历举行的区分相一致。

　　纳西祭司和凡俗之人都一致地把祭天视为最重要的仪式。按传统惯例，这个仪式每年至少举行两次，第一次在农历新年头七天内举行，第二次在农历七月举行，每个纳西家户的成员都参加。祭天仪式首要的经书《崇般绍》〔《崇仁利恩（从天）下凡记》〕详细描述了纳西的宇宙起源和人类起源观，包含了纳西宇宙论的基本要点，也反映了不同种类的人及其群体之间的关系，包括性别之间的关系、纳西与其他民族之间的关系，以及在纳西传统社会中最重要的结构单位的当地不同父系世系群（崇窝）内部和相互之间的亲属关系。

　　我个人认为，硬对上述这两个层面之间进行解析区分是一个错误，但这明显是一些纳西族和汉族学者在其论析中所致力做的。他们辩论祭天究竟是原始的自然崇拜形式，是祖先崇拜形式和汉族帝王崇拜形式，还是这些崇拜形式的综合。纳西族民族学者和发源在其论文《关于纳西族祭天的性质》[①]中综述了这一争论的历史。他在叙述了当代一些中国学者不同的观点后，这样下结论："纳西族的祖先崇拜，与原始的自然崇拜有千丝万缕的联系，是由自然崇拜逐渐发展起来的，所以一直保留有自然崇拜的特点。"在试图克服这些争论中含有的功能主义倾向这一方面，我认为和发源的论述是正确的，但如超越出大多数中国人类学者所遵循的摩尔根、恩格斯的进化论框架而言，我发现和发源提出的祭天的祖先崇拜是"从自然崇拜中发展起来"的观点很难找到可以佐证的论据。

　　由于祭天明显地与那些成为纳西人生活要素的自然物的再生产有关，因此也许可以认为它属于"自然崇拜"型的宗教仪式。如果这样看，那么许多中国学者表述的认为祭天也表现了"祖先崇拜"的形式这一观点也是经得住进一步检验的，因为如果在祭天仪式中包含有某种祖先崇拜（我同意有），那么，就应该视之为一种非汉式的祖先崇拜形式。大多数中国学者是以崇仁利恩（简称崇）为线索发展了这一观点的。崇仁利

---

　　① 载《云南少数民族哲学社会思想资料选辑》第6辑，中国哲学史学会云南省分会编。

恩是纳西族人类起源神话中的男性主角,为纪念作为文化英雄的这个祖先,他的子孙后代举行祭天仪式。很多学者实际上并未注意到该神话中明显的提示,即举行祭天仪式明显与崇仁利恩娶到的天上的妻子有关。从这一点上看,祭天仪式的中心不是崇仁利恩,而是他的岳父母和其妻的舅舅。这些人都属于纳西人所说的"肉"(母方)亲属。总之,祭天仪式中所表现的"祖先崇拜"并非首先是对父系的"骨"祖先的崇拜,而是表现在对母系的"肉"祖先的崇拜。母系一方作为妇女的提供者,使纳西人生物性和社会性的再生产成为可能。

祭天仪式被划分为简单的类型,诸如祖先崇拜、自然崇拜或帝王崇拜。如果我们要谈到该仪式的"功能",我想我们只能从对包括自然社会二者的宇宙秩序的生产和再生产进行普遍观察来开始我们的研究。确实,与常常被论及的道教和中国的相关思想的前提以及汉族的状态宇宙论观念(这指有机世界的微观宇宙论和宏观宇宙论)不同,纳西族观念中看不到对"自然"和"社会"这两个领域绝对相区别的划分。在祭天仪式和人类起源的叙述中,与被人类学者常常当作多少有区别意义的解析类别(如亲属关系、宇宙论、社会结构、神话、婚姻、性别、时间和空间观念等)相关的观念,常常作为一个体系中互相依存的方面而表现出来。

研究这样的意义体系是从不会穷尽的,因为它们的体现和产生是贯穿于人类主体的具体的行为之中的,依附于文化体系中特定因素的某种意义总是有着重新评价的余地。因此,需要的是这样一种观念结构,在这种结构中,特定的文化范畴之间的关系可以在更高水准的概括性上加以描述。我认为可以在纳西族关于在自然和社会内以及二者之间的关系中存在的互惠性和等级制的观念中发现一个这样的结构基础。

在我为作此项研究而考察过的祭天仪式和其他几个仪式中,纳西人所关注的一件首要事情是通过交换的手段保持宇宙和社会之间合适的关系,这种交换手段表现为赠礼和祭祀。社会中的公平和不公平这种关系具体表现在礼物(或祭祀的供献品)本身上,并从交换的过程中及时地表现出来。这个观点最早由马塞尔·毛斯（Marcel Mauss）在他的著作《赠礼》一书中作了阐述。这是他与哈伯特（Hubert）于1899年合作研究祭祀问题之后所作的进一步研究。毛斯论著的价值之一在于他从杜尔干的功能主义中脱离出来，他把一种仪式看作是一个理想化社会秩序的真实反映，认为仪式中的交换是建立和规定等级制（权力）关系的一种运用手段。在纳西仪式中，食品、酒、香炷和妇女是用以进行社会交换和宇宙交换的因素。我们如何阐明这些物质和人的社会意义，它们在交换过程中具体表现和形成的关系。这正是我的这项研究所关注的中心问题。

我赞同毛斯所认为的仪式是"总体的社会现象"的观念，即把仪式看作是一些浓缩的信息，它们反映了宗教、宇宙论、经济和社会的意义。作为一个民族学者，要对这一专题进行研究，面临着理论和实践两方面的问题。从哪儿入手？如何直接而循序渐进地进行写作。在综合的符号中，哪一些多重复杂的内容涉及社会生活的广泛领域？人类学者的研究旨在将一定的社会文化环境中产生的特定意义和价值对跨文化的读者做出明白易懂的解释。人类学者的责任是将她（或他）的研究资料经科学的分析后再回赠给创造了这些资料的人民，使之能在最大程度上有意义地长存于世。我对纳西族文化特别是对祭天的研究意味着这是从纳西族的起源（随着宇宙和人类的创造而产生）开始的研究。因此，在对祭天的地点、时间和参与者作一个短暂的论述后，我将对纳西族的人类起源神话《崇般绍》进行重点的分析。《崇般绍》在祭天仪式中起到犹如"宪章"的作用，它也反映了纳西族认为祭天对于纳西社会的创造和维持是必不可少的信念。

# 论祭天仪式的时间安排和参与人员 *

〔美〕孟彻理（C.F.Mckhann）

按纳西族的传统，每年至少要举行两次祭天仪式，第一次是在阴历新年，第二次是在阴历七月。[①] 过去，大祭天（"蒙底卟"）持续的时间在任何地方都是 1 至 6 天，人们认为 6 天是标准的天数。不言大祭天持续时间的长短，一般可将它分成两个阶段，第一阶段持续的时间为 2 至 3 天，然后休息 1 至 2 天；第二阶段一般持续 1 天，但有时也持续 2 天。小祭天（"蒙季卟"）仪式则与此不同，只有 1 个阶段，整个仪式只举行 1 天。[②]

大祭天和小祭天都与农业周期和湿季干季的转变相联系。从十月

---

* 此文译自孟彻理博士论文《骨与肉：纳西宗教中的亲属关系和宇宙论》第二章。

① 纳西族仪式的举行是根据阴历来安排的，他们的阴历与传统的汉族阴历十分接近。我们不知道纳西族是在什么时候接受了这个阴历历法，但斯坦（Stein）认为这个历法是在 13 世纪传入西藏和蒙古的（见斯坦《西藏的文明》，斯坦福大学 1972 年版）。为便利起见，我将在按纳西历法计算的日期前加上"阴历"一词。如"阴历 1／5"，意指阴历五月初一。所有没有加上"阴历"一词的日期都指阳历。

② 需要说明的是，"大"（底）与"小"（季）并不总是像在这里一样用来区分不同类型的祭天仪式，有的纳西人只是用"大"来指阴历一月举行的祭天仪式的第一阶段，而将第二阶段称为"小"。（见李霖灿《中甸县白地村的么些族祭天大典》，载李霖灿《么些研究论文集》第 219 ～ 248 页，台湾 1984 年版）另外，在一些地区，人们还在农历三月、四月、五月、九月、十月、十二月中的任何一月举行第三个（即另一个）祭天仪式〔（参看洛克（1948 年）、李霖灿（1960 年）、李近春（1982 年）所写的有关文章〕，这个仪式有时就称之为"小祭天"。另一种常见的称谓方式是除阴历一月的祭天仪式外，以举行仪式当月的阴历名称称呼，如"三美蒙卟"（意思是七月的祭天）。为什么举行"第三个"祭天仪式的原因不明。一月和七月正是在农业周期的关键时机，我猜想其他月份的祭天仪式可能也与农业周期有关，尽管其农事接合点不是那么明显。

到三月底，晴空无云，这是农闲时节，因此，纳西人也多在此期间进行他们主要的社会活动，特别是社交性的聚会和婚礼。这也是起房盖屋、修建畜厩、木棚等的时节，因为此时土地干燥，是兴土木的好时节，亲友邻居也有余暇时间来帮忙。到四月，乌云开始不时聚集。到夏季中期，开始常常下雨，有时几乎天天都下，使得道路泥坑遍布，山路泥泞不堪。到九月和十月的收获季节，一切又都变得干燥，到十一月，天空又变得晴朗无云。

祭天与纳西族农业周期转变时机之间的相互关系可以从下表中看出。

表一　农历和祭天

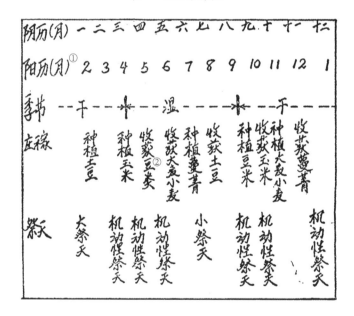

---

① 表中所示的阳历阴历之间的差异只是大概的示意图。

② 在低海拔区域，特别在金沙江两岸，人们常常以稻谷作为夏季作物，因为那里有较丰富的水利灌溉。大多数纳西人不是种植稻谷的农民，他们平时用玉米和多种多样的豆类植物向毗邻而居的汉族或白族交换大米。

## 祭天派别

我用祭天"派别"这个词指称纳西各有名称的祭天群体,每个这样的群体分别在阴历的不同日期举行祭天仪式。洛克有时称这些群体叫"氏族"①。在汉文献中,这些群体被称为"祭天群"。在这个特定的语境中,用"氏族"一词会造成混淆,因为纳西族也有理论上基于继嗣的群体,它们建立于当地父系世系群的基础之上,也许用"氏族"一词指这样的群体更为合适。另一方面,"祭天群"这一称谓并不能清楚地区分出这些各有名称的大的祭天"派别"和地方上的各个祭天"群体"之间的不同。

纳西人口中的绝大多数都分别归属于主要的四个祭天派别,它们是:扑笃(Pvdvq)、姑徐(Gvhiuq)、姑闪(Gvshaiq)、姑展(Gvzzaiq)。据我所知,尚未有人对这四个主要祭天派别的人数做过统计,但普遍公认的是,"扑笃"是最大的派别,可以肯定它有数万成员,或许有数十万之众。仅次于"扑笃"的祭天派别是"姑徐",比这两个派别小得多的是"姑闪"和"姑展"派别。

除了上述这四个主要的祭天派别外,李霖灿还列出了两个派别(若喀②和喜家);而洛克则只划分出三个主要的祭天派别,即"姑徐""姑展"和"扑笃";除此之外,洛克还列出两个祭天小派别的名称,即"姑恒"(Grhar)和"姑闪"(Gv-ssan)。我在进行田野调查期间,也听说石鼓附近还有一个祭天派别,自称"拉汝"(Lazzer);在丽江坝长水下有一个自称"阿娱"(Eyuf)的祭天派别。显然,所有这些小派别都局限于某个地方,只有很少的一些成员。尽管给我提供信息的东巴们分别在纳西故乡的各个地区长大,并周游过不少地方,但他们中的大多数都从未听说过上述这些祭天小派别的名称。

① 洛克:《纳西人的祭天仪式》,载《华裔学志》1948 年第 13 期。
② 又音译为"阮可"。——译者注

关于祭天派别的来历，无论从神话、传说、历史或其他方面看，我们对此都所知甚少。在东巴经中没有任何有关它们起源的记载。按照一种最普遍的说法，"扑笃"派是最古老的，可以追溯到纳西族历史的最早期，即当他们作为随畜迁徙的游牧部落生活在今青海北部地区或四川西北部某处之时。其他派别则据说是后来才发展形成的，即是当不同支的纳西人后裔转移向低海拔地区，过起农耕定居生活之后逐渐形成的。虽然我们看不到有关这个祭天派别演变的历史记载，但从象形文字对这四个主要派别名称的描绘中可以看出它们划分的一些历史迹象。"扑笃"的象形字很像在祭天仪式中放供米的竹篓[①]。据说这种竹篓是在纳西人随畜迁徙的游牧生活时期产生的，它主要的用途是，当纳西祖先往返于畜牧营地之间时，用它来携带有限的食物。另外两个祭天派别的名称的头一个音节是"姑"（gv），意为蛋卵。蛋卵与纳西人的宇宙起源论有联系。这几个派别名称的后一个音节的含意则不是那么清楚。据我采访的一个东巴讲，"徐"（hiuq）、"展"（zzaiq）、"闪"（shaiq）这几个词分别与某种贮放谷物的"柜子""混合体"（农业和畜牧的）以及"外人"相关联。他认为，"徐"一词的意思与占主导地位的农业生产者有关；"展"一词的意思与混合型的经济有关；而"闪"一词的意思则与一个原先是外人，但后来被纳西人吸收或与纳西人通婚后形成的群体后裔有关，他们从纳西人那里学到了祭天习俗。

另外，在纳西语中，"徐"和"展"也是用来指色彩的词汇。"徐"意为红，"展"意为有斑点之色。"闪"一词则与"使"（Sheeq，黄色）一词相似。因此，对上述这些祭天派别的名称或许也可以做出另一种解释，即如洛克已暗示过的，它们原来可能是作为某种氏族制度中的图腾标志，如红蛋、黄蛋和斑杂色之蛋。以颜色来辨别在一些纳西宗教仪式中出现的不同群体的成员，这些不同的颜色普遍与5个基本方位（即东、南、西、北、中）有联系。

---

① 每家每户都有这种竹篓，纳西语为"麻揣笃"（maq chuadvq），用来盛祭天米。"麻揣"，指用于祭天的祭米。

李霖灿所描述的"若喀"和"喜家"祭天派别与其他四个主要的祭天派别不同的一点是,表示它们名称的象形文字是用来标音的,其字符本身没有体现出这两派名称的原始含义。可能从这一点上也可以看出,这两派是在后来才产生的,"喜家"的"家"显然是汉语"家"的借词。

虽然所有的祭天派别都在阴历新年和阴历七月举行祭天仪式,但各派祭天的日期都不同。另外,各派大祭天仪式的时间长短也互不相同。从下面的表中可以看出不同祭天派别举行大祭天仪式(蒙底卟)的不同日期。

表二 大祭天仪式的日期

| 祭天派别名称 | 大祭天仪式的阴历日期 | |
|---|---|---|
| | 第一阶段 | 第二阶段 |
| 姑闪 | 12 / 23、24 | 12 / 25 |
| 扑笃 | 1 / 3、4、5 | 1 / 8 |
| 拉汝 | 1 / 5、6 | 1 / 9 |
| 姑展 | 1 / 8 | |
| 若喀 | 1 / 8、9 | 1 / 10 |
| 姑徐 | 1 / 9、10、11 | 1 / 13(十 / 1 天) |
| 喜家 | 1 / 13 | |

这个表是根据洛克《纳西人的祭天仪式》、李霖灿《中甸县白地村的么些族祭天典礼》以及我的田野调查资料而列出的。在此表中,"扑笃"和"姑徐"两派举行祭天仪式的日期只是个概数,因为我所采访的人在指明确切的日期上各有一些差异(一般是多一天或少一天),其他祭天派的日期则是完全确切的。

表中底下有黑点的日期是各祭天派别供献猪牲的日期。献猪牲是祭天仪式中最重要的事,因此,当问到人们何时举行祭天仪式时,他们都会说出献猪牲的这一天。据李霖灿的调查，"喜家"派的祭天仪式十分简单，只诵祭天经一小本，费时很短，从鸡鸣赴祭天场到早饭时就一切完毕。

阴历七月所举行的小祭天仪式的日期更为多变，有些团体<sup>①</sup>有固定的祭天日期，但其他团体都是根据星占的征兆来决定小祭天的确切日期的。

虽然各祭天派在其名称和举行祭天的日期上有一些不同，但各祭天派之间没有很大的不同。从祭天仪式的结构和各个祭天小团体的规模和构成情况看，普遍存在着差异，但在大的祭天派别内，都是大同小异的。普遍而言，属于"扑笃"派的各祭天团体的祭天仪式更为复杂，仪式举行的时间长，参加的人员多，但又并非完全一致。

## 祭天团体

我用祭天"团体"（group）一词指没有具体名称的当地祭天团体，即那些几家几户在一起共同祭天的群众。大多数纳西人都住在核心村落里，祭天团体一般都包括某个村子的部分或全部村民，有的祭天团体可能也包括村子附近或外村的一些家户。各个村子的祭天团体在规模上有很大的差别，在不同的地区，祭天团体的构成情况也很不同。在丽江市玉龙纳西族自治县鲁甸乡及其附近地区，每个家户独自举行祭天仪式。换句话说，即有多少个体家户，便有多少祭天团体。这种祭天形式是少见的，它产生在纳西移民后来定居的一些新拓居地。在中甸县白地和其他所有丽江市的区域里，祭天团体普遍都由实行外婚制的当地父系世系群（崇窝）成员组成，包含多至50户或更多的家户。根据我对来自各地的纳西人的调查，各祭天团体平均包括8至20个家户。在北部地区（即中甸白地和丽江市北部），祭天团体的规模始终大于南部地区的纳西人。至于鲁甸等地单家独户举行祭天的传统，我认为与这两个大区域不同的政治和文化历史有关。

---

① 指各村寨的祭天团体，不是指分布甚广的祭天派别。——译者注

为进一步明确区域性的祭天团体在规模和构成上的情况，我们可以选取几个实例进行对比。第一个实例是丽江市北部的鸣音村。由于鸣音的纳西人都属于"扑笃"祭天派，因此，纳西祭司和学者们认为他们的祭天仪式是相对完整和"传统"的。我将鸣音作为以下各章中对仪式进行描述和分析的实例。鸣音的最后一次祭天是在1950年，当时该村有32户人家，另有9家住在远离村子中心的地方。这41户包括3个实行外婚制的父系世系群，纳西人称这种世系群为"崇窝"①。这三个"崇窝"的名称分别是"格折"（Gezheq）、"瓦那日"（Wenalree）、"瓦波"（Webbe），相传这是建立了鸣音村几个"崇窝"的祖先的名字。我根据他们到达鸣音的先后次序列出名字。这些祖先到达鸣音的先后次序是当地参与祭天仪式成员的等级序列的基础。据鸣音村的老者讲，这三个"崇窝"在一起举行祭天仪式（这意味着他们共同组成一个祭天团体），因为他们都是属于"扑笃"祭天派。这三个"崇窝"也都认为他们全部属于"素"氏族，但据他们讲，同属一个氏族并不是在一起祭天的原因。

如果我们再看丽江坝西部边缘的长水下村（纳西语叫"恩壳拇"Eekoqmeeq）的情况，就会看到不同的情景。长水下村有四个祭天团体，其中有两个团体属于"扑笃"祭天派，一个团体属于"姑徐"派，另一个团体则自称为"阿娱"（Eyuf）。和其他地方一样，属于"扑笃"派的团体在阴历1月3日至1月8日期间举行大祭天仪式，但这两个同属一派的团体并不是在一起举行仪式，他们各有祭天场。"姑徐"和"阿娱"派的团体分别在阴历1月9日至1月11日（这是"姑徐"派的常规日期）期间举行祭天仪式。长水下村与鸣音村不同，它的两个"扑笃"派的祭天团体并不因同属一派而在同一个祭天场共同举行祭天仪式。组成这两个团体的各个家户都有不同的来历，世系群呈现出比较大的变异。在大多数纳西地区，村寨的历史反映了裂变和合并的进程，它可能影响到祭天团体的规模和构成情况。祭天团体的扩大发展是因为自然

---

① "崇"，指纳西族神话中的男性祖先"崇仁利恩"。从广义上讲，该词也有"人"的意思；"窝"意为骨头，因此，"崇窝"意为源于一根骨头的人。

的人口增长。随着人口的增长，某个祭天团体会裂变为若干小团体。这种裂变发生的时间是带有任意性的，主要取决于该团体各家户之间的关系。另外，不论祭天团体规模的大小，祭天仪式中只用一头猪牲，而这头祭牲的肉到最后要由作为祭天团体成员的各个家户来分享，这恐怕也是一个自然地限制祭天团体规模的因素。

丽江市东部大东村的祭天团体又是另外一种情况，在临近中华人民共和国成立期间，该村有 36 户人家，其中 6 户属于"姑徐"祭天团体，其他 36 户分为 4 个同属"扑笃"派的祭天团体。这 4 个团体中的 2 个又由两个"崇窝"的成员组成，他们是因各种亲属关系而来村定居的新村民。"扑笃"派的另外 2 个团体都同属 1 个"崇窝"，但他们曾一度不在一起举行祭天仪式。据来自大东村的一个东巴讲，这 2 个祭天团体原来是 1 个，至今可以追溯到 11 代，但在几代以前，该团体由两兄弟分裂为 2 个团体。

从上述由两兄弟形成 2 个祭天团体的事例中可以看到一个关于纳西族亲属关系、财产继承制、地位身份的有趣现象。纳西族实行有限制的幼子继承制。在上述关于两兄弟的事例中，虽然他们都算为父系世系群的成员，但实际上两"兄弟"中的一个是养子。据来自大东的这个东巴朋友讲，这两兄弟的"双亲"在生了第一个儿子之后，就再也生育不出儿女了，他们想再要一个儿子，于是就从一个与他们没有父系方面联系的家庭里收养了一个男孩。有趣的是，这个比他们的亲生儿子年长的养子被冠以"长子"的称号。"小儿子"的后裔一直使用着原来就有的祭天场（按照幼子继承制的标准），而那个"长子"（数代以后所收养的）的后裔则另辟了一个新的祭天场。直至今天，这 2 个祭天团体并未完全分开。在阴历一月初四（宰猪祭祀前的那天），所有属于这 2 个团体的家户都将一篓米交给那个幼子后裔中最年幼的男子的家庭，大家称这个男子为"科多"（koddo）。

更为普遍的是，当一个家户从原来居住的村子搬迁到一个新的地方，类似的裂变就产生了。如果新家离原居村庄不远，这个家户的成员一般就回到原居村庄与同一"崇窝"关系密切的成员们一起举行祭天仪式。鸣音村9户居住在村外的家庭的情况即如此。但是，如果某个家庭搬迁到较远的地方，不易回原村参加祭天活动，他们就开始单家独户地祭天，或者参与到新居住地的某个祭天团体中。这一变化过程是与"崇窝"本身的分化相对应的。虽然这种分裂的发生没有固定的周期，但一般约在5代以后便产生这种裂变。

另外，这一变化过程是新迁到某个村寨的家庭合并到当地已存在的祭天团体中。这一点亦可从鸣音村、长水下村和大东村的历史中看到，这样的合并是多样化的。在鸣音村，所有"扑笃"派移民的父系后裔合并到当地的一个祭天团体；大东村的移民家庭建立了他们自己的祭天团体；在长水下村，我们也看到了一个实例，即一个移民家庭自己建立了独立的祭天团体，随后继续归并那些后来的移民家庭。

## 纳西"氏族"

虽然从各个祭天派别各有其特有的名称这一事实中可以推测，它们有可能曾经是某种氏族制度中的不同氏族，但在今天，至少纳西人并不从这一角度看待这些祭天派别。有个东巴以藏传佛教和基督教为例，告诉我说，这些祭天派别之间的关系类似于宗教教派之间的关系。但"教派"一词一般都有基于公开性竞争的教义差别之上的特性，因此，这里用"教派"一词并不是那么恰当。"教派"这个观念中包含有与亲属关系和继嗣不同的一些内容，这一点是很明确的。

与"教派"的观念不同，继嗣这一概念对于识别纳西族4个大的父系氏族来讲是十分重要的。这4个氏族像祭天派别一样，各有自己特定的名称（它不像纳西族的"崇窝"那样没有专名）。所有的世居纳西人（与被吸收进纳西族人口中的人们形成对比）都认为自己是属于素（Seel）、尤（Yeq）、梅（Meiq）、禾（Hop）这4个氏族中的一个。相传这4个氏族分别是由4兄弟的父系后裔组成的。虽然这些氏族是基于继嗣的群体，但我们不知道它们在历史上对于有关外婚制和内婚制的规则起了什么作用。另外，在纳西语言中没有通称祭天派别和 4 个氏族的专门词汇。每个派别和氏族都各有特定的名称，但没有统一的术语通称祭天"派"或古代"（父系）氏族"。这反映了纳西社会结构中独特的概念标准。例如，我们不能这样问一个纳西人，"你属于哪一'派'（或'氏族'）？"对话的双方都必须提到特定的"派"（或氏族）的名称，如问答如下："嗯扑笃阿瓦？"（你是"扑笃"的人吗？）"摸瓦，俄姑徐瓦。"（不是，我是"姑徐"的人）①

除了上述这些相似性之外，在 4 个祭天派别和 4 个氏族之间不存在有规则的结构性联系，在 4 个祭天派中都可以发现来自每个氏族的成员。例如，鸣音村组成一个祭天团体的 3 个"崇窝"都属于"素"氏族；在长水下村，"姑徐"派的一些成员和属于"扑笃"派的一个祭天团体都认为他们是"素"氏族的后裔，"阿娱"祭天团体则属于"尤"氏族，另一"扑笃"团体的一些成员则与氏族没有联系，他们被认为是后来的新移民。

从上述这一事例中又可发现新的一点：自从 14 世纪〔明朝（1368～1644）早期〕以来，特别是在丽江坝区以及丽江市的东部和西部地区，纳西族的人口中吸收进很多的汉族移民。那些早就迁移到这个地区的汉人接受了纳西人的祭天习俗，并分别与特定的祭天派别建立起了联系。尽管他们现在已自认为是纳西人，而且在纳西人中也得以认可，但他们从未把自己的根源与纳西氏族联系起来。

---

① 需要提到的是，虽然我采访的东巴都如所举之例那样对我解释，但纳西族民族学者和志武在与我的数次交谈中，用短语"蒙卜化"〔Mee Biuqhual（祭天团体），"化"即群体、团体之意〕来指祭天派；用"进"（heel，意为果核、果仁）来指氏族，如"素进"（Seelbeel）是"素"氏族之意。这些术语是否反映了现代和学术界的一种用法，我还不是那么清楚。

## 祭天中的人物

在这一节中，我将讨论祭天仪式中一些关键性参与者所扮演的角色。这里提到的参与者和所描述的角色都见于鸣音村纳西人所举行的传统祭天仪式。叙述了鸣音村的祭天仪式后，我将指出鸣音村的祭天和其他地区的团体所举行的祭天之间存在着的一些主要差异。

鸣音村的大祭天仪式中有三个仪式专家和两个操办的主人。仪式专家是固定性的，而主人这一角色则在该祭天团体的家户中轮流，他们在祭天仪式中分别承担照应不同祭仪的责任。

三个仪式专家中包括一个祭司，称为"祭天主祭者"（"蒙卟须孙"，Meebiuqxiulsuil）；一个主祭祭司的助手，他是"主管"（"真止"，zzeizheeq）；还有一个祭司，叫做"除污染的东巴"①（"凑树东巴"，Chelshuldobbaq）。休伯特（Hubert）和毛斯（Mauss）把仪式的主祭者称为"献祭者"（sacrificer）。虽然主祭祭司主持安排整个仪式，在举行各个小祭仪时咏诵经书，但仪式中的祭供准备等体力活则由"主管"来进行。这两种角色并没有在相等的劳动分工上建立起平等的地位身份，尽管这两种角色都是祭天仪式中的主角，为人们所尊重，但人们认为主祭的地位是高于"主管"的。是他召集、呼唤神灵来接受祭天团体所奉献的供品，而"主管"的声望主要是建立在由他扮演着将供献品传送给已集合在一起的神祇们的"媒介"角色。

在祭天仪式中协助主祭的仪式专家是"除污染的东巴"。他唯一的作用是举行"凑树"（清除污染的仪式）。该仪式在祭天开始时举行。至于祭天仪式中有这个角色参与的原因，一旦我们对主祭和"主管"的角色进行更进一步的分析后，将会弄清楚。

在纳西社会广泛的祭司阶层中，祭天仪式主祭的地位是独一无二的。在达到专业性的某种地位的过程和达到这个地位所应具备的条

---

① 国内一般译为"除秽东巴"。——译者注

件这两方面，祭天主祭不同于其他祭司。虽然，大多数想成为祭司的人都在一个或更多的男性亲属导师（最普遍的情况是导师即他们本人的父亲，但有时导师则是他们父系世系群的某个男亲属，偶尔也有母方的男亲属担任导师的情况）指导下学习，但东巴祭司的地位身份是必须靠自己的努力才能获得的。师徒之间的关系不必与任何亲属关系相对应和平行。东巴学徒至少先要花几年时间认真细致地学习象形文字，咏诵经书，将其牢记心里，掌握各种仪式举行的准确程序和行为。从纳西族的传统看，纳西社会中不是东巴的人都不能识读他们的象形文字，大量的东巴经都掌握在东巴祭司或他们的后裔手中[1]。东巴学徒的自然候选人是东巴们自己的儿子或他兄弟的儿子，或是父方的侄子。由于父方居住制的惯常模式，他们一般都居住在同一村子或邻近的村子。

东巴学徒个人的兴趣和动机也是同等重要的因素。在一些地区有非正式的"东巴学校"传统，特别有学问的东巴通过培训几个非亲属或只是远亲的徒弟，可以得到一些维持生计的收入。在学习期间，学徒一方面要学习和抄写师傅的经书；另一方面，当师傅被请去举行仪式时，他们要跟随师傅一同前往。开初时，学徒先是观察和学习，最后便开始自己主持仪式。[2]

祭天仪式主祭的地位是从与上述情况很不相同的过程中获得的。

---

① 在 20 世纪，这种形势发生了很大的变化，据洛克所述（见洛克《中国西藏边疆纳西人的生活与文化》），早在共产主义革命产生之前，纳西宗教已处于衰落的状态，因此，他和其他人都能从东巴（或东巴后裔）那里购买到大量的经书，因为这些经书当时对东巴来说用处已不是很大。现在，在一些国家的图书馆和研究机构都收藏有东巴经。在中国，只有很少几个职业性的学者能在研究中运用东巴经，但与尚存的几个东巴祭司相比，他们识读和译解经书的能力是非常有限的。

② 在丽江市奉科镇进行田野调查时，我听说当地曾经有过几个这样的"学校"。这也许反映了藏传佛教对当地的较大影响。在藏传佛教中，由一个经师和数名学生组成一个学习小组是常有的事。据我在田野调查中了解到的情况，在其他纳西族地区，这种模式并不普遍，在大多数区域，东巴祭司只接受一至两个徒弟，其中一个一般是他自己的儿子。

祭天主祭一职并非完全靠自己的努力而获得，而是在根据神意占卜的基础上得到的归属性位置。虽然在一个祭天团体的成员中可能有其他祭司，但每个祭天团体只选一个主祭。一旦选定后，这个主祭就要一直在所有的祭天仪式中承担主祭这一角色，直至他死去。在鸣音村，通过羊骨卜来进行祭天主祭继任者的选择，称为"窝辟卑"（Opilbei）的职业性占卜者参与这一骨卜选人的过程①。祭天主祭去世后，祭天团体每个家户的男家长便集中在祭天场，根据地位等级围圈而坐，辈分最高的长者坐在最尊位（位于高处或是北面）。以这位长者的位置为基准，其他人按同辈群内年龄的大小按顺时针方向地依次而坐②。骨卜择人的过程首先从那个辈分最高的长者开始，然后依序一一进行。占卜人"窝辟卑"主持骨卜仪式。他灼烧绵羊或山羊的肩胛骨，直至骨头出现裂纹。他根据占卜经书（"皮更俗"，pigeelsuq）③解释这裂纹的含意。进行 3 次灼烧羊骨后，若 3 次都呈现吉祥的征兆，便说明神灵选择了这个人来担任新的祭天主祭。

虽然与我一起工作过的祭司都坚持说祭天主祭的选择是取决于神意的，但从占卜择人的过程中可以看出人们是希望让那些作为辈分地位高的长者后裔的候选人中选。有几个祭司也明确地告诉我，神灵选择已去世的祭天主祭的儿子再任此职是十分普遍的事。由于祭天团体通常是由属于数个当地父系世系群的个人组成，因此，世袭祭天主祭者的家系和血统的合理性是大家更为关心的事，远甚于偶然性很大的选择。关于这个问题的事实详情目前还不是很清楚。李霖灿在讨论中甸县白地纳西族"扑笃"祭天派团体的祭天仪式的文章中指出，祭天主祭除了通过占卜的神择以外，也实行父系的世袭继承。他写道：世袭制"那就是

---

① "窝辟"的意思是"肩胛骨"。李霖灿曾经描述过其他两种选择祭天主祭的占卜方法，包括海贮卜和抽单页卜书卜。（李霖灿《中甸县誓地村的么些族祭天大典》）

② 与此相同的等级序列实例也出现在祭天仪式的另一过程中，即当人们向神灵供献祭祖物品时，对参与仪式人员的安排也体现了这一原则。

③ 用来占羊骨卜的经书属于称为"左拉（zol' la）"的一大类占卜经。

某一家人有做祭天东巴的选择,父子子承,永无凌替,其他东巴再有高强的本事,对这特权也不得生问津之心"。①

尽管我所采访的祭司否认曾经存在过这种基于血统家系观念的祭天主祭世袭制,但从他们对祭天仪式的描述中也可得以证明,在某些情况下,祭天主祭的父系亲属能分享他那经占卜认定的权力。当祭天主祭因年迈患病而无力再履行他的职责时,只有他的某个兄弟或儿子能承担咏诵仪式经书的角色。即使在这种情况下,已无力主持仪式的主祭也必须在场。代理主祭将站在主祭的旁边咏诵经书,而主祭则继续占据着位于祭天场中心的那个主祭位置。在新老主祭交替期间也实行类似的习俗,新当选的主祭只能在他的前任主祭去世满三年后才能占据前任那个在祭天场的尊位②。这三年期间,他要站立于这个位置的旁边履行他主祭的职能。

祭天主祭选出后,他必须完全地熟悉通晓祭天仪式。虽然主祭的选择偏重有经验的人,甚至可能会选出一个祭天团体内的祭司,但当选者仍须学很多东西。为学到准确地举行祭天仪式所必备的各种知识(特别是要将祭天经书熟记于心),新主祭将在邻村同属一个祭天派的主祭那儿接受训练。虽然,这样做的目的是保证祭天仪式按本派的传统进行(各祭天团体都抱有一种牢固的观念,他们认为祭天仪式只有一种正确的方式,任何偏差背离都会对祭天的结果造成不良影响)。但这也可能是某群体的祭天仪式中传入许多较小的不同因素的原因。这种现象甚至在约束很严的地区都很普遍。

祭天主祭被选出后,他的生活便随即发生了很大的变化,这种变化甚于其他任何人。他从此成为该社区的象征,作为社区的代表与神灵交往。这种特别的地位身份也表现在与祭天仪式不是直接相关的多种多

---

① 李霖灿:《中甸县白地村的么些族祭天典礼》,台北"故宫博物院"1984年版,第224页。

② 这儿的三年期限看来与纳西人认为死者在三年后才能成为祖先这一观念有关。

样的场合。例如，在各种纳西人称之为"快乐幸福"的场合，诸如订婚、结婚和盖新房等场合，祭天主祭将被安排坐在平时男性家长坐的座位上；请他将第一道酒食供品祭献给神灵和祖先；请他领唱各种与特定场合相应的民歌，如纳西婚歌"阔社"（Kuel shel）。祭天主祭的丧葬礼仪也与社区其他成员不同，他的尸体要在火葬场的北端烧化，人们认为这儿与祖先和神灵靠得近（神灵祖先都住在北方），在此端烧化尸体更显神圣，意味着死者的地位是很高的。

从上述事例中已可看到祭天主祭所具有的非同一般的社会地位，而一些有关他的禁忌习俗使他的这种高于别人的地位身份更显突出。这些禁忌习俗旨在使他保持仪式中的纯洁性，以便能成功地斡旋于他的社区和神灵之间。为此目的，他必须避免与纳西人称之为"凑"（chel，污秽或污染之意）分布甚广的情境和事物接触。"凑"这一观念所包含的情境事物广而多，其中有些与仪式相关，而很多则与仪式无关。纳西族仪式中有三种起主要作用的仪式类型，即祭祀求"尼"与"窝"的仪式，旨在将死者的灵魂从炼狱中拯救出来的仪式，驱赶恶鬼的仪式。祭天主祭东巴只能主持这三类仪式中属于第一类的仪式，而其他两类仪式都因有死亡的污染和鬼怪而被认为包含有"凑"。

性的生殖活动、分娩、死亡是最普遍地存在于日常情境中的事情，在这些事情中存在着"凑"。祭天主祭除了不主持丧葬仪式之外，一般也不参加丧葬仪式。当他因为自己的近亲死亡而不得不参加丧葬仪式时，他必须与其他吊唁者分开吃饭，人们会特别为他准备特定的饭菜。纳西族有不能吃很多种动物肉（如狗、马、猴、蛇、青蛙、蝙蝠）的禁忌，但对于祭天主祭来说，除了这些与众人相同的禁忌外，他还有更多的饮食禁忌，如禁吃一切野生动物的肉，禁吃非宰杀家畜的肉（这指那些死于事故或劳累过度而死的牲畜）<sup>①</sup>。

祭天主祭还禁忌去一些与性生殖、分娩有关的场合。月经期的妇女被认为是"凑"，分娩后 100 天之内的母亲和婴儿被认为是"凑"。因此，祭天主祭不会去参加婴儿的命名仪式（一般在婴孩出生 3 天后举行），也不会到有怀孕妇女的家户去。虽然主祭自己也结婚和有孩子，但在我的印象中，主祭和他怀孕的妻子及尚在出生后百日内的儿女们的关系仍置于上述禁忌的一种比较宽松的形式的约束中。

作为祭天仪式"主管"，他的情况也差不多与主祭相同。作为仪式的"主管"，他的责任是将物质性的供品祭献于祭天坛上的神树上。和主祭一样，"主管"这一角色也是用羊骨卜的方式选择，实行终身制，只是在患病或年迈身衰时由其兄弟或儿子代他履行职责。"主管"死后，其尸体也在火葬场北端烧化，他的继任者必须在满三年后才去接替"主管"在祭天场的位置（其位置在祭坛）和主祭。

由于需要避开将会影响到他们作为社区与神灵交往媒介之能力的"凑"，祭天主祭和"主管"都不能主持举行"除污染"（"凑树"）的祭仪，所有祭天团体的成员在祭天正式开始前都要通过"除污染"这一程序。

---

① 上面所列举的禁忌吃各种动物的"原因"源于纳西族神话。例如，神话中说狗将自己原有的 80 岁的寿命换给了人类，而原本人类的寿命只有 13 岁。为报答狗的恩惠，人类从此禁食狗肉，友善地对待它们，将它们带回家一起过日子。从纳西人关于狗的观念中，也可以看到纳西人对汉族所持的一种观点。纳西人过去有一句诅咒语，叫"哈把肯施资！"（意为"汉人吃狗肉！"）有人告诉我，最近几年来，个别纳西人开始学会了烹饪狗肉的方法，但是，在纳西地区的两年中，我还从未在任何纳西饭馆或家庭里看到摆上来这道"美味"。人们在 1949 年以前，禁吃狗肉的禁忌是严格地奉行的。违犯这个禁忌可能会引起社会对此的反应。一个身为东巴儿子的纳西民族学家告诉我一个真实的故事。有个纳西青年于 20 世纪 40 年代中期去昆明读大学，他在旅途中吃了狗肉，后来被他的父亲知道了。他回到家后，他父亲禁止他参加祭天，因为他违犯禁忌，身上有了"凑"，会传染给祭天团体的其他成员，还会污染祭供物品。对这个违禁吃狗肉的青年的这种限制一直持续了数年，直至丽江已不再举行祭天仪式。纳西族禁吃野生动物肉的禁忌也与他们的宇宙观有联系，由大蛇王（"署" seeq）管辖着的野生动物是自然世界的一部分，与人类世界平行，并且互相影响和渗透。人如果寻衅激怒它们，栖息于大自然的精灵们便会使人类遭到灾祸、患病乃至死亡。

"凑"主要是由各种鬼（"此"，Ceeq）传到人间来的，纳西人把这些鬼分为很多类。由于祭天主祭和主管规定性地保持着与神灵的联系，因此，负责除污染的祭司掌握着与鬼怪打交道的知识和力量。虽然任何祭司都可以担任这一角色，不必由占卜来选择，但按照惯例，承担这一"除污染"祭司角色者要持续数年担任此职。

除了上述这些仪式专家之外，祭天仪式的另一特色是几类"主人家"。在鸣音村，举行大祭天仪式时要用两头猪牲，第一头用于阴历一月初五，第二头用于一月初八<sup>①</sup>。这两头猪由不同的家户来养，当年养这两头祭天猪的两户男主人分别被称为"哺底"（bbuq ddeeq，意为大猪）、"哺季"（bbuq jil，意为小猪），或称之为"靠巴底"（kalba ddeeq，大的朋友之意）、"靠巴季"（ka1ba jil，小的朋友之意）。<sup>②</sup>一月初五和一月初八的祭祀过程都很相似。纳西人把祭天仪式的第二阶段（即小阶段）视为使祭天仪式万无一失的保护过程，因为仪式的第一阶段在进行过程中可能会有一些对整个仪式都不利的疵漏，这在第二阶段中可以纠正和弥补。

祭天大猪的重量必须达到某个最低限度的标准。各个祭天团体都有不同的标准，但平均地讲，其重量在40千克至70千克之间，小猪则一般都比较小。在养这猪期间，养大猪的那户人家会收到祭天团体内各户所送的一些饲料，每户约为0.5千克，因此，大家所捐的这部分饲料对于养大一头猪所需的饲料而言，只是其中的一小部分，但各户拿出的这一点饲料却象征着大家的集体参与。那头大猪既属于养它的那一家，同时也属于整个集体。除了这头大猪外，养它的那户人家还要供应两大瓮酒和做饭所需的柴禾，为来帮忙把猪抬到祭天场的几个男子准备饭菜。养小猪的那家主人只需拿出那头小猪和一瓮酒。

---

① 这是"扑笃"祭天派的日期，如上所述，它们的日期与其他派不同。

② 使用这两种称谓的情况有一些差异，"哺底""哺季"也用来指上述这些日子内的牺牲。在大东地区，用这两个称谓称呼两户分别养大小猪的男主人，"靠巴"（朋友）一词亦用于祭天仪式主管，他被称为"真止靠巴"。

这两个大小主人家的角色由祭天团体的各户轮流担任。在这个轮流的秩序中，每一户的成员身份是根据它作为一个独立的实体最初加入祭天团体的那一年来确定的。各个家户的长子在婚后将按惯例搬出生身之家，盖房另居，组成一个新的家庭，而幼子则与父母在一起生活，把妻子娶过来合家居住①。一对夫妇建房另居后，人们将把他们视为祭天团体的一个新成员家户。在因建房而造成经济负担沉重的一段时期内，人们允许新家户的男子不尽义务地参加祭天。但这种"免费的午餐"是持续不久的，鸣音村的纳西人有一句俗语："吃了三年的祭天肉之后，应该出小猪。"刚担任了养小猪户（亦称为小猪）角色的那家人在祭天团体的轮流秩序中是最后担任养大猪户的角色。

从原则上讲，在由新的一户承担养小猪责任的那年，扮演养大猪户角色的那个家户要在下一轮中担任养小猪这一角色，换句话说，一起承担养大小猪责任的两户人在每一轮这样的养猪户周期中要互换角色。由于经常不断地有新的家户加入这个轮流周期中，每个新家户都会取代那按常规轮到养小猪的"主人家"，因此，这一观念化的轮流周期很少能按其观念完成②。这种轮流的理想意愿和因难以圆满实行这种按理念的轮流而导致的失灵，"大猪户"和"小猪户"之间的关系与纳西族父方交表婚制中娶妻者和"给妻者"双方的关系是相同的。这后者的关系中有不少与父方交表婚想实现保持互惠交换平衡的理想相抵融的要素。祭天仪式中所表现的神灵和祭天团体的关系，就其结构基础而言，也是娶妻者和"给妻者"之间的关系（因为他们所祭的是纳西族祖先崇仁利恩的岳父母——天神地神）。

除了当年的大小养猪户外，那将在下一年当养猪户的家庭也在祭天

---

① 在纳西族社会中也有从妻居的婚俗，但相对来讲很少。上门到妻子家中的男子将参与岳父所属的祭天团体，虽然这意味着他已从自己出生时就所属的祭天派别中转到另一个别有名称的祭天派别（如从"扑笃"转到"姑徐"）。

② 如果在某一年同时有两个或更多的新家户加入祭天团体，就由主祭祭司决定哪一户当养小猪的"主人家"（大多是根据其经济状况来决定）。

仪式中有特定的地位,这以分配给他们猪牲的特定部位为标志,当年祭天所用的猪牲在仪式结束时是由祭天团体的各户分享的。①

## 祭天仪式的区域性差异

上面所叙述的这些角色大都是出现在丽江市北部地区和中甸县白地村纳西人的祭天仪式中。如上所述,在这些区域,祭天团体都比较大,有时一个团体就包括全村的人口。李霖灿在《中甸县白地村的么些族祭天大典》中指出,白地村各祭天团体的规模或是七家八家,或是数十家(100个~150个参与者)。在鸣音村,有个祭天团体有41户参加(约100个参与者)。而在宝山乡拉汝和奉科乡"小放牛"的"扑笃"祭天团体则分别有170个和约100个参与者。在所有这些地方,每个祭天团体都有位于村外的祭天场,只有男子才参与正式举行的祭天仪式。

在丽江市南部地区举行的祭天仪式中,我们可以看到一些不同的情景。祭天团体一般都比较小(为8户~10户),每个村子普遍有4个~5个祭天团体;在一些地方,妇女可以和男人一样参加祭天仪式。大多数祭天团体(特别是组织得好的)都有自己的祭天场,有个别团体则在作为成员的某一户家中庭院内举行祭天仪式。此外,在这个区域的一些祭天团体内没有主祭和主管,仪式由一些有这方面知识的长者主持进行,但他没有如主祭那样正式的祭天仪式领袖的地位。

在丽江市西部的鲁甸地区,有一些在纳西族地区可以说是比较罕见的情况,即每家每户独自举行祭天仪式,各家有一个小祭天场。小祭天场刚好位于住宅院子的外面,男子、妇女、小孩都参加,不存在主祭和主管这样的角色,由男性家长主持仪式,不用东巴经,顶多只在每一个小祭仪举行的过程中口诵几句从他父亲那儿听来的有关祈词。

纳西祭天仪式的这些不同点是与纳西人三个居住区域的历史差异

---

① 新的一年的养猪户分别被称为"哺靠巴世底"(bbuq kalba sheel deeq,"世"意为新,"底"意为大),"哺靠巴世季"(bbuq kalba sheel jil,"季"意为小)。而过去一年的养猪户则被称为"哺靠巴鲁底""哺靠巴鲁季"("鲁"意为旧)。

相关的。纳西人居住在丽江市北部地区和中甸县白地村周围的历史更长，而在鲁甸地区居住的历史是最短的。此外，纳西祭天仪式的内在含义在各地也有差异。在南部地区和鲁甸地区，由于受汉文化的影响较大，其祭天仪式也就反映出这种受他族文化影响的特点。

# 纳西象形文手稿中所反映的亲属制度 *

〔德〕普鲁纳尔（G.Prunner）

　　当对云南省纳西族的研究正在发展为一个颇具特色而专门化的学科时，洛克的去世使之停留在这个发展阶段上，只剩下一个现在在台湾、名叫李霖灿的纳西学研究者。他曾经有过与纳西族祭司一起翻译纳西手稿的经历，而纳西祭司是成功翻译纳西象形文手稿必备的基本条件。现在，纳西研究面临着一个危机。只有上述两位学者所做的细致研究和他们翻译注释评估过的资料尚能给学界带来进一步进行纳西文化研究的希望，而对迄今尚未翻译的手稿进行研究已变成几乎不可克服的困难。

　　如以一个人类学者的观点看那些关于纳西族的资料，我们发现，虽然在有关他们的宗教、神话和仪式方面已集中了大量的信息，相对来讲，关于纳西文化的其他特性，诸如社会结构、经济、法律以及物质文化等方面，人们却所知甚少。但是，如果我们认真分析他们的象形文手稿，仍然可获得有关这些学科的很多信息。如亲属称谓这个特殊的问题，现代的人类学者普遍地把它视为一个理解社会结构的重要线索。我在这篇文章中想就这个问题做一些比较细致地分析，对正确解释纳西亲属制度的含意谈一点个人的看法。

　　首先，我对以前人们所知的关于纳西族社会结构的一些情况做一个概括。丽江区域的纳西人属于几个氏族，这些氏族起源于四个确定的原初古氏族，它们是由传说中洪水暴发后的纳西祖先的四个儿子所创立

* 此文原载《民族》（Ethnos），1970 年。

的。相传纳西人原本没有姓，直到1390年，汉人把他们的姓名模式传入纳西人中①。纳西人只是后来接受了汉人的姓名体制这一点也可用来解释下面这一事实，即直至今天，纳西人的外婚制并不是基于有共同的姓这一准则，而是基于真正相近的血缘关系和共同的地域。在汉族姓名模式传入纳西族之前，纳西人所实行的是罗常培所称的"父系连名制"，这种制度可从汉人自己的出身来源中看到，在中国领域属于藏缅语族的许多民族中都可以发现这一特征②。这指的是儿子以父名的第二部分作为自己名字的第一部分。这一习俗已经很有力地证明了纳西族父系组织的存在，第一个对纳西社会结构进行研究的汉族学者吴泽霖的调查资料也进一步证明了这一点。他指出，纳西人严格地实行男子继承财产的习俗，并且，居住习俗是从父居。③洛克也已指出这一点，并说到寡妇不能得到死去的丈夫的任何财产，因为他所有的财产将直接由儿子来继承。④这些论据已使进行东亚大陆族群的民族志调查的学者们在他们为《人类区域档案》所撰写的文稿中下了这样的结论（他们谨慎地将这一结论放于括号中）：纳西族有父系氏族组织。⑤

1964年，苏联学者列舍托夫（Reshetov）提出这样的观点：纳西族实行的是母系制。⑥可惜我未能看到作者发表的原文，但其主要论点论据已概括地登载在苏联《远东民族志调查》中。⑦列舍托夫的研究资料明显是关于云南宁蒗纳西族的，纳西族的这一支系实际上被称为"吕西"（Lükhi），根据洛克的观点，"吕西"人即"摩梭"人，"摩梭"一词是

① 洛克：《中国西藏边疆纳西人的生活与文化》，"德国东方手稿目录"第2卷，德国威斯巴登，1963年版，第20页。

② 罗常培：《藏缅语族的父系连名制》，哈佛亚洲研究杂志，（HarvardJournal of Asiatic Studies）1944—1945年第8卷。

③ 吴泽霖：《么些人之社会组织与宗教信仰》，载《边政公论》第4卷，1945年版。

④ 洛克：《中国西藏边疆纳西人的生活与文化》，德国威斯巴登，1963年版，第33页。

⑤ 勒巴尔（Lebar.F.M）等：《亚洲大陆的族群》，美国新哈芬，1964年版，第7页。

⑥ 列舍托夫：《纳西（摩梭）人的母系组织》，莫斯科，1964年版。

⑦ Hs.R.F,in Narody VostonojAzii,Moscow-Leningrad,1965,p569.

汉族用来指所有的纳西人及与其有亲缘关系之群体的称谓。这些自称"吕西"的人有不同的氏族名称,不同的方言,而象形文字的知识在他们中已失传。他们与丽江纳西人是有区别的。非常有意思的是,这个区域内所有在语言和文化上都密切相关的民族中,只有"吕西"人有母系社会组织。而与他们有最亲近的亲缘关系的纳西人的社会性质无疑是父系组织的社会,这一点我将在下文中简要地论述。

1955 年,李霖灿发表了关于丽江鲁甸纳西族亲属称谓的一篇论文[①]。这是唯一的一篇研究纳西亲属称谓制的文章,遗憾的是,他在文中所列出的亲属称谓仅仅是从口语中选出的,与纳西氏族组织和父方母方亲属角色以及纳西社会体系的姻亲关系没有联系。但是,尽管李霖灿没有做出明显的结论,但这篇论文是很有意义的。作者在文中所描述的纳西亲属称谓中几个最为独有的特征可以概述如下:

1.大于"自我"辈分的所有亲属都有不同的称谓,这些称谓包括前缀词"阿"($^1$ä,见本文末附表中的图 1)。"阿"原意为"最初""很久以前"。比"自我"之孩子辈分小的亲属称谓都带有前缀($^{23}$ev,为 ru 之误——译者注,见附表中图 2),它的含意不太清楚。另外,与"自我"同属一个辈分的亲属分别根据其年龄加上形容词"底"($^1$ddü,意为大,见附表中图 3)、"虑"($^3$lü,意为中,见附表中图 4)、"季"($^3$gkyi,意为小,见附表中图 5)来称呼他们。

从一组基本的亲属称谓(全部在此列举已超出本文的范围)中,产生出大量根据下面的原则而形成的称谓。

2.用加前缀"补"(by$^{31}$)的区别性称谓指称所有比"自我"之母辈分大的母方祖先和"自我"之姐妹、女儿的所有后裔,用(by$^{31}$,意为外面、外部——译者注)这一词指明这些亲属是不属于"自我"之世系群。而在所有指称"自我"父方祖先和"自我"之后裔以及"自我"之兄弟之后裔的亲属称谓中,却完全没有用这个有区别意义的前缀词。

---

① 李霖灿:《云南丽江鲁甸区么些族的亲属称谓》,载《台湾中央研究院民族学研究所集刊》第 1 期,1955 年。

3. 所有指称"自我"之父方交表及其后裔和指称所有"自我"之母方交表和平表（parallel cousin）[①]的称谓中都有有区别意义的词"啰表"（lo³³pjae³³），李霖灿认为这是个来自汉语的借词，即"老表"，指那些与"自我"有交表关系的亲属。

4. 所有指称"自我"妻方姻亲亲属的称谓中都含有区分性别的词"余胚"（¹yü-²pä，指男性亲属，见附表中图 6）和"余美"（¹yü-²mā，指女性亲属，见附表中图 7），"余胚"本意是"岳父""公公"，"余美"本意为"岳母""婆婆"。

上述一些亲属称谓已有力地表明了父系组织的特性。我们甚至可以认为，在纳西人中，交表婚是允许的，尽管这个问题还没有被人论述过。我们通过对收入洛克和李霖灿所编字典的几个关于亲属关系词汇的象形文字的分析，可以获得另外的信息，加强我们的论点。

对所有血亲普遍的称谓是"扩丁"（¹k'o²nddü，见附表中图 8、图 9）。这个组合词由指称所有父方男性亲属的"扩"（'k'o，见附表中图 10）和指称所有父方女性亲属和母方男女亲属的"丁"（¹ndü 或 ²nddü，见附表中图 11、图 12）两个词构成。

父方男性亲属和父方女性亲属以及母方亲属同构为一体（"扩丁"），但又用不同的亲属称谓加以区别。这一事实反映了父系世系群独特的角色作用，与上述第 2、第 3 点中所反映的亲属称谓的特色十分吻合。

纳西族的亲属制度是在这么一个信仰的基础上建构而成的，即认为父方亲属关系构成"骨"，而母方亲属关系则形成"肉"。因此，所有父亲一方的亲属都被视为来自一根骨头，用一个表示一块骨头的象形字表示其意，读为"窝"（²o，见附表中图 13）；而母亲一方的亲属则是肉，用一个表示一块瘦肉的象形字表示其意，读为"纳"（³na，见附表中图 14），而不是用"肌肉"或"肉"这两个字符来表示（见附表中图 15）。因此，

---

[①] 指同性别同胞的子女。如父之兄弟的子女，以及母之姐妹的子女，均为平表兄弟姐妹。——译者注

父方亲属也被称为"窝扩"（¹o¹k'o，见附表中图 16），意为"骨亲属"；母方亲属被称为"那扩"（³na¹k'o，见附表中图 17），意为"肉亲属"。这两种称谓中都包含有指称父方男性亲属的"扩"一词，表现了男方在父方母方两个群体中的重要性。

另外，还有一个用来指父系世系群的词汇，这个词也用来指传统观念中的纳西氏族，它只包括一切"骨亲属"，该词汇叫"区"（²t'khyu，见附表中图 18，这个象形文字符是用来标音的）。这个词与另一个指所有不属于氏族的所谓"肉"之女性亲属的词汇"曹"（¹ts'aw，见附表中图 19）相对。

如果我们最后看一个用来表示祖先的词汇，就会发现那称为"肉"的母方祖先是被统称为"般布"（²mber-³bpu，见附表中图 20），其直译意是"客人祖先"，与被称为"斯布"（²su²bbu，见附表中图 21）的"骨"父方祖先形成对比。这明显地表明了，与父系世系群的祖先相比，母方祖先只不过是勉强够格的祖先角色。

上文所描述到的这种模式在我们所论及的这个区域来讲，绝不是独一无二的，如果我们对那些相邻民族的社会体系进行比较研究，我们可能会在这个主题上有新的发现。仅从赫尔曼斯（Herrmans）神父所收集的关于阿姆多藏人的资料[①] 中，我们就可以看到一个几乎与纳西人完全相同的父系亲属关系组织模式。在这些藏人中，称家庭和父方亲属的词叫 rus 或 rus-pa（见附表中图 22），其原意为"骨"。他们也认为，一个人的骨是来自父亲一方，而肉与血则是来自母亲一方。因此，父系世系群的成员被称为 rus gcig-pa（见附表中图 23），它的意思是"一根骨头的"，亲属关系只完全地贯串于男子一方，母亲一方的亲属不被视为同属一个亲族，可以实行交表婚。

通过分析上述一些出现于纳西象形文手稿的有关亲属关系的词汇，我们获得了进一步了解纳西亲属制度的更多信息。在此文的结尾，我们

---

① 赫尔曼斯：《阿姆多藏人的家庭》，德国慕尼黑 1959 年版，第 27 页。

可以说，根据从纳西人主要的居住区域中所获得的资料看，纳西人的社会是父系结构，这一点是毫无疑义的。另外，本文所做的这个研究实例也表明，这种方法也可用于研究纳西文化的其他方面，它也许能促进我们对这个民族做进一步地了解。

附表

# 也谈东巴经中反映的纳西亲属制度 *

## ——兼与"吕西"（摩梭）人比较

〔英〕杰克逊（A.Jackson）

本文针对普鲁纳尔（Prunner）推测纳西社会一直是父系的观点[①] 提出不同的看法。普鲁纳尔指出，我们对纳西人的亲属制度所知甚少，因此，通过研究他们的象形文字可以获得更多的这方面的信息，他的这一看法是对的。但看来普鲁纳尔尚没有想过这一问题，即情况为什么会这样，是因为没有人记录下他们的亲属制度的原因呢，还是因为这一工作太复杂了？有关论据的缺少使普鲁纳尔做出了纳西社会一直是父系制的推测，并用对孤立的象形文字做选择性的解释的方法证实他的这一推测。这个单纯利用洛克和李霖灿关于纳西象形文的字典来分析亲属称谓术语，想借此圆满地阐释其意义的做法无异于只运用词典而不学语法地学外语。如果普鲁纳尔所论证的纳西父系制一直存在的话，那么，父系组织的迹象何必隐匿在象形文的字谜之中呢？难道它是一种秘密组织，是纳西人的某种"堂"（tong）[②] 吗？显然，普鲁纳尔这种对纳西父系制所做的曲折的解释是不正确的。如果如学者们普遍同意纳西亲属制度中存在着一些混淆情况的话，在东巴经书中是不可能做出真实的描述的，必定还有一些在经书的表层意义上看不到的东西。如果仔细审视，

---

* 此文选译自杰克逊《纳西宗教——对纳西仪式经书的分析评价》第一章第二节。

① 普鲁纳尔：《纳西象形文手稿中所反映的亲属制度》。

② 堂：在美国的中国侨民的兄弟会等帮会组织。——译者注

在东巴经中可以看到这种亲属制度的混淆情况，这一点将在下文论及。在论析的最初阶段，我认为首先不应对当代纳西亲属制度的确切形式做出预先的假设，因为我们尚没有足够直接解答这一问题的信息资料，最为明智的方法是从我们已知的情况出发，从另一个角度去探讨这个问题。

1964 年，列舍托夫（Reshetov）发表了一篇描写与纳西人毗邻而居的"吕西"（²Lü-Khi，即"摩梭"）人的文章，其中偶尔提到这个母系部落的亲属制度。① 这一资料对于提供对纳西和"吕西"的亲属制度进行比较研究的结构来说十分重要，因此我在下面先对列舍托夫文章中的有关部分进行概述。

## "吕西"人

在云南宁蒗，居住着一些"吕西"人，历史上，他们与纳西人密切相关，有相似的社会体系。宁蒗离"吕西"人的主要群体居住地永宁有 58千米，在永宁之南；离纳西人的聚居地丽江有 80 千米，位于丽江之东北。"吕西"人有三个社会阶层："斯沛"（首领）、"责卡"（农民）和"俄"（农奴）。首领们拥有大部分耕地和农奴，他们向农奴出租耕地，农民们只拥有三分之一的土地，他们必须为首领们做按日或按时计酬的劳作。

"吕西"人有四个外婚制氏族：西（ssi）、胡（Hu）、牙（ya）、俄（ā）。一般并存于一个村，只有一个氏族的村子很少。重要的社会单位是世系群，吉底命（gyi-ddü-mi，意为大的女子住宅）。每个世系群都有特殊的命名，如豹、猪，或是以某个地名、某种动植物名等自然现象为世系群的名称。每个世系群实行外婚制，随着世系群的扩大而分解，但世系一直从母亲的世系群计算，直至婚后形成相互再联合的关系。世系群的经济单位是"吉底"（大房子）。有由母系世系群的三四代人组成的扩大化家庭，这三四代人是：母亲之母、母亲之母的兄弟、母亲之母的

---

① 列舍托夫（Reshetov. A.M）:《纳西（摩梭）人的母系组织》，莫斯科，1964 年版。

姐妹、母亲、母亲之兄弟、母亲之儿子、母亲之女儿、母亲姐妹之子、母亲姐妹之女，等等。他们共同拥有土地、房屋、牲畜、农具；他们共同组成一个生产消费单位。由家中的女性长者"达补"（da-bu，意为使居住地集中）①安排组织家庭事务，包括耕地、收获、备种、分配粮仓的食物，分配其他劳作，也负责与其他家户的联系交往、负责安排计酬的工作、待客、送礼，准备宗教仪式的举行等。有时，女家长把她的这些权力授予她的兄弟。在"吉底"，其他男女在家庭事务中都有相同的权力和义务。成年男女承担犁地、灌溉、除草、收割、脱粒、运输等主要的活计。妇女也从事纺线、织布、做饭、喂牲口等工作，男子负责挖灌溉用的沟渠、伐木、做铁匠活和木工活。老人则对家庭事务提建议，帮助料理家务，当长大的小孩去跑腿办事或放牧时，提醒他们必要的注意事宜。

家庭财产归妇女所有，按母系继承，如果某个母系家庭没有女继承人，经村子和他们的世系群批准认可后，可从其他家户过继一个女子当继承人。

"吕西"人一般实行的主要婚姻形式叫"阿注"婚，"丈夫"来自不同的世系群，他唯一的权力是在夜晚去拜访他的"妻子"。这种婚姻形式不形成新的经济单位，因为"丈夫"虽然在夜里住宿于他"妻子"的"吉底"，但他日常则是呆在属于自己世系群的"吉底"里。但是，这种婚姻关系促成了互有关联的"吉底"群，他们互惠性地相互帮助，"丈夫"帮他们的"妻子"干活，但各自用自己的农具和牲畜。

早在14世纪，"吕西"人的首领就在自己的阶层内建立了父系制。而其他"吕西"农民则只是在最近才出现了一些从父居的核心家庭，这种家庭称为"包鲁"（baolu）。脱离原来的世系群母房而另建从父居家庭的成员只允许带走属于个人的东西，如衣服、珠宝饰物等。根据称为"吉陈斯"（gyi-ts'ä-ssu）的风俗，父亲根据他的名字或者他姐妹的名字为他的孩子取名，从孩子的名字上可以辨别出这是他的孩子。这种离开母

---

① 参看洛克《纳西语英语百科辞典》。有意思的是，这个词汇现在仍存在于纳西人中。

家另居的现象的重点不在于这个核心家庭住在哪儿，而在于它是从"吉底"中分出来的，即使它与"吉底"还保持着联系。

## "吕西"与纳西的比较

上面简要的概述已经大致勾勒出"吕西"人的社会结构。再没有哪儿可以使我们得到有关纳西的这么多信息，所以，我们必须搜寻各种分散的参考资料。下面我们将对"吕西"和纳西这两个社会体系进行比较，从中指出二者很突出的相似性，特别是在亲属关系模式上的相似性。

这两个部落都有相似的等级结构，如首领（两个部落都称之为"斯沛"）、普通人和奴隶（或农奴）。两个部落都有四个实行外婚制的氏族。下面是这些氏族的名称：

纳西：素（Ssu）　　禾（Ho）　尤（Yu）　梅（Mā）

"吕西"：西（Ssi）　胡（Hu）　牙（Ya）　哦（Ä）

这两个部落的氏族名除了因方言差异和音标记录的准确度所形成的一点不同外，基本上是相同的。每个氏族都有很多指称不同的支系和世系群的命名。我们在上文中已指出过，"吕西"人以动物、植物和自然现象命名；纳西人也与此相似，有以牦牛、老虎、野斑羚、鹰、独角兽、草、漆树、银河等命名的。[①]

两个部落的语言不仅基本上相似，而且有很多词汇是完全相同的，如上文所提到的斯沛（ssu-p'ä）、达补（da-bu）、吉底（gyi-ddü）等，有些亲属称谓也相似。[②]

遗憾的是，列舍托夫没有在他的文章中写出可供我们进一步做比较的其他亲属称谓，但对一些称谓的用法则描述甚详。在"吕西"人中，母亲的兄弟犹如她孩子的父亲，他是其姐妹之子女的保护人。在纳西人中，母亲的兄弟的地位亦同样重要，如果任何人和任何事情没有"阿古"

---

① 洛克：《纳西人的"示路"丧仪》，第 107 ~ 124 页。

② 洛克：《纳西语英语百科辞典》，意大利中东和远东研究所 1963 年版。

（母亲的兄弟）的帮助，那是不可思议的。[①]"吕西"人和纳西人都实行父方交表婚。[②] 给婴儿取名的方式看来也相似。两个部落的妇女在经济生活中都扮演着十分重要的角色。在丽江，纳西妇女经营商店，她们大胆而敢作敢为，但也是首当其冲的殉情者。[③] 从足够的资料中可以看出纳西与吕西家户的相似性。

尽管两个部落有很多相同之处，但其亲属制度仍有差异，"吕西"人实行的无疑是母系制和从母居，而纳西人在现在已不存在这样的母系制习俗。目前难于描述出纳西亲属制度的特征，但我们在列舍托夫的文章中发现一个可值得进一步寻踪探迹的线索。他提到"吕西"人的首领在14世纪建立了父系继承制，这样就使他们有别于其他普通的"吕西"人。他还指出，现在（指20世纪50年代）在"吕西"人地区有向从父居的核心家庭过渡的趋势，尽管他们还保持着与母系氏族的联系。纳西人实际上也是沿着从母系到父系这条路走过来的，他们的亲属制度与"吕西"人的亲属制度是同源的类型。

表一　纳西与"吕西"几个亲属称谓的比较

| | 父 | 父之兄弟 | 父之姐妹 | 母之兄弟 |
|---|---|---|---|---|
| 纳西 | ä-bbu | ä-bbu | ä-nyi | ä-gv |
| "吕西" | a-ddu | a-bbu | a-ni | a-ou |

通过对纳西族亲属称谓认真的分析，表明纳西族的亲属可归纳为下表二所示[④]。

---

① 洛克:《纳西人的祭天仪式》，载《华裔学志》1948年第13期，第75页注190。

② 洛克:《开美久命金的浪漫故事》，第48页;刘超:《纳西族的歌》，北京1957年版。

③ 顾彼得:《被遗忘的王国》，第33、第45、第153页，伦敦1955年版。

④ 洛克:《纳西语英语百科辞典》，意大利中东和远东研究所1963年版。

表二　亲属称谓

| 称谓 | 父系 | 母系 |
|---|---|---|
| ssu-bbu-yu | 祖先 | — |
| Ma-ma-bu-bpu | — | 祖先<br>（女性？） |
| mber-bpu | — | 祖先<br>（男性？） |
| （o）k'o | 亲属<br>（男性） | — |
| ndü | 亲属<br>（女性） | — |
| nddü | 亲属<br>（女性） | 亲属<br>（女性） |
| k'onddü | 亲属<br>（男性和女性） | 亲属<br>（男性和女性） |
| na-k'o | — | 亲属<br>（男性和女性） |
| ts'aw／dsaw<br>（肉） | 亲属<br>（女性） | 亲属<br>（男性和女性） |
| t'khyu<br>（骨） | 亲属<br>（男性和女性） | — |

　　几乎不必强调，表中包括女性的亲属称谓比包括男性的亲属称谓多（2:1），这对一个称为父系的社会来说是很奇怪的。更令人惊异的是，如果我们不去理会那些对个体的称谓的话，诸如父亲、兄弟，儿子等，只有一个单独的称谓是指示男性亲属的。现在让我们在"纳西族社会是单系"的假设之基础上，来研究这些亲属称谓。

　　在父系中，称谓"t'khyu"（骨）应指的是丈夫一边的男性世系群，na-k'o（肉）指姻亲世系群。虽然"k'o"和"nddü"分别指丈夫世系群的男性和女性，"k'o""ndü"同样也指两个世系群。此外，有两个指双方世系群的女性的专称——"ndü"（父方的）和"ts'aw"（母方的），这看来是多余的。

在母系中，"na-k'o"指一个世系群，"t'khyu"指丈夫一边的世系群。因为"k'o"指父方的男性，"ndü"指父方的女性，因此可能"k'o-nddü"只指父方亲属即姻亲。当然，在母方一边，没有什么理由把男性分为单独的一类。亲属称谓"nddü"和"ts'aw"最早必定分别指父方和母方双边的女性，因为"ndü"和"nddü"是有完全相同的象形文字特征的（尽管洛克把它们分为不同的类别），"ts'aw"则指一个氏族的女性。

这些称谓制的用法或许可以这样对比：

表三　亲属称谓制

| | 父系 | | 母系 | |
|---|---|---|---|---|
| | 父方 | 母方 | 世系群 A | 世系群 B |
| 男性 | （O）k'o | — | （o）k'o | — |
| 女性 | nddü, nddü ts'aw | nddü — | ndü/ nddü | tu'aw |
| 男性 | — | ts'aw | | |
| 女性 | K'o-nddü t'khyu | （K'o-nddü） na-k'o | （K'o-nddü） t'khyu | — na-k'o |
| 祖先 | ssu-bbu — | mä-mä- yu-bpu mber-bpu | ssu-bbu-yu mber-bpu | mä-mä yu-bpu — |

上表已经清楚地说明了两种可能性的不同，提供了澄清事实的确证，即纳西族最早是母系制。不仅是母系的假设在亲属称谓上合理地巧合一致，女性在亲属称谓上的优势也表现于表二中；但如果这是最早的体系，两个表中的父系都显得混乱而且费解。这种在父系一方不规则地使用双重亲属称谓的解释只能是这样：是否已有一个从母系到父系的变化。依母系的情状而言，亲属称谓没出现什么问题，"ndü"和"nddü"完

全相同，"k'o-nddü" 显而易见是世系群 B 姻亲共同的称谓。"mber-bpu"
意为"客人祖先"，和 "ssu-bbu-yu" 一样是指丈夫世系群的祖先。有这
双重称谓的原因是：在母系社会里，丈夫来自世代交错的不同世系群，
所以在他们中需要有一个区别。因为"自我"① 的丈夫只是夜里走访她，
用称谓 "mber-bpu" 来称呼他的祖先看来是十分恰当的，而 "ssu-bbu-yu"
则更好用来指"自我"父方世系群的祖先（即"自我"母亲之夫的祖先），
因为"ssu"是保护家庭的"生命之神"的名字，在举行婚礼时，以放在祭
笼里的一根木条为象征，"ssu"也用来形容家里的男性老人。那么，这
两种称谓当指两个互相关联，在一个特定的时期与某个特定的母系世系
群有亲戚关系的世系群，两种称谓确切的用法取决于说话者。

有两个另外的问题：

作为姐妹的孩子的保护者的"舅舅"这一角色和父方姑舅表婚习俗
的重要性和意义。如果说纳西过去是父系，那么，要说明在纳西和"吕
西"人中已证实了的舅父的重要性和直至公元 1723 年丽江纳西族一直
实行且目前仍旧风行于母系的"吕西"人中的"优先婚"这一特殊形式
的原因将很困难。

尽管它有不稳定性，父方姑舅表优先婚只可能在母系社会里实行，
三个世系群凭此在交错的世代中交换丈夫。女子的舅父和她一样在同
一个母系世系群，他把自己的儿子规定为她的丈夫；而在父系方面，尽
管女子嫁给舅父的儿子，她和舅父仍属于不同世系群的人。

这两个问题都与古怪的纳西名字体系有关，儿子承接其父名字的
后一半作为他的名字的开头，例如，Ghugh-khu Non 的儿子名为 Non ba-
p'o，Non ba-p'o 的儿子名为 ba-P'oo，等等。与此相似的"吕西"人习俗
"gyi-ts' ā -ssu"应该引起注意。② 纳西人的这一名字体系在父系社会中是
一种奇怪的习俗，但在母系社会里一点也不奇怪，因为在母系社会中，
女子会被告知应该以哪一个男人作为她的丈夫，就是说，应以其名字和

---

① "自我"（ego）在此指女方。——译者注

② 洛克：《纳西人的祭天仪式》，载《华裔学志》1948 年第 13 期，第 87、第 75 页。

她舅父或父亲一样的男人为夫。在复杂的体系比如母系社会中的父方姑舅表婚，丈夫的给与者和丈夫的接受者在每个世代交替的情况下，这是一种很巧妙的回避不对头婚姻的方法。直到现在，纳西人还没有自己的姓，只有氏族的姓。木土司赐给平民的父姓制的"和"姓在决定谁可以娶嫁问题上毫无用处，因为该姓未能说明乱伦和外婚制的界限在哪里，而只要世系群的连锁婚姻习俗被实行，双重名字体系就完整地发挥其功能。这种习俗的目的不过是要维护不同世系群的平等。由此看来，木土司"赐姓"的行为很容易理解。

还有一个说明母系的证据，这就是东巴在他们的经书中所记载的神话式的纳西谱系。这是一个说明纳西的传统是母系的明确证据，因为东巴故意发明这么一个神话是不可能的。需要指明的是，事实上，这些谱系是使人困惑的，东巴极力把父系继嗣体系穿插到神话记载中去，繁琐复杂的谱系表面看上去显然是表明父系的，但潜藏的意义和符号的象征体系却表明它是明确的母系。

从历史背景，亲属称谓的内证、婚姻制度，以及纳西的神话中，我们可以为前面的假设得出这样的结论：有力的论据表明纳西和"吕西"曾经有一个共同的母系继嗣观意识形态。这不意味着现在的纳西体制不过是一个乔装打扮成父系的母系体制，要把我们发现的这一混淆状态说明清楚还相去甚远。清楚的一点是：在丽江的流官政权决定打破母系世系群的势力，把人们从"不文明"的婚姻习俗和"不孝的"继承形式中解脱出来。但汉化并未轻而易举地得以进行，伦理的观念能否超越过去的习俗还是充满疑问的事。多半的原因很可能是政治上的。公元1723年，清王朝从拉萨撤出军队（因为西藏的内乱），所以清廷很为木土司防护往中国南方的贸易之路的能力感到不安。总之，破除原有习俗的过程一定是缓慢的，未必能在19世纪以前对纳西亲属关系结构有很大的冲击。这个过程的成功或许可以从所产生的社会反常状态的程度和使纳西地区负上"不幸的土地"之名的年轻女性情死的高潮中来判断，这问题将另文论述。

如果纳西的母系制是逐渐解体，被汉族所影响的父权的因素渗入的亲属关系体系，那么，这个结果很可能不是简单的妥协，人们期待一种——"准亲属"，或者甚至是一种一方面合法地有利于男性，实行父系继承制和从父居，但另一方面带有母亲的兄弟和女性一方传统势力的重要性的双重世系群体系。因为亲属称谓的改变是缓慢的，我们期待女性亲属中有细微的区别，如果假定的变化存在，这种区别会导致异常和混淆的亲属称谓，这看来是现在的情况。

总之，如果纳西原来就是父系，那么亲属称谓应该是相对清楚的。普鲁纳尔在阐明"纳西社会的父系结构是无疑地证实了的"[①]时明确地宣称他们的亲属称谓制是清楚的。鉴于我们的讨论，这个陈述必须彻底地被检验，因为这直接与我们的假设是矛盾的。

首先我们应该注意普鲁纳尔论据的要旨，他用了很多这样的说法，诸如"有力的证明""无疑地""有力地指出"，或者"强调了父系组织的'重要性'"。如果这些说法真的能支持他的论据，那我们对这样的用法没有什么异议，但情况完全不是这样。为证实这个问题，我们将详细地考察他的论据。

普鲁纳尔凭四个证据开始论证：神话（四个传说中的氏族）、历史（后来姓的采用）、风俗（父姓制）、目前合法的沿革（继承）。他断言，这些都无不表明同样的趋向，但根据我们先前的讨论，从这里显示出的不是父系而是母系。

再者，普鲁纳尔提到列舍托夫的证据，但仅仅把它视为"有趣的"，因为普鲁纳尔被洛克后来关于纳西和"吕西"是不同的部落的观点所误[②]。在这方面，普鲁纳尔在好几点上有错。事实是，他们的氏族名字是相似的，他们的方言是同源的，没有什么证据说明"吕西"曾有过象形文字。

第二个讨论的中心是关于亲属称谓制。虽然普鲁纳尔也说应认真

---

① 普鲁纳尔：《纳西象形文手稿中所反映的亲属制度》。

② 洛克在这个问题上数次改变他的观点。

地分析象形文字，但他只谈到音译的字。即使在这一点上，也有几个错误：年轻的亲属应称做"Iv"而不是"ev"，识别女性的称谓是 mā"（女性）而不是"by"，有一个一致的男性称谓——bbu，有多于两个的姻亲称谓，最后有一个姑舅表婚的证据。除了在这些事实上的谬误外，他还用一个论据来支撑将纳西人断言为父系的错误观点。普鲁纳尔观察到女性亲属被语缀"mā"来表示其特征，而男性则没有被同样地加以标志后，声称这是用来表明女性未属于"自我"的世系。这样来区别从"自我"的世系中排除在外的女性，并以此作为父系的证据。这是一种曲解。普鲁纳尔抓住这个曲解的证据，声称所有的姑舅表兄弟姐妹都有一个共同的亲属称谓；这个证实任何世系都完全存在的方法是奇怪的。

当讨论最后进入亲属称谓的音译这一点上时，普鲁纳尔完全依靠洛克的翻译和注解。在这里，人们会希望至少留意一下象形文字本身，而不是简单地以洛克的字典为依据，因为它表明了从被音译和翻译的称谓之肤浅的答案中得出草率的结论的危险。在世系群称谓的问题上，洛克自己从来没有完全弄清楚，看来他接受了纳西人有父系母系亲属"骨"和"肉"的区别的观念，这一观念是纳西的邻族藏族和彝族所共有的。在这一点上，普鲁纳尔附和洛克，明显没有注意象形文字。事实上，象形文字"ndü"和"nddü"是完全相同的，虽然洛克把两个音译字解释为不同的意思。[①] 而普鲁纳尔不仅研究了不同的象形字，甚至声称这两个称谓也属于母方男性亲属，这个论据走入迷途是不足怪的。

关于那一组世系群的称谓"o-k′o"和"na-k′o"，他没指出这仅仅是口头上的称谓；因为有口头称谓，所以在我们的表上有两组称谓。称谓"k′o"意为用篱笆围起的场地或者综合结构的住宅。因此，两个称谓或许用来区别两个内婚世系群或者他们的住宅。因为在纳西语中，名词前有修饰语，这些称谓意为"O"的住宅和"na"的住宅，恰恰"O"和"na"二词是藏语借词，所以他们可能已把含有"骨"和"肉"不同特点的两个

---

① 洛克：《纳西语英语百科辞典》，意大利中东和远东研究所 1963 年版，第 320 页、第 306 页。

词暗指上述的"O"和"na"。虽然如此，这两个词有更多的意思，"O"指神、骨、阴影、氏族、打仗；"na"意为黑、巨大、母方亲属。在二者名称的应用上有一个带启发性的共同点，na-khi（黑一方的人），na-k′o（黑一方的住宅），如果"na"指的是母方亲属的话，它是在母系继嗣制上的和谐共存。他们部落的名称"纳若"和指藏族的"per-zo（白一方之子）"是形成对比的。将称谓"o-k′o"与"mber-bpu（客人的祖先）"比较也有趣。称谓"mber"实际上是用一个形似藏族男子的象形字来表示的，这是一个表示母系部落"客人丈夫"的恰当的象征。至于称谓"o-k′o"，也许指"有阴影"的住宅，甚至指敌方的住宅，或者可能指天上的亲戚。在纳西的思想和象征手法中，白色与神有联系，男性与天上的事有联系，女性则与世俗的事有联系，与陆地有联系的象征颜色自然是黑色。"o-k′o"肯定指父系一方，但这一解释与普鲁纳尔的阐述是不同的。

当我们转而注意世系群的书面语汇"t′khyu"和"ts′aw"时，传统的用法一点也不能用来支持关于父系的谬见。"t′khyu"一词意为一个种族从一个蛋（gv）里生出，与"a′-gv"（舅父）比较。蛋在纳西人的传统观念中一直被视为是所有事物的起源物，甚至世系群的称呼也尾随"蛋"后，如gvho（红蛋）、gvhar（绿蛋）等。"ts′aw"或者"dsaw"一词（它们在语音学上的音值是一样的，虽然洛克以两个不同的象形字表示这个词）意为一个氏族，注解指示的也是蛋。因为蛋未被明确地性别化，所以在这两个称谓中，没有什么可以指示出哪一组关系意味着哪一性别，尽管它们表现出的是女性世系群。

关于祖先的三个称谓，前面已讨论过。"mber-bpu"指"自我"之夫的祖先，"mä-mä-yu-bpu"指"自我"本人所属的世系群，"ssu-bbu-yu"指"自我"母亲之夫的世系群（即"自我"之父世系群的祖先），三组祖先属于三个世系群。这从纳西族安排婚姻的传统形式上来讲是必然的，很难看出这些祖先的称谓本身有可能指的是父系。

上述这个很长的评论不是用来指出普鲁纳尔的论述是完全不成立的，因为在某种意义上，他指出父系的倾向性，这一点是正确的；我的要点是强调尚不确定的亲属关系属性。如果这个争论说明了纳西亲属关系容易转向另一种解释，就不仅削弱了普鲁纳尔所有的理论，而且强化了我们关于亲属关系体系处于不稳定的转化状态的观点。这里，普鲁纳尔的错是想力辩纳西一直是父系，而正确的是强调了通行的父系的特点。如果他仅仅坚持最后一个观点，那就不会有什么争论。但这不是他的意图，因为他整个的论述基于纳西一直是父系的假设，而这假设又是他求助于神话、历史、习俗、象形文字得出的，否则这假设就失去了存在的理由。人们会问，如果事情都那么明显，为什么需要证明纳西完全是父系制？显然，一定有些什么因素使人类学家和别的人在这一点上造成了混乱。

普鲁纳尔论证的基础是他相信象形文字（或者，更确切地说是象形文字的音译）指示了历史的深度和纳西父系制的一致性。他很深地被洛克一再声称的象形文字是远古完整无缺的文化遗产的说法所迷惑[1]。这一断言已现出疑点，我们将另文讨论。

最后说一点，在宣称纳西的父系已有千百年历史的人们的说法中，有几个重大的障碍，纳西和"吕西"（二者共同为人所知的名称是 Mo-So）怎么和在何时开始有了不同的亲属关系模式？为什么在纳西的神话中充满了明显的母系制的形迹？他们的双重姓名体系如何与父系制成一致？为什么在洪水后七个纳西祖先的传奇式的谱系中，间隔的祖先们都一致地被指控为和他们的母亲、姐妹有乱伦关系（七是女性的象征符号）？充分地解释了这些诡谲的纳西神话和传统特征的父系姑舅表优先婚的习俗如何适应了父系体系？还有一个占重要地位的需解释的问题：如果纳西真的一直是父系制，为什么汉人输入的"孩童订婚"在青年女性中引起了那么严重的连续的情死？换言之，纳西人怎么以在亚洲最高比例的殉情率而蒙上了"悲剧的人民"这一独一无二的名声？可以肯定，在父系社会里，父亲以其权力给他们的孩子订婚这么一点小小的改

---

[1] 洛克：《纳西人的祭天仪式》，载《华裔学志》1948 年第 13 期，第 72 页。

革不会导致这种罕见的现象。对这个至今尚未有人给以任何答案的问题，我们将另文论及。

　　这一在亲属关系问题讨论上见长的附言对这些问题的解答以及提示，对所有试图证明纳西亲属关系体系明显是父系的观点进行详细反驳是绝对必要的。让我们再重述一次，所有的证据都在表明纳西人曾经是母系制，必须做的是探索后来的变化。如果我们忽视特定的历史年代，那么我们在纳西的研究上将一事无成。这也就是为什么有些研究陷入混乱和使人困惑的原因。

# 纳西族神话和仪式的结构 *

〔英〕杰克逊（A.Jackson）

本文从纳西族神话和仪式的内在含义出发分析其结构，除了在祭仪中讲述到的神话外，不特别对仪式和神话两者进行划分。在纳西族仪式中，很少有即兴的口头讲话，仪式行为伴之以经书咏诵，因此，在每次仪式中都重复准确的固定语句是必要的一环。马林诺夫斯基曾说，巫术仪式被认为只有在没有遗漏地代代传承下来的情况下才灵验，神话即是那些表达和梳理信仰的故事，它赋予仪式以功效。[①]"神话中含有仪式，仪式中含有神话，它们是一体而相同的"（利奇）[②]。可以说，神话是及时的口头叙述性表白，仪式是及时的系列性行为，两者之间有共同的符号性联系。

我们在这里把仪式视为经传统正式地规范而凝聚成的符号模式，它与神秘存在物的信仰有联系。当社会秩序被扰乱时就进行仪式活动，借此使事件重归正常。因此，仪式是表达事件的方式和手段。技术发展水平低的社会的典型性特征是它依赖机会、有利条件和"好运"的出现。社会活动和自然现象被赋予道德意义，诸如"错误行为"，这指未被风俗惯例约束的行为会对社会秩序产生有害的影响，正如无风俗惯例的自然灾害导致不幸一样。比如，人们认为疫病或洪水反映了社会的无秩序。

---

　* 本文选译自杰克逊所著《纳西宗教——对纳西仪式经书的分析评价》第三部分《神话和仪式的结构》，荷兰海牙，1979 年版。

　① 马林诺夫斯基：《巫术、科学与宗教》，纽约，1948 年版，第 101、第 104 页。

　② 利奇：《缅甸高地的政治体系》，伦敦，1954 年版，第 13 页。

仪式的一个功能是，当社会秩序出现差错时，将情境再调整回正常状态，同时，它也起到防止社会秩序出现差错和发生纠纷及乱子的作用。这一点在使社会活动仪式化和宇宙精神化而形成的符号标准中得以实施。仪式带着对人威慑性的约束力进入人的社会关系中，建构起一种与那个社会所实行的关系相同的社会关系类型。因为所有的社会都有一些占支配地位的观念，因此，在与精神世界的联系中也会体现出这种关系。符号性地稳定这种关系的仪式之目的取决于那个社会的秩序理想。对两种相对立的形式，即与精神世界有关的人的控制力和服从，可以一方面以巫教（萨满）为例来解释，另一方面以宗教实行的祈祷和祭祀为例来解释。巫师（萨满）试图以个人的力量来控制精灵，这种个体行为方式是尚未集中化的社会特有的典型特征。在这种社会中，萨满是很普遍的。在一些社会里。人们服从于精灵，祈求他们的帮助，怀着礼物交换的希望举行祭祀，这种社会里的祭仪更为正式化。特殊的阶层——祭司多见于分层更为细腻的社会中，在这样的社会中，正式化的控制模式在很大程度上反映在精灵的等级制中。上面提到的这些区别在实践中常常是模糊不清的，因为这两种性质相反的形式只是一种理想化的类型划分，因为即使符号化地构成的精灵世界也应能反映出人类社会的情况。这种精灵世界一般是以一个理想化的社会领域为基础而产生的，很少能反映出社会的实际情况。

有三种考察仪式结构的方法：一是讨论它的外在形式和特征，二是考察专家和普通人所提供的解释，三是分析出有意义的背景。我在第一章中用了第一种方法，还将在下一章中使用。说到第二种方法，应该指出的一点是，纳西族仪式的特殊性是只有专家即东巴的记录，而无普通人的讲述记录，其原因是至今尚没有人类学家去普通纳西人中进行过调查[①]，没有意识到调查非专家人员的价值。洛克也没有做到这一点，尽管我们感激他给我们提供了关于这些祭仪的知识。这一点无疑是基于

---

① 作者于 20 世纪 70 年代写成这篇文章，当时尚没有西方学者到纳西族地区做田野调查。——译者注

这样一个事实，到 1930 年，纳西族的很多仪式已不再举行了，洛克克服种种困难，说服一些东巴私下为他再演这些仪式。即使这样，帮助洛克翻译经书的东巴也理解不了很多写在经书上的内容。因此，已发表的这些资料中有很多基于专家（东巴）个人观点的内容，而完全没有反映出普通百姓对这些事情贫乏的知识。因此，对这些仪式的解释有很多是出于东巴的曲解，因为纳西宗教中没有一种集合体的机构（诸如教堂）来定下仪式的标准意义。即使东巴传承的各种祭仪，它们在时间空间上都有不同点，即使有一些经书被视为比其他经书高明，但没有权威性的经书。这都导致难以对经书做出"准确的"解释，因为每个东巴都认为自己的解释是准确的，不管他的解释与别人的解释有多大的不同。过去记录下来的信仰是现在难以分解的普遍观念与秘传观念的混合体，其中大部分是基于东巴的传承。东巴在尚未充任祭司一职前，仅仅是和别人完全一样的普通农民。

考察仪式的第三种方法是分析出其意义的背景，在这一点上，我们必须进行推测，因为我们无法返回过去的历史去发现它。我们现在所拥有的全部资料是一部分纳西经书的翻译和收藏在图书馆的约 1 万本东巴经。从一方面看，我们所进行的这项研究工作比其他研究仪式的大多数人类学家要简单，因为我们不必进行区分普通人和专家的工作，我们不知道纳西族社会的普通人相信什么。因此，我们目前讨论的纳西仪式只能说是纳西族东巴的仪式。这是一个很重要的区别。这意味着我们必须从仪式本身的上下文（context），而不是从社会结构内部去探究仪式意义。在由于我们对这一方面的茫然无知而造成的这一有限框架中，我们的讨论将主要以符号区为核心。本章试图发现东巴祭仪结构中起作用的无意识模式。由于符号区完全是假设的，一些推测并非不合适。

仪式的符号论有许多层次，由于符号易于失控，任何一个符号在同一个时期可能会有很多关联。一种研究方法是将仪式符号放在三层意义上来考虑，即：符号对使用者意味着什么？符号被用来做什么？这个符号与其他符号或符号群之间有些什么联系？按特纳（Turner）的说法[①]，也许可以把符号定义为仪式行为中保持特性的最小仪式单位。一个有用的观念是一个主要的符号，本身兼有几个完全不同的意义。由于一般的符号可能会起作用，因此，主要符号趋向于成为人们注意的中心，很多活动集聚于它周围。尽管主要符号可能会出现在许多仪式中，并在每个仪式中保持其相同的意义，每个仪式都以其特有的方式使其中的符号建立起内在联系。

由于仪式和神话都用符号，仪式常常用仪式器物有形地演示神话的内容，用相同的分析方式分析神话仪式二者是可能的。神话由各种因素构成，对这些因素可以以将故事情节分解为句子的方式进行分析。这些单位（或如施特劳斯所称的"神话素"）之间的关系不是相互独立的，而是具有如我们称之为主体符号那样相互紧密联系的关系。对一种神话的多种文本进行分析的结果排除了是否有"真实"文本的问题，因为神话重复的一个功能是形成这一神话的结构外观，甚至在一个神话中都有很多重复的内容。现在我们所要做的事是讨论一些常常出现在仪式中的主题。下面所选择的几个论题只是用来描绘出纳西神话和仪式的结构；其中3个与祭仪效能（即巫术）的基本原则有关，另外3个符号性地与仪式的安排有关。

## 起源故事

马林诺夫斯基曾指出，神话具有社区法规般的意义。因为在任何时候，一个仪式及仪式中的祭礼或社会、道德规则都要求一个由古代、真实和神圣性授予的证明和正当理由，因此，神话便被用来实行这一需求。马林诺夫斯基指出，在有关巫术的故事中，没有关于巫术如何产生的描述，因为它始终存在。但如果它产生了效力，则需要解释其起源，追溯到最初使用这种巫术的人。[②]

---

① 参看格鲁克曼（Gluckman）1948年《社会关系论文集》，曼彻斯特，1962年版，第27～51页。

② 马林诺夫斯基：《巫术、科学与宗教》，第116、第107、第74页。

很多纳西族经书可以视为起源故事，因为它们往往以模式化的短语起头，如"最初，当天、太阳、月亮、星宿和大地开始出现之时……"等，然后是某个人开始进行一系列事件的详细描述。[①]尽管这种开头语并未能引导我们回溯到事情的最初阶段，但它描述了导致仪式发展的情境最初的状况，因为这些经书从未在仪式过程之外咏诵。这些故事是辩解性的，是神话。

有一些故事以这样的语句开头[②]："一天……"或"在吉利的一天……"，它们并未说明特定的时间。这种故事简单地说是以举例阐明的方式来加强神话影响的传说。这种故事没有穷尽之时，它们在仪式中用如填料，有时，仪式中所用的类似传说多至三四十个，而其立论点都是同一个。这些传说的运用不都是必需的，如果当事的家户无力举行很长的仪式，那么可以省略掉一些。这些故事可能会减少仪式的繁冗乏味之感，因为它们一般都是生动而自然地描述而引人入胜的，很像童话故事。

还有第3种故事类型，或许应称之为起源的真实神话，它必须讲述某种事物的起源，从字义上看，其内容常常包括回归蛋卵。在这些故事中讲到，很多事物都是从蛋卵中产生的，它是巫术行为或两性交合的结果（"巫术行为"与"性交合"二者共用一个短语来表示）。正如马林诺夫斯基的格言所谓："巫术简单地说都是古已有之的'存在'。"这类神话中包含有很多巫术现象和对立二物组合的内容，所描述的行为有其自身的逻辑，超越出一般的因果关系，可称其为具有任意性和变幻无常的特点，它们在结构中并不表现特定的规律性。在这些神话中有强制性的因素[③]，即神话必须完整地把起源叙述出来，这一点在经书籍中已明确地表明了，"如果不叙述一件事情的起源和来历，就不应该谈论它"。这一禁

---

① 参看洛克《纳西人的"那伽"崇拜及其仪式》第97、第108、第187、第262、第302页等，罗马1952年版。

② 参看洛克《纳西人的"那伽"崇拜及其仪式》第164、第172、第498、第694、第743页。

③ 参看洛克《纳西人的"那伽"崇拜及其仪式》第97、第116、第124、第190、第255页等。

律甚至表现在不能提一些在某个仪式中视为不可冒犯的事物名称，如谷物、水、酥油灯、马、鸡、苦味、病痛之箭、污染（"凑"）、董（雄性之本原）、修曲（巨鸟）、"署"（大蛇精灵）、猛恩鬼等。这个中原因在涉及猛恩鬼的故事中讲道：如果要想杀死它们（猛恩鬼），那就要讲述它们的来历。换句话说，知道某件事物的来历并把它讲述出来，便会得到压服它的力量；相反，在不能叙述其来历的情况下提某事物，势必导致人们不能够控制它。因此，就产生了上述禁止不知情地随便提某事物的禁律，否则会危及人们的食物供应，或者招致灾祸，或使仪式无效。

仪式的目的是力图控制不利于人的情势，如污染、疾病、死亡，这种控制是通过重述其来历及范围，使其恢复原状。仪式用具甚至东巴自己都以完全相同的方式通过讲述起源神话来汲取力量。由于这种神话必须从头讲述，因此它们都有十分相似的开头语。起源神话的整个观念只不过是语言魔力信仰的扩大化，人们认为特定的话语能迫使对象就范。我们从东巴们喜欢周期性地加强特定的仪式程式（仪式中的小祭仪），特别是喜好以咏诵无具体意义的"画吕"（直译之意是"以巫术改变"）咒语来下达命令的举动中看到这一点。[1] 这些无意义的话语是从藏族的"真言"（梵语的"陀罗尼"或长咒文）中衍生并因袭下来的。它们是迫使对方顺从就范的咒语。因为读出某事物的名称的发声是与该事物的自然振动相一致的，所以，人们认为大声叫出某物的名称能直接地影响它。当然，主要的是在直呼名称时发音要准确。由于这个原因，"画吕"没有用惯常的象形文字书写，而是用标音文字（哥巴文）记下来。这可能是其字义不明的原因。因为可能在它们被首次书写下来后的时间里，语言已经发展了。但更大的可能性是这些"画吕"是纳西人对藏人咒语的音译。

重述仪式短语是必需的，因此这些短语就被书写下来。实际上，仪式是由东巴牢记于心的，但由于仪式中的小祭仪变得更为复杂众多，而

---

[1] 洛克：《纳西人的"那伽"崇拜和有关仪式》，第100、第110、第182等页及注66。

且有时几乎相同，因此，有可以帮助唤起记忆和防止混淆的提醒物是十分有用的。这就是纳西手写本（东巴经）的功能，它们完全不是完整地写出全部内容的本文，而仅仅是一些帮助记忆的象形文字。东巴用这些象形文字记下一些关键的语句。而当他们咏诵这些手稿时[①]，凭记忆补充进那些没有写在上面的内容。这给想翻译纳西手稿的学者带来了困难。东巴选择发明象形文字的原因明显是出于这样的目的——即他们是驾驭这种文字的权威。除此之外，他们偶尔也用一些汉字或藏文拼音，纳西手稿中有这种借用的例子，有的象形文看上去就像古汉字，而标音文字中有藏文的元音符号，但这仅仅是一种装饰和点缀。东巴怕其他人也学会念他们的经书，这样就会导致人们不请东巴也能自己举行仪式的结果。东巴一学到专门的词句，就立即用象形文字把它书写下来。一旦使用了文字，就不可避免地出现对经书苦心经营的情况，因为人们会以评论性的态度苦思冥想仪式内容，并对它进行完善。在这一点上，基督教的圣经和藏传教派的甘珠尔、丹珠尔与纳西族东巴经比较相似。使用象形文字以手描绘仪式器物和数以百计在仪式中迎请的神灵鬼怪的名字是十分理想的，因为他们可以用象形单字来描绘，必要时，辅之以标音文字，这样能节约书写的时间和纸张。

唯一一个关于经书来历的故事是占卜经书"左拉"的故事。[②]"左拉"卜书是用来预卜应该举行什么仪式的。与纳西人关系密切的一个相邻部落"吕西"（或称"摩梭"）的宗教专家"达巴"[③]能在与纳西基本相同的祭仪中不依靠经书地咏诵很长的口诵经。纳西宗教中虽然没有任何组织机构，但在整个区域都普遍使用共同的象形文。[④]这表明这些象形文经书真正产生的时间不可能十分古老。东巴根据传统的说法，宣称

---

① 指东巴经，下同。

② 洛克：《纳西巫师"左拉"卜书的来历》，Journal of West China Border Research Society,vol.8.1936。

③ 洛克：《中国西南的古纳西王国》，两卷，哈佛，1947年版。

④ 洛克：《"日喜"部落及其宗教文献》，Monumenta Serica vol.inf.l.,1938；《献给西藏——中国边疆的萨满教》，Anthrop.os，54，1959；《纳西族的那伽崇拜及其仪式》。

象形文是东巴世罗的弟子创造的。"左拉"卜书主要是用标音文字写的，可以论证这些卜书比其他经书古老，因为它们是每天都要用的最基本的经书，而其他经书则只在举行某个仪式时咏诵。

## 祭　祀

有三种与精灵世界相通的方式，即占有、祈祷、祭祀。东巴在祭祀中从来不被精灵所占有，除非他们同时也是"吕波"（即萨满）。如果是一身兼东巴和"吕波"者，他们就会将东巴的服饰换上"吕波"的服饰，这个规则很明显地保持着，"吕波"的功能犹如人与精灵的媒介，他（她）们能与死者交谈。作为萨满，他（她）们在处于阴魂附身状态时用捞油锅或口衔烧红的犁铧的方式驱鬼[①]。用祈祷方式通神是一种普遍方式，它与靠讲述事物起源获得力量有关。第三种通神方式是祭祀，它在纳西仪式中是起决定性作用的。

在每一个仪式中，一般都要用抚慰性的供品和祭牲。出于节俭的考虑，所宰杀的祭牲主要限于鸡，因为平时举行的仪式是相当多的，祭牲使用过多势必很快导致贫穷，因此许多应当用于祭祀的牲畜被代替物取代。[②] 这一点与藏族习俗相类似。常见的祭牲代替物是爆谷物，以它取代牦牛和马。并用木牌画（纳西语叫"跨标"）象征供献的牲畜，以焚纸来代表供奉金银和钱。由于祭祀是象征性的，因此，用这些代替物在本质上并未使祭祀行为有什么不同，不过，在仪式中必须给神灵和鬼怪供奉一些血，其方式是将血洒在象征这些鬼神的树木上。

在主要仪式中，宰杀一些大牲畜有双重功能，即用于祭祀和聚餐。如在氏族崇拜（"蒙卜"）和氏族集会（"西务"）仪式中，猪是主要的祭牲；在个体家庭的仪式（如祭"署"、净化）中，用鸡和山羊当祭牲；而

---

① 洛克：《中国西藏边疆纳西人的生活与文化》，第 36 ～ 42 页，德国威士巴登，1963 年版。

② 洛克：《纳西人的"那伽"崇拜和有关仪式》，注 21。《纳西语英语百科辞典》中的"多玛""跨标"词条。

在丧葬仪式和与丧葬仪式（"日昧"和"汝仲卟"）中，用牛和羊（偶尔用马）当祭牲。在一些仪式中，献牲畜给神灵和精灵，如母牛（祭天仪式）、母羊（祭畜神仪式）、鸡（祭"署"仪式），它们被放生，从此不能将其出售或宰杀。

# 药

在纳西仪式中，"药"是一种与起净化作用的力量一起灌输的东西，它不是消耗性的，而是从外部使用的，常用洒的方式。人们认为它的使用足以治愈疾病，它们是一种巫术性的万应灵药。

有一个神话讲到关于文化英雄崇仁利恩寻找药的故事[①]。他与其妻成为纳西族之父母后，要找到能使人类、五谷、果实和青草繁殖的太阳月亮之长生不老药。他抓到一条巨蛇（叫根恩），这蛇有三颗胆，最大的一颗内含有长寿灵药，第二大的那颗内含有能防治脚和口腔疾病的灵药，最小的那颗内含有能酿酒的灵药（即酒曲），这也是他能带得走的唯一的胆。在祭天仪式上，将一颗胆悬挂在象征神灵的杜松树上，将酒（称为"根日"）用杜松枝洒在祭坛上，同时呼唤许多神灵的名字，祈求他们的保佑。

在抚慰"署"精灵时，用杜松枝蘸用水、糖、茶叶、酥油、姜、花、香炷灰等物合成的药水洒在很多象征"署"的木牌上，表示用药水来进行净化和治愈它们的疾病。

在仪式中，有很多贯串整个仪式过程的净化祭仪。在这些祭仪中，主要的用物是各种不同的树木，它们被当作药物一样地使用。

有三种举行净化仪式以摆脱"污染"（"凑"）的方式。第一种方式称为"凑科"[②]，是用一种插于净水里的蒿枝洒水。第二种方式叫"凑

---

① 洛克：《纳西人举行的祭天仪式》，第31～49页，Monumenta Serica, vol.xili, 1948。

② 洛克：《纳西人举行的祭天仪式》，第88～90页。

耻"①，用一根杜松枝洒水；第三种方式叫"凑树"②，届时不洒水，而是焚烧五种不同的树木。前两种将水作为一种联系的媒介物使用，最后一种用火烟，但其药效是从所用的特定树木中衍生的。这两种方式可以说是互补的，因为它们常常结合运用，水在其中与雌性相关，烟则与雄性相关。这两种雌雄观念的结合可以在仪式结束时看到，届时将水泼到烧热的石头（雄性）上，二者结合，产生的蒸汽是净化的自然力。

在每个祭仪开始时，或者，如果仪式连续举行数天，每天清晨的第一件事是烧"臭巴"③。这一程式除了所焚烧的物品不同之外，与"凑树"程式一样。这样，祭献与净化功能同时产生。甚至烧香（用杜松木屑制成）也可视为与此相类似，其目的是取悦神灵和净化祭场。

在治愈人的疾病方面，除了向死尸洒药水以排除他的"病痛"，还采用一些特定的东西当药。这些东西有药效是因为它们与人体患病部位相类似。④下面是仪式经书中提到的一些特定物件，但没说这些东西真正用为民间药物。治头疾：白贝壳，它看上去像一张有牙齿的嘴巴。治眼疾：黑色种子，它像瞳孔。治舌疾：蚕丝。治手疾：地产兰花，其形状似一只手。治肋骨病：牡鹿之角。治足疾：姜。治肺病：蜂蜜，可能是从肺喘息如蜜蜂的现象中产生出这种对应关系。下面这个交感的原则更突出地体现了宗教仪式思想：污染通过接触而蔓延，而净化也通过与纯净的事物相接触而获得。

## 石与木

在所有的仪式用具中，最占优势的是那些石与木所做成的物件。纳西象形文字被称为"石之记录，木之记录"。尽管木石是如此普遍的东西，但只有特定的木石才用于仪式。石头一般都不做加工，而木头有时

---

① 洛克：《纳西人举行的祭天仪式》，第 17 ~ 30 页。
② 洛克：《纳西人举行的祭天仪式》，第 22 ~ 27 页。
③ 洛克：《纳西人的"那伽"崇拜和相关仪式》，第 230 ~ 241 页。
④ 洛克：《纳西人的"那伽"崇拜和有关仪式》，第 671 页，注 620 ~ 624。

则加工为一定的形状，如木牌（跨标）是加工成三尖形，并刻画上嘴眼或绘上图画。值得指出的一点是，所用的木石祭物常常与仪式的目的有关联。人们特别选择自然呈三角形的石英石（称"董鲁"），将它立在祭天坛的树木前，它们处于比象征天地神灵的树优先的地位。祭司首先把祭牲的血涂在这些石头上，然后才涂在剥掉树皮的部位（象征嘴）。"董鲁"是有活力的雄性本原，它被当作镇压仇敌的武器，神灵用白色的石头，鬼怪用黑色的石头[①]。邪恶的象征实际上是呈三角形的黑石，但善的东西则用吉祥符号"卐"象征，这与苯教的情况一样。除此之外，还有一种用来镇压特定鬼怪的物件是"高巴"（其意为"胜利神'高'的巫术力量"），它是用不同的树枝扎成的一束木条。这两种"武器"不同时使用，但从二者功能上讲，有很大的相似性，这一点也表现在表示这两种物件的象形文字上：

它们都是巫术性的武器，而在东巴经中，"巫术"一词与"性交"是相同的（即"巴"）[②]。从上述象形文字中可以看出，字符表示"阳具"和有活力的男子之本源"董"。

这种性象征论也出现在祭天仪式中，在祭坛上，立三棵树，中间的一棵是杜松，两旁各为两棵橡树。在每棵树前立一块白石，树象征雌性，石象征雄性。从祭坛面朝祭场的方位看，杜松左边（雄性边）的橡树是"天之树"，而杜松右边（雌性边，也是祭天场的尊位）的橡树是"地之树"。中间的杜松象征神灵（后来象征中国皇帝），它也被视为母舅或人的保护者。天为雄性，地为雌性。这种符号论并不就此而已，在每棵树的两旁还插有两根树枝，分别叫"玛罗"和"衣罗"。"玛罗"是一

---

① 洛克：《纳西人的"那伽"崇拜和有关仪式》，注89；《纳西人的祭天仪式》，载《华裔学志》1948年第13期，注8；《纳西语英语百科辞典》，"董鲁"词条。

② 全称为"奔巴杯"。——译者注

根分叉的树枝，竖于右边（雌性边）；"衣罗"是一根开槽的树枝，竖于左边（雄性边）。这两种树枝都与位居中间的树木一致，或为橡树枝，或为杜松枝。从这些性的象征物中可以看出，祭天是在新年伊始举行的典型的繁殖礼仪。①

只有在婚礼"素字"中尚可见到这种类似的性象征论。在该仪式上所用的木桩象征雄性，木梯象征雌性，与红线一起拴在象征雌性的杜松木塔（生命神"素"）和象征男性的箭（祖先）上。在"素"神之竹篓中放有一块黑石，象征男子及其精子的合成物，用布包着的9块石头（象征男子精子之精灵"伙"之子）和9根树枝（象征男子精子之精灵"伙"之女）。

在"糯丁卟"（祭畜神）仪式中，用18块石头象征"糯"神，用松球象征畜神保护下的羊。在"高卟"（祭胜利神）仪式中，用16块石头象征高神，这些石头拴在一根松枝和杜松枝上。② 将牲血涂在树枝上。

在大门两边各竖一块"董鲁"，分别代表"董"与"塞"（雄性本原和雌性本原）。③ 人们认为，是"董""塞"二神分配了人的生命寿岁。在每年腊月，人们仔细地把这两块石头洗干净，将青松针放在石头下，并在石头顶上洒上面粉（白）、酒和茶（黑）。这些祭品代表"董"神的白马和"塞"神的黑牛。白色是代表雄性的颜色，黑色是代表雌性的颜色。在祭天场，一块黑色的石头（雌性）被称为"房子的基石"，它可能与纳西住宅正房中的中柱"美杜"（擎天柱）有关。在婚礼中，东巴将酥油抹在这棵正房中柱基石上，但不抹在中柱上。可能"素"神竹篓中的黑石与上述石头也有关系。这块黑石虽然是黑色，但也被称为"董鲁"，象征雌性。④ 可能"董鲁"的三面象征统一体，因为三总是完整的象征，如三块火塘支锅石。上述这

---

① 洛克：《纳西人的祭天仪式》，注226。
② 先用一块布将石头包好，然后再拴在树枝上。——译者注
③ 洛克：《纳西人的"那伽"崇拜和有关仪式》，注211、注744。
④ 洛克撰，雅纳特（K.L·Janert）编：《纳西手写本目录》，德国威士巴登，1965年版，第52页；《纳西人的祭天仪式》，第100页；《纳西人的"那伽"崇拜和有关仪式》，注89、注762。

三块黑石可能也表示氏族、世系群和家庭的统一体。

木也用得很多，如仪式中的神之门用杜松木条做成，鬼之门也用树木搭成。在大多数仪式中都要用木，如"跨标"、"般都"、替身木偶、"高巴"及其他木束，木当作香炷焚烧，撒青松针以净化。[①]东巴也用木来制造他们的经书纸张。

概括起来讲，石头看来与和繁殖有关的精灵或本原有联系，而木则表示其他神灵、精灵或者鬼怪。

## 路、桥和门

言词建立了说话者和祈求对象之间的关系，它可以比拟为把这二者联系起来的途径。而被迎请召唤的实体在到达祈祷之地的途中，可能由桥促进行程，或为门所阻碍，有些仪式器物表现了这种象征意义。

路和桥可以归并起来分析，因为桥只是路的一部分，它跨越两个分离点。当文化英雄崇仁利恩和他的妻子作为纳西的第一代祖先从天上下凡时，他们在途中碰到两个隔断路径之缺口，崇仁利恩用金（雄性）链跨越第一个缺口，他的妻子用银（雌性）梯跨越第二个缺口，天地相接之处是在居那世罗山的中央，在很多仪式中，用银色的犁铧象征这座神山。这犁铧被称为"日鲁"（直译为"蛇石"），住宅正房中的擎天柱也象征这座有四面的山。据神话记载，它由想到达天庭的人们筑成，就像圣经中所说的塔。在丧仪"示路（日昧）"中，当东巴在临时的神房祈神时，这块"日鲁"摆在祭坛正中的白毡上，东巴请求神灵跨越桥和路，降临到神路图上。神路图朝向东北，因神灵住在这个方向，图中绘着很多路站，死者必须通过这些路站去往祖先居住的地方。[②]

---

① 洛克：《纳西人的"那伽"崇拜和有关仪式》，第1页、第3～5页、第26页、第35页、第52页、第55页。

② 洛克：《中国西南纳西族的"示路"丧仪》，第210～212页。

还有其他有关桥的例子。[①]在"凑古"(净化)仪式上,用一块黑麻布,让鬼魂从这上面经过;在祭自杀者仪式上,在两棵"拉里"树之间系一根绳子,让自杀者的鬼魂从绳上过去,去往其祖地。置放在生命神"素"竹篓里的五槽木梯是天赠给纳西祖先用于下凡的交通工具。

门[②]的功能是保留事物于内和阻止事物外出,在一些仪式中,门兼有这二重功能。在"署底古"(祭署)仪式中,在"署"房上方立门,并围以白麻布墙,当安置好公正的门卫"署"王后,"署"大蛇精灵被请进去,然后关闭上门,把"署"蛇精灵囚禁在里面。他们可以在交叉织成的线网中歇息。与此类似的门也为"凑"(污染)鬼而建。丧仪结束时,在送走死者后要关门,以防止其返回。在神话中,门也许象征水闸之门:崇仁利恩和衬红褒白命打开了一些门,放出一些他们想要的东西,如孩子、牲畜、五谷等,这些东西原是贮存于天上的。

其他一些仪式器物有类似关闭的门和屏障的功能[③],诸如顶端夹鸡蛋,劈成四叉的白杨木"杜本"(顶灾棍——译者),它阻止由上方降下的邪恶;"欺"(刺)威慑鬼怪,其作用如神鬼之间的屏障;"曼开扫"(将一根竹劈成五股状),象征五方的镇鬼东巴。

最后需要提到的是香炷之烟,烧"凑巴"(国内一般译为天香——译者注),火烟上升,如媒人一般将神和人联系起来。从某种意义上说,仪式经书亦是言词之桥,它将神的领域和在其下方的人间、逝去的先辈和今人、永恒和时限联系起来。占卜也是试图在现时和它时、过去和将来之间搭桥的方式。仪式中多种物件的运用旨在在过去的事和将来的事之间建立起联系,在时间的阻隔上搭起桥梁。

---

① 洛克:《纳西族的"那伽"崇拜和有关仪式》,第631页;《开美久命金的浪漫故事》,6页。

② 洛克:《纳西族的"那伽"崇拜和有关仪式》,注369;《纳西语英语百科辞典》,"欺夺"(t'khi-do)、"曼开扫"(muen ka-ssaw)词条。

③ 洛克:《纳西人的"那伽"崇拜和有关仪式》,注369;《纳西语英语百科辞典》中的"欺夺""曼开扫"词条。

# 数字理论

数字的象征运用是纳西仪式结构的突出特征之一，因为它在神话和仪式中是最为一致和呈网状分布的观念之一，因此我们将详细叙述。

首先应指出纳西数字系统如何运作（见表一），它是基于十进制体系：以两线交叉的×表示10，有多个以10的倍数表示的符号，也有以11的倍数表示的数字。如纳西象形文将11写为☝，22写为☝☝，33写为☝☝☝等。

表一　数字系统

在经书中并不会用到每一个数字，从下面的表二中可以看出，纳西人喜欢用奇数，这与倮倮人（彝族）认为奇数兼有吉利和不吉利双重意义的信仰相似。[①]

表二　在东巴经中提到的所有数字

（数字下面划线的是占星术的数字，数字右上角打'号的是佛教数字）

| 1 | 2' | 3 | 4' | 5 | 6' | 7 | 8' | 9 | 10 |
|---|---|---|---|---|---|---|---|---|---|
| 11 | 12 | 13' | | 15 | 16 | | 18' | | |
| 21 | 22 | | | | | | 28 | | 30 |
| | | 33' | | | | | | | |

---

① Lin, Yueh-hua《凉山的倮倮》, New Haven, 1961年版, 第129页。

**表二续表**

| | | | | | | | | |
|---|---|---|---|---|---|---|---|---|
| | | | 55 | | | | | <u>60</u> |
| | | | | | 77 | | 99′ | 100 |
| | | | | | | 108′ | | |
| | | | | | | 118 | | |
| | 300 | 360′ | 500 | 555 | 700 | 777 | 900 | |
| 999 | 1,000 | 1,800 | 25,000 | 100,000 | | | | |

## 数字的象征意义

数字的运用可从两方面看，它或是用如占卜的密码，或是以此表示某特质。

在掷骰占星术中，对"巴格"卜、十天干十二地支卜、二十八宿卜、一月 30 天卜、六十甲子卜来说，重要的数码分别是 8、10、12、28、30、60。除个别例子之外，偶数只用于占星卜。我们知道纳西人占卜所用的东西，如肩胛骨、骰子、线、占卜纸牌，但对其过程却所知甚少。在做任何事情包括举行仪式之前都要根据这些占卜法占卜。

在神话和仪式中最常见的数字是 3、5、7、9，这些数字在应用于各种事情时，各有其独特的象征意义[①]。如 3 象征充沛、充足或圆满、完整，5 象征所有的区域范围，7 象征地上的人事和雌性，9 象征雄性和天上的人事。这 4 个数字可以 11、100、111 的倍数出现，而其他数字则不能，但它除了数码的重复以外，并设有增加其他意义，如 77、700、777 都只表明它所指的事物的雌性性质。

有些数字几乎完全具有佛教意味，如 2、4、6、8、13、18、33、99、108、360，以这些数字修饰的物件都反映出它们是从佛教教义中衍生出来的，这在下文中也可看到，虽然 360 这个数字常常用来表示某种事物的大数量，但它亦源于佛教。

---

① 洛克:《纳西人的"那伽"崇拜和有关仪式》，注 40，第 167、第 527、第 815 页。

10 的数码的运用不是很常见。1800 常写为 18；10 万意味着某种事物的全部，如 10 万白那伽；16 是 7 与 9 之和，即两个雌雄数码之合。25000 是 10 以下的所有奇数之和的 1000 倍，是"全部"的同义语（可能是组合）。大多数在仪式中使用的数字更多地用象征符号，而不是纯粹指具体数字。当某个数字作为神灵和精灵的前缀时，只有用小数字时才写出它的确切数量，而当使用大数字时，多用 360（不确指的大数字）或 10 万（无穷数）。两千多个有姓名的神灵和精灵中的大多数见于随意性的名录中，见于少数手写本中，很少见有系统性的名录，只是在两册手写本中，列出 3500 个有名字的"署"蛇精灵，它们脉络清楚地分布于各个区域方位。[①]

## 神性算术

如上文所述，数字更经常地用如象征性的修饰语，很少用如实指的数量。只有在使用小数字时，才将象征和实指两种用法相结合，将数字修饰的事物名字写出。然而，恰恰是这种后起的数字用法通过象征应用的增多而导致了精灵数量的增加，尝试对所有记录在经书中的纳西神灵进行分类几乎是无意义的。很多神灵和精灵是东巴的妙语生造，他们见于偶见的写满名字的经书中。而这些鬼神之名则不见于任何仪式和经书中。

这里举一个例子，下面所列的"署"精灵群见于一本经书[②]，其中记载有 99 个天上的白之"署"，77 个地上的黑之"署"，55 个山之"署"，33 个山谷之"署"，11 个村寨或家宅之"署"。这与纳西族 11 数字的成倍运用的方法相一致。上述这些数字是以 5 个奇数的 10 倍及基数相加的方式来表示。它们设有不同的象征意义，但只有数字上的不同而已，这里就包含着给所提到的 275 个"署"精灵取名的吸引力，尽管按正常情况，只有基本的奇数才详细地给以名称。因此，在纳西族的乘法运算中，一

---

① 洛克：《纳西人的"那伽"崇拜和有关仪式》，第 172 ~ 182 页、第 497 ~ 517 页。

② 洛克：《纳西人的"那伽"崇拜和有关仪式》，第 579 页。

个数字以重复笔画、交叉和加号的方法从基数向十倍数和基数结合的转移或向百倍数、十倍数加基数的转移（如 9 到 99 或 999）并不影响该数字的象征意义，即使将该字数强调 3 次也是如此。另一个普遍的例子是 360 的运用。360 象征多数，常用来指鬼怪，但这些鬼怪的个体名字从不写出。但是，当精灵实体与基本方位相联系时，他们的数目会大大地增加，因为当每个精灵被指示出其所居方位后，会给他一个名字。这个过程对四分之一有名称的生物做了解释，我将在下一节中加以叙述。

## 基本方位

纳西人的计算观念中有 5 个方位，即北、南、东、西、中，因此，数字 5 象征所有的地域或一切地方。没有专指方位的名词，只是简单地说上、下、日出之处、日落之处、中间等。有与方位相联系的符号，它们常代表方向，下面举几个例子。

下表反映了源于汉族观念，只用于占卜的星宿和五行元素的联系，它也反映了色彩与相应事物的象征意义，这与藏族观念相似，这一点贯串使用于经书中。

表三　汉族占卜符号

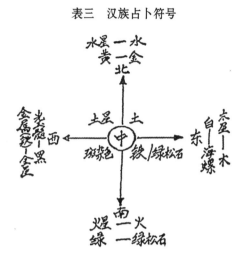

有与方向相联系的生物①（见表四）。4个动物是生命神"素"的保护者，字下面用横线画出的是居住于不同区域的部落：郭洛是北部远方的山地部落，"冷补"即民家（白族），"古宗"即藏族，其他都是有争议的部落，可能"纳"指纳西、"盘"即吕喜（指自称"纳日"的永宁纳西族），"伯"和"窝"可能是丽江的世居民族，"恒"是倮倮（彝族）。

表四　纳西基本方位和符号

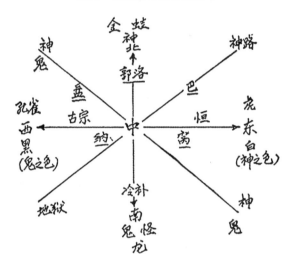

从上表中可以看出，神与鬼之间有线隔开，从西北伸向东南，它从西南向东北穿过通向神之路（即神路图"恒日屏"）。

这里要提一下与基本方位相联系的名字的详情，最简单的情况是给居各个方位的精灵取名字时，总是从东方开始，这样，就可以计算亚基本方位。进一步的方式是使每个方位改变一次定向（东、南、西、北、东南、西南、西北、东北），使其有8×8次组合或者64个有名字的精灵。比这更为复杂的例子是将每个基本方位的定向改变，将两个亚基本方位改变两次，这样，每转一周就有9个方位，即：东方+4个基

① 洛克：《纳西人的"那伽"崇拜和有关仪式》，第34、第240～241页；《中国西南纳西人的"示路"丧仪》，Studia Instituti Anthropos，vol.ix.Vienna-Moding,1955.

本方位和 8 个亚基本方位,其他南、西、北诸方向与此相同,总共就形成如下公式:9×12=108 个地方,给这个总数多加上 13 个地方(基本方位、亚基本方位和地域的方位),我们就可以得出佛教的吉祥数字,即列举 121(11×11)个"署"精灵这样的程序使纳西有名姓的精灵增多,只有四分之一是归于这个地域程序,另一个四分之一见于长名单中。这名单可能由象征数字限定,其他的则分散贯串于不同的经书中,常常是独一无二的。

## 日　期

　　和藏族一样,纳西族相信人的一生中有循环性的危险期,每 12 年为一轮(更确切地说是 12+1 年)。因此,13、25、37 等就成为危险年。[①]这种观念无疑与汉族的十二地支有关,它基于木星的 12 年周期性循环,占星者用它确定人诞生时的流年卜卦。在经书中提到汉族的六十甲子年和藏人使用的黄道系统。[②]

　　每月 30 天划分为做某事的吉日和不吉日,如第一天和第十五天一般为吉日,但在这两天中午不能梳头,因为这两天是"署"精灵梳头的日子。[③]纳西人这些关于日期的信仰很可能大多是从他们的邻族中吸收而来的,他们博采众长,促成了自己的历法体系。

### 奇数和偶数

　　奇数很清楚地具有象征意义的作用,因为它们主要是 10 以下的数字的变体。而经书中所使用的偶数则与奇数不同。一些奇数(如 8、10、12、28、30、60)仅用在占星术中,其他则是多样化的。常用的偶数是:4、6、8、108,这些数字是佛教中常用的,涉及须弥山(梵文 Sumeru 的

---

① 洛克:《"日喜"部落及其宗教文献》,第 175 页,

② 洛克:《纳西人的祭天仪式》,注 5;《纳西人的"那伽"崇拜和有关仪式》,第 239 ~ 240 页,注 34、注 51、注 91、注 319、注 320、注 525。

③ 洛克:《纳西人的"那伽"崇拜和有关仪式》,第 416 页,注 830。

音译，印度神话中的山名，亦为佛教所采用。这里指纳西神话中的居那世罗神山。——译者注）的四边、死后的六道、佛教的八宝以及佛陀的108个弟子。

在一些纳西故事中，一些偶数是不吉祥的预兆，如包括纳西祖先崇仁利恩在内的六弟兄和六姐妹（共12）进行乱伦婚配，结果引发了洪水。再如崇仁利恩的8个私生子，崇仁利恩被诱惑的第10座山等，还可以举出很多类似与偶数相关的例子，看来偶数是与不吉有着一种内在的联系的。

## 一和二

单一的事件从其定义上可以说是独一无二的，因此难以对它分析和解释，除了对它的神秘性进行探索之外，那些偶然发生的事件不可能仪式化。可以从起源神话中看出单一事件费解的程度，[1]它可能这样开始："天下了一个蛋，从蛋中……"或者是"一道光芒出现了，于是……"仅仅说出这些事物的发生，但未予以解释。这些类型的事件与那些讲述某件事最初出现的起源神话十分不同，因此，我们对使用数字一唯一能给予的注释是，它是独一无二和奇特的。

更为有趣的是数字二的使用，因为它是纳西象征论中基本的特征，两件事在一起会形成配对和归向性，事物会因其相互关联或相互对立而形成内在联系甚至互补性。这样的对应事物在此名之曰相互关联，二元对应和对立的二物组合，如表五、表六、表七所示。

1. 相互关联的二物组合常以九对的群体方式出现，常与一些特殊的事情相关，很少单独见。在表五中列出的两组是最常见的。[2]

---

① 洛克：《纳西人的"那伽"崇拜和有关仪式》，第676页；《纳西人的祭天仪式》，第74页。

② 洛克：《纳西人的"那伽"崇拜和有关仪式》，第290、第677页。

2. 对立的二物组合常常单独出现,主要涉及善与恶的对立。它们常常在有关东巴什罗或美利董主的经书中出现,在这些经书中有许多非人类领域的巫术行为和势不两立的冲突。它与喇嘛教中的二元论很相似,很多这种二元对应的神灵在藏族和纳西族中都有相同的名字。

3. 二元论的二物组合是模仿汉族的阴阳体系而形成的,其中二元的互补性多于完全的对立性(与汉族观念相似的二物组合已在表七中打上标记)[①]。这些二物组合一般同时出现。更有意思的是,表中所列的事物联合体的形成,如左面白色山上的银罐。这一例子反映了纳西仪式经书中这些符号的连贯性和由此产生的可预言性。

表五　相互关联的二物组合

| 二物组合 | 相关对象 |
|---|---|
| 虎和豹 | 山 |
| 野猪和熊 | 森林 |
| 狐狸和野猫 | 荒地 |
| 水獭和鱼 | 水塘 |
| 鹿和麝 | 山坡 |
| 牡鹿和野斑羚(岩羊) | 雪域 |
| 石头和阿默斯特雉 | 山谷 |
| 白鹤和鹰 | 山顶 |
| 蛇和蛙 | 水 |
| 盘和禅 | 天地创造者 |

① 洛克:《纳西人的"那伽"崇拜和有关仪式》,第 289 ~ 290 页;《纳西人的祭天仪式》,第 76 ~ 77 页。

**表五续表**

| 二物组合 | 相关对象 |
|---|---|
| 高和吾 | 保护神 |
| 窝和恒 | 所有的神 |
| 董与塞 | 雄之雌之本原 |
| 能者与智者 | 人类政体 |
| 用木杆和脚步进行测量者 | 人类政体 |
| 首领和随从 | |
| 东巴和"吕波" | 巫师和卜者 |
| 精与崇（即精仁崇仁和崇仁利恩） | 所有的人 |

**表六 对立二物组合**

| 主角 | 对手 |
|---|---|
| 崇仁利恩 | "署"大蛇精灵 |
| "修曲"（鸟） | "署"（大蛇） |
| 东巴什罗 | 鬼 |
| 美利东主 | 美利术主 |
| 窝格阿格 | 衣格丁那 |
| 汝垮都和其他善神 | 梭拖拉徐古和其他恶神 |

表七　二元对应组合（有＊标记者为汉族的二物组合）

| 阳＊ | 阴＊ |
|---|---|
| 董 | 塞 |
| 天＊ | 地＊ |
| 太阳 | 月亮＊ |
| 星星 | 草 |
| 山＊ | 谷＊ |
| 蒸汽、烟和云 | 水 |
| 杜松 | 橡树 |
| 银 | 金 |
| 绿松石 | 光玉髓 |
| 白 | 黑 |
| 左 | 右 |
| 九 | 七 |
| 尼 | 窝 |
| 雄＊ | 雌＊ |
| 东巴 | 吕波 |

# 殉情、仪式和两性角色转变*

〔英〕赵省华（Emily Chao）

　　1723 年，清王朝在中国西南少数民族之一——纳西族所居住的丽江府实行了"改土归流"。在中央政府的统治下，从 1780 年至 1949 年，殉情自杀现象在丽江县纳西族青年妇女中急剧蔓延，举行仪式的祭司及其宗教活动与这种自杀现象同步增长。清朝的统治使纳西母系体制中相对平等的两性体制系统发生了转化。纳西族的妇女与男子原来在社会地位上只有微小的差异，而汉族父系家长制体系在纳西族地区的建立使妇女的社会地位在法律上和宗教仪式中都大大降低。汉族的介入对纳西族的影响可以通过对摩梭人的考察来认识。摩梭人与纳西族族源相同，但摩梭人未受到汉人强制性的影响，他们仍然保持了丽江纳西族在 1723 年前曾有过的婚姻和继承制度，历史上没有产生过像丽江纳西族那样的自杀现象，没有如丽江纳西族那样急剧增加、扩大的仪式活动。在下文的分析论述中，我将利用 20 世纪 20 年代至 50 年代有关丽江纳西族的描述资料和 20 世纪 50 年代以来的中国民族志中关于摩梭人的资料。

---

　　* 这篇论文是在约瑟夫、洛克、顾彼得、安东尼、杰克逊等人的研究基础上写成的，没有以作者本人的田野调查为依据。本文原载于美国《密西根人类学论述》1990 年第七卷（Michigan.Discussion in Anthropology.volume:spring 1990）。洛克和杰克逊认为纳西族在 1723 年由母系继嗣转变为父系继嗣，我认为纳西族向父系亲属制转化的具体时间是不明确的。这篇论文主要是阐述汉族的价值观的渗透导致了纳西人的自杀、仪式活动的精心安排和两性体制的转变。

一些研究者认为纳西族的自杀是由下列原因引发的，如汉人的政策，纳西祭司的怂恿鼓动，或者是基于妇女想摆脱受沉重的劳务重压的生活。我则认为纳西人的自杀是本土文化的"剧本"和汉文化的"剧本"的冲突而引起的。[①] 这一冲突在当一个年轻人即将步入成年身份和性活动的门槛时就产生了。在下面的论述中，我将对纳西人的自由选择和强制性的压抑这两方面进行考察，也许可以从中得出为数众多的青年男女为什么自尽的结论。最后，我将提出这样的看法：对这种自杀现象，也许可以从下列几方面来进行了解：汉族价值观对纳西族的渗透、两性角色转变和本土文化对外来文化的对抗。

## 纳西族的自杀问题

许多研究者已经对纳西族中突出的自杀现象做出了种种解释，洛克和顾彼得认为，汉人输入丽江的孩童订婚制的实施和劳务繁重的艰苦生活以及"哈拉里肯"仪式中对自杀的浪漫描述是导致青年女子自杀的原因。他们特别谴责了东巴[②]田园牧歌般地描绘死后的生活鼓动年轻人自杀的行径。杰克逊认为，纳西人的自杀是汉人输入的法定父系制和纳西母系制之间发生冲突的结果。他对洛克和顾彼得提出的纳西妇女的权益在汉人统治下极端受压、东巴们出于想在仪式中谋取经济利益的目的而怂恿自杀，他们对纳西妇女提供了颇具感染力的解决问题的捷径等说法提出了异议。

洛克、杰克逊和顾彼得对纳西族的自杀现象做了部分解释，但仍有不少尚未解答的问题。仅仅是妇女权益的受压这一点就能导致如此多的自杀现象吗？如果妇女的受压是自杀的起因，那么，为什么自杀者主要是青年女子而不是年长的女子呢？再者，妇女权力的受压这一点也不

---

① 我在这里所用的"文化剧本"这个概念，指的是文化性构成的准则，它使诸如妇女成年身份和男子成年身份这样的个人地位得以确立。

② 东巴是纳西宗教仪式的实施者，他们兼有萨满教、苯教和佛教的因子。

能解释为什么有很多青年男子和他们的情人一起自杀。在其他社会，妇女的权力受压这一点无论如何并未导致如此异乎寻常的高自杀率。而孩童订婚制和婚后劳务繁重的生活也许会使一个青年女子厌恶婚姻，但这些因素并不足以使一个女子自杀。另外，仅仅因为东巴的宣传就会使人轻易地自杀，而东巴则为从自杀后举行的仪式中得到利益而鼓动人们自杀，这一点也是很难使人信服的。虽然东巴经对死后生活的描述是有诱惑力的，但自杀的青年们是否直接受到这种描绘的影响并不清楚。这些东巴经在自杀者的世系群为死者举行的"哈拉里肯"仪式中唱诵。这种仪式看来并不是对公众公开的，死者宗族的成员在整个仪式过程中没必要自始至终在场。

我认为要对自杀率急剧上升的原因做出更为合理的解释的话，可以借用马歇尔·萨林提出的"结合结构"的概念来进行阐述。按照萨林的论述，结合结构是"一组历史地形成的关系对传统文化范畴进行再造，并赋予它们跨越出原有背景的新意"。在本质上，当事者多种范围内的利益和目标产生变迁，这是由入侵的文化和人们的各种不同范畴之间存在的有差别的关系所导致的。于是，在历史的进程中，便存在着传统因袭的价值观[①]和目的性价值观之间的激烈竞争，这种冲突始终贯串在萨林所说的"结构的实践"和"实践的结构"。从纳西族的自杀事件中可以看出，纳西人试图进行的文化再生（建立在本土的成年身份观念和与之相伴随的期待）已成为不可能，这是因为汉人已使纳西文化结构产生了变迁。而纳西人的行为仍旧按照过去存在的文化价值观进行，这就常常导致自杀。

自从一个古代民间故事描绘了一个自杀的纳西青年女子开美久命

---

① 传统价值观从不同样地再生，如萨林所指出的，"陈规的再生"是不可能的，因为在它再生的过程中已经发生了变迁。

金的悲剧①以后，自杀在纳西人中便成为一种仪式主义和模仿式的行为。如果运用萨林的理论模式，人们可能会把纳西人的自杀说成是从过去存在的文化系统中衍生出来的事件。萨林曾说过："事变很少是独一无二或全新的，我们可以立即在所接纳的结构秩序中觉察到它与原生形态是认同的。""神话事件构成了原型情境"，"所颂扬的神话主人公的经历"是"类似情境中活着的人们的再体验"。这样，"活着的人又成为神话主角"。导致自杀发生的环境条件明显不是由纳西族造成的，纳西人的自杀行为和对此的阐释可以以萨林所说的"所接纳的范畴"和"可察觉的背景"这样的意义来理解。与此相似，纳西仪式活动大规模的扩张可以阐释为纳西男子所进行的实用主义的尝试，他们以此对文化范畴进行再限定，以响应汉族官员实施的变革。

纳西两性观念和亲属关系的转变与中央王朝占领丽江和在多种范畴、状态和人在文化侵入的影响下发生的"有差异的整合"是一起开始的。由于这是把纳西男子、妇女、老者、青年人都置于中央王朝政治力量之下的"有差异的整合"，因此，它极大地影响到纳西族社会及其转变中各种关系的重新组合。

### 历史背景

纳西族与汉族的交往可以回溯到公元 738 年。唐朝时，纳西族是南诏的一个诏。1253 年，纳西族臣服元朝，元朝统治者把丽江城的名字"依古"或"巩奔"改为丽江。1382 年，即明朝时，汉族军队第一次征服

---

① 开美久命金的故事有 12 种文本，在所有的文本中都说到，开美久命金决定与她的情人一起自杀，而不愿与她的父母为她选定的男人结婚。开美久命金用口弦秘密地与她的情人传递音讯，相约自杀。饶有意味的是，有一首反映自杀的民歌也叙述了一个古代纳西首领的女儿出于与开美久命金同样的动机而自杀的故事。这里，我们可以做一个有说服力的比较，一方面，是纳西首领的汉化（首领中父系继嗣制的实施）和他们女儿的自杀，另一方面是后来很晚才发生的纳西百姓的汉化和本文讨论的自杀现象。早期纳西首领的女儿宁可上吊自杀，也不愿意离开家庭嫁给不是她们自己选择的男子。

了中国南部地区,建立了土司制度①,任用当地贵族统治各民族人民,纳西土司家庭最先转变为父系继嗣和父系继承制的家庭。②

纳西族统治者的汉化表现在他们向父系继嗣和父系继承制的转化。中央王朝这种使之汉化的主要目的在于想通过鼓励他们接受汉族文化价值观后,以此治理纳西人。洛克和杰克逊在其研究论著中说,在丽江,当地贵族的行径与其他纳西人有很大区别,他们能说汉语,会用汉文写作,接受了汉族的文化习俗。洛克所译的用汉文写于16世纪早期的《木氏宦谱》表明,除纳西贵族以外,纳西人并没有接受汉族文化习俗,仍然处于汉人认为的所谓"蛮野"状态。换句话说,在16世纪中期以前,土司制度并没有成功地使纳西人汉化。但土司制度加深了丽江传统贵族和农民、商人阶层之间的不平等。这是土司实行父系继承制的直接结果。1723年,清朝在丽江的"改土归流"与清朝政权从西藏撤军有关(斯内尔格罗夫和理查森)。杰克逊解释这一点说是清廷想在临近西藏的边境建立一个堡垒。洛克指出,当时一些纳西人要求政府实行"改土归流"是因为从当时中央政权任命的土司贵族的状况而言,这是合乎需要的抉择,因为这些纳西族已成为腐朽的鸦片烟鬼。可能丽江兴起的商人阶层希望有非世袭制的官员来治理丽江,即以政府任命的流官来取代当地的贵族统治。我认为,丽江是集市和贸易的中心(它位于向西贸易的路上),这一点必然使清政府想直接控制这一区域,特别是当时已开始从印度进口鸦片,直接控制丽江对清政府来说更为重要。

1723年,清廷在丽江实行"改土归流",他们实施了一系列的变革,这些变革必然导致持久性的纳西两性关系重组,包括婚嫁习俗、孩童订婚、男子的专有继承权、父系继嗣以及对通奸和未婚怀孕的处罚。这些变化除孩童订婚之外,都体现了汉族奉行的习俗。孩童订婚习俗

① 当地贵族被任命为世袭官员,这在本质上是附属地的体制。他们对此的回报是纳税,以及当朝廷提出要求时,他们要派出当地军队参与军事行动。

② 纳西贵族的汉化表现是与天上和地上首领的女儿自杀的传说有着内在联系的。

也许是由于纳西妇女与驻扎丽江的汉族士兵内部通婚而造成妇女缺少的结果。总之，从当时丽江实施的变革中可以更清楚地看到清朝政府想对纳西族实行汉化统治的目的。当时他们如何实施这些变革，以及纳西社会不同阶层的人如何与汉族合作的程度这一点不太清楚。我们只能设想，男子专有继承权和父系继嗣制是在纳西男子阶层的支持下得以贯彻的。另外，由于纳西男子要从事远程贸易旅行，因此，很可能他们普遍能讲汉语，与汉人的交往也多。1723 年，在丽江兴办的汉学教育把纳西妇女排斥于门外，这样无疑就使只有纳西男子能讲汉语，能与汉人交流的情况长期地存在。直至现在，大多数纳西妇女仍不会讲汉语。

我把研究焦点集中在纳西人的自杀和"改土归流"前的纳西仪式上，在下文中将进一步阐述汉文化输入而引起的变迁和男女之间、年长者和年轻人之间关系的重构，以及纳西亲属关系和性别习俗的转变。

## 摩　梭

为重构 1723 年以前纳西族的性别习俗，我将以当代中国民族志中摩梭人的资料作为立论的依据之一。按照杰克逊的观点，摩梭和纳西实际上是同一个传统民族，汉人把他们通称为"么些"（读音如 mo-so，关于这两个群体历史背景的论述，可以参看杰克逊 1971 年、1975 年发表的论著）。洛克和杰克逊都提出纳西和摩梭实质上有同样的氏族组织。杰克逊进一步指出他们有相同的亲属称谓、语言和宗教仪式。我认为他们也有同样的性别体系。这一点可以从洛克的调查结果（1939 年）中得到证实。在远离丽江坝区和汉族影响的纳西村寨，如拉伯村，父权和贞节观念并不是那么重要地普遍实施，没有婚前性行为的禁律，两性关系与当代摩梭人相似。遗憾的是目前没有可供进行比较研究的这些村寨的足够资料。

摩梭人过去和现在都居住在金沙江东面的永宁，远离汉族的势力范围。与纳西族居住的丽江不同，永宁从未被汉族占领过，一直由当地的贵族——土司统治着，直到 1949 年。有意义的是，过去有许多想逃避包办婚姻的纳西情侣用革囊渡过金沙江逃往永宁。在过去的数百年中，有相当多的丽江纳西人迁往永宁居住。根据 20 世纪 50 年代的资料，摩梭人当时没有婚娶习俗，但男女之间有建立在与自己选择的性伴侣之间保持性关系的"阿注关系"。孩子的父亲身份是无关紧要的。每个人都可以有一些性伴侣，家庭财产为妇女拥有，依母系继承，子嗣都追溯到女性祖先，实行母方居住制。由于摩梭人的性和继承体制没有像纳西人一样经历过变革，因此，关于摩梭人的民族志资料或许可以用来重构"改土归流"前丽江纳西族的仪式和性别习俗。下文的论述将以 20 世纪 30 年代至 50 年代关于纳西族的研究资料和 20 世纪 50 年代以来关于摩梭人的研究为基础来进行。

## 两性体制

20 世纪时，纳西两性体制最为突出的特征之一是纳西妇女在城镇经济生活中扮演着主角。据顾彼得的论述，纳西妇女是所有商店和生意事务的业主、钱币兑换者、邮政管理人、商人、出售财产的谈判人。她们也自己生产许多在集市上出售的日用品，如食品、竹篮、木桶等。年轻的未婚姑娘也出售货物，兑换钱币，但不像已婚的妇女那样长时间地工作，她们可以按自己的意愿花赚得的钱。

按洛克和顾彼得的叙述，纳西妇女没有被汉化，她们不像汉族女子那样幽居深闺，在性隔离的环境中工作，活跃于集市上的纳西妇女常与男人接触。年轻的未婚姑娘中也没有关于女性贞操的规章条例，年轻的女子成群结队地在丽江的街上自由地游逛。顾彼得指出，纳西人关于性自由的价值观在汉人统治丽江后以秘密实施的恋爱方式（可能是婚前和婚外恋的性活动）得以残存。这种恋爱是"丽江的通则，而不是个别的事"。

洛克和顾彼得两人都强调他们观察到纳西妇女的工作比纳西男子艰苦得多。顾彼得说，男子们全然不知商店事务和货物的价格。他指

出，娶得一个纳西妇女就如得了一笔人身保险，从此他可以悠闲安逸地
过日子。

上面提到的纳西男子明显的懒散习惯或许可以这样解释，他们从事
长途贸易以及在汉族条例下合法的优越地位。作为长途贸易者，纳西男
子经营更有经济价值的商品，特别是鸦片。另外，按照汉族的法律，所
有的财产归男人所有。

虽然纳西妇女看上去控制和管理着商店、钱币兑换等，但实际上，
这些妇女经营的商店和赚得的钱是归男人所有。男子对钱的控制明显
地表现在公开的事务上，如在婚礼上，男人的赠礼是钱，而妇女则只能
给一些小礼物，如食品和她们自酿的一罐酒。换句话说，虽然钱是妇女
在劳动中赚来的，但这些钱被社会性地认为是属于男子的。妇女只能
支配一些小的手工制作品和食品，这些东西公开地被看作是她们的劳动
产品。

## 纳西妇女在宗教仪式中的低下地位

1723 年以后，纳西族的宇宙论中融进了苯教和蒙古萨满教的因素，
也受到佛教红教派①、道教以及缅甸的"纳"崇拜②的影响。在 19 世纪，
满族政权禁止一切有组织形式的宗教活动，但默许个体宗教从事者的活
动，因此，苯教在丽江以个体宗教活动者（东巴）的形式重新出现。东
巴举行类似苯教和萨满教的祭仪，这些现象的重新出现也许是由满族政
权对有组织形式的宗教活动的禁止而不经意地促成的③。在 20 世纪，佛
教红教派在丽江仍然存在，尽管它已没有非贵族阶层的信教者。丽江的

---

① 应为藏传佛教白教派红帽系。——译者注

② "纳"（nat）是缅甸民间宗教所信奉的鬼，众"纳"中以号称三十七"纳"的一群
为最著名，他们都是横死者的亡魂，敬之者昌，违逆或轻慢者遭殃。此外，尚有自然界
的"纳"、世系"纳"（周年奉祀，世代相传）、村"纳"（保佑村民不受野兽和疫病之害，依
附于村口某树或某洞穴）。——译者注

③ 1723 年后，宗教仪式主持者的增多主要表现在东巴数目的增加，东巴是能读会
写的祭司，能唱诵经书。一些东巴也是"吕波"。

居民更信奉东巴或"吕波"(萨满),需要时请他们举行仪式。

东巴基本上是个体宗教从事者,他们能读、唱诵经书,举行治病、驱鬼、丧葬、净化[①]等仪式。纳西女性被排斥于这些职业之外。东巴一职的传承实行父传子。对"吕波"的贬称是"桑尼帕",他们也是个体宗教活动主持者。"吕波"举行降神会,进入阴魂附身状态,举行戏剧性的仪式,诸如捞油锅、赤手抓烧红的石头、以牙衔烧红的物件等。"吕波"一职不是世袭的,而是根据下面的情况而定的:当一个人进入阴魂附身的状态,其举止如一个"吕波"。他在三多[②]神像前表演,三多神会使一条红布带落在他身上,表示他已接纳了一个新的"吕波"。而妇女则不允许成为"吕波"。当妇女进入阴魂附身状态时,人们认为她已为邪恶的鬼所占有,要为此举行驱鬼仪式。

在古代[③],所有的"吕波"都是妇女。"吕波"虽然也和东巴一起举行一些仪式,但她们不会读东巴经,不懂东巴举行的仪式。纳西妇女是在什么时期被排斥出"吕波"的职业之外,这一点不太清楚。洛克于1922年到丽江,那时已没有女性"吕波"。随着丽江市场经济的发展和鸦片贸易,宗教从事者的职业可能成为有利可图的行业之一。结果,男人可能就把妇女排斥出这一日益吸引人的职业范围之外。洛克、杰克逊和顾彼得都指出,赚钱使这一宗教职业成为吸引人的职业,因为宗教仪式专家可以从常常需要举行的仪式特别是日益复杂的丧葬仪式中获得利益。按杰克逊所说,东巴有意识地精心设计仪式,使之复杂化,目的在于从中获得更大的报酬。

在20世纪,男子已在宗教生活中完全处于主导地位。洛克曾指出,妇女不仅被禁止当东巴和"吕波",甚至不允许她们参与一些重要的仪式,如祭天。

---

① 指国内所译的除秽仪式。——译者注

② 三多是丽江玉龙雪山山神,也是纳西族的保护神。

③ 洛克没有特别指出具体的时间,但指出"吕波"原来是公元前12世纪~前11世纪时吕尚(姜子牙)的信徒。

1723 年以前, 纳西族中存在母系社会形态, 妇女相应地有较高的社会地位。洛克的资料表明, 曾有几个纳西首领是妇女。在这一时期, 个人是自己决定恋爱和婚姻关系的, 社会对婚前的性关系或私生子不歧视。如上文中讲到的, 在远离汉族势力范围的丽江边远山村, 这种习俗直至 1930 年仍然还存在着。

随着 1723 年汉族的介入, 孩童订婚这种包办婚姻的守旧形式被介绍到丽江。父母在他们的子女还是小孩、婴儿甚至还在腹中就为他们订下婚事。年轻人再不能自己选择配偶。青年女子婚前的性关系被谴责, 她们会因此丧失名誉, 未婚怀孕被视为非常丢脸的事。杰克逊指出, 纳西的婚姻习俗按照汉族的包办婚姻习俗而加以变革。为促成子女的孝顺之风, 对继承法也进行了变革。他推测是清王朝执政者迫使纳西人放弃他们的传统习俗, 以便消除母系世系群的力量, 以巩固他们在丽江的统治权。汉官用使纳西民众汉化的手段巩固他们对丽江的统治这一点是显而易见的, 但为什么在那么多的年轻妇女中, 自杀成为一种普遍现象这一点还不是那么清楚。

## 神话的再上演

如我在前文中已指出的, 随着清朝官员在丽江实施的变革而引起的纳西人异乎寻常的高自杀率现象, 可以用萨林提出的"结合结构模式"来试图理解它。按照纳西人的信仰观念, 自杀的年轻人不是简单地死去, 而是进入了一个美妙的无人胜境, 这个胜境在一个关于青年女子开美久命金与其情人一起自杀的古代民间故事中做了描述。人们相信自杀的年轻情侣住在一个与大地相似的乐园中, 他们在那儿啜饮露珠, 在云彩中漫游, 与自己相爱的情侣永久地做爱, 永远保持着青春。我认为开美久命金的自杀可以解释为"神话事件", 她的情状被后世在"相似情境"(萨林语)中自杀的纳西青年男女们进行了再体验。

和库克船长到达夏威夷的情况一样, 清朝官员控制丽江和纳西人的自杀现象之间的关系可以从纳西过去存在的文化神话中得到解释①。纳西人的自杀并没有在汉官介入一开始时就发生，但随着汉官实施的变革，自杀成为对此的一种反应。它亦随着对纳西内部的性观念和亲属关系的重新组合而发生。

自杀的大量产生提供了一个识别纳西社会中哪一范畴的人们受1723年以来变革的影响最大的线索，这就是那些未婚的年轻妇女和男子，以及已婚的青年妇女。未婚男女的自杀行为在纳西语中被称为"游舞"，意为浪漫的自杀。"游"指自杀者死后腐朽的尸体，"舞"指那种驱人去自杀的欲念。"游舞"习俗与开美久命金的死有关。开美久命金的自杀亦成为"游舞"的一种模式。与已婚妇女的自杀不同②，未婚者的自杀通常要事先准备，在高山上偏僻静谧的地方自杀。像神话中的主人公一样，年轻的情侣以口弦相约自杀。如同神话中所描述的，情侣在自杀前携带上新衣服、食品和酒去往高山，在那里搭起木棚，住在那里，直至他们的食品耗尽才自杀。据洛克所述，要自杀的情侣弹口弦，即兴作歌倾诉人生的不幸，讴歌永恒的爱情，直到生命的最后一刻。

"游舞"的年轻人不仅是重新体验"神话主人公"的经历，而且通过自杀进入了"神话主人公"的行列。自杀牺牲者没有被人们忘却，而是永存在活着的人们的记忆中③。据说，去山坡上放羊或找柴的纳西族青年男女常常听到自杀的情侣们的鬼魂在弹奏口弦的声音。现在和过去的自杀者们以及引诱年轻人去加入它们行列的精灵们那特别的自尽地点都相类似。

孤独和诱惑是纳西族殉情民歌中反复歌咏的内容。确实，从这种民

---

① 清朝官员控制丽江与库克船长到夏威夷的情况相似，虽然纳西神话没有解释汉官到丽江的事，但自杀却是因汉官统治丽江而引起的。

② 已婚妇女自杀者占纳西自杀者的20%（顾彼得，1955年，153页）。她们与未婚男女自杀不同的一点是，她们看来是出于反抗和报复而自杀的，她们在家中自杀，与神话中所描述的自杀缺乏相似性。

③ 这种信仰到底到什么程度是不清楚的，洛克和顾彼得都只谈到纳西人有这种信仰。

歌中所用的描述语言来看，自杀被概念化为一种诱惑的隐喻[①]。在山里，年轻男女被口弦那迷人的"求爱声音"和殉情精灵们的低语声所诱惑。这些声音使他们倍感孤独，以致自杀。殉情精灵们"诱惑"年轻人，"特别是情侣"，说他们死后将会生活在一个有着永恒的美的享受的地方。在一些故事中，殉情精灵把绳索放在精神恍惚的年轻人脖颈上，反映殉情的民歌被认为很容易唤起精灵，因此，纳西旅人在一些特定的地方回避唱歌或弹口弦[②]。因为他们害怕被殉情精灵带走。如果他们是情侣，他们会担心在殉情精灵的诱惑下亦走上殉情之路。甚至自然现象、高山草地、山峦都在神话描述的往事中被密切关注。"风吹过云杉林发生的呜咽声，就像美丽的殉情少女在深深地叹息；瑟瑟的风从冷杉林中穿过，听去就像已殉情的情侣之灵在弹奏着口弦。"（洛克）

大多数青年人知道开美久命金的故事，并把它牢记在心里。当他们听歌手吟唱这个故事时，常常被感动得流泪[③]。一个因类似因素引起的殉情的先例的存在并不能圆满地解释纳西青年男女的殉情。我认为纳西未婚青年男女殉情的发生或许可以从两种共存的文化"剧本"或文化价值之间的冲突这一点上来理解。汉族介入之前，丽江纳西族与摩梭人一样，少年在长到13岁时便被认为已步入成年，他们从此获得了世系群成员的完整身份，被鼓励自己选择性爱伴侣。摩梭人大多数的性关系都建立在个人自己选择和浪漫的爱情上。

由于汉族官员进行变革，纳西传统的范畴被重新改组，只有在父母

① 我在这里依循马丁用拉科夫和约翰逊的方法分析隐喻如何构成人们思想、交谈和行动的方式。

② 口弦是纳西族年轻人和老年人都喜弹的传统乐器，也用于谈恋爱。据洛克所述，口弦从不在家里或父母在场时弹奏。这可能是因为口弦与秘密的恋爱和殉情相关的缘故。据洛克在1920年至1950年的调查，青年人在这期间仍然在山上弹奏口弦。

③ 尽管没有年轻人自己解释殉情的资料，从他们对殉情民歌做出的反应和即兴演唱的语言中看，解释为孤独和诱惑是合适的。

控制婚姻的制度中，成年身份才能达到，性活动才被认为是合法的。[①]
这种变革最大的影响是对妇女的生活，特别是对处于青春期的女子。因
为按传统的[②]习俗，青春期是开始进行冒险的时光。可以设想，大多数
殉情事件都发生在当年轻人步入性活动、成年身份和婚姻时期的门槛之
时发生的。

据当代关于摩梭人的民族志记载，少女的地位是随着她生理的成熟
和开始成为氏系群再生产者的角色而逐渐提高的，这与纳西人中的汉族
准则形成强烈的对比。后者的情况是，一旦进入生理发育期，女子就要
被控制。妇女地位的急剧下降始于她的婚姻。这样，对纳西人来说，受
汉族影响的明确父系的观念是与更严格地强调年轻育龄女子的贞操相
结合的。如顾彼得所指出的，未婚怀孕被视为极端丢脸的事，有时会导
致当事女子被父母逼死。尽管如此，未婚的纳西女子并未被严格管制，
她们帮父母干活，但有自己赚钱的自由。她们常常同女性伙伴一起在街
上游逛，与情人在高山草地秘密幽会。

纳西青年女子的殉情也许可以理解为是对本民族传统习俗范畴变
更所做出的反应。随着包办婚姻制、男性垄断继承权和父系制家庭体制
的建立，未婚女子面临着婚后失去个人自由的命运。结婚后，女子不能
再自由地与伙伴们社交，不能随意地花自己赚得的钱。她们必须剪短头
发，穿上已婚妇女的服装，开始劳务繁重的生活。这样，年轻的女子必
然会认同殉情神话，因为在殉情神话描述的浪漫乐园中，年轻人可以得
到那些随着婚娶将会失去的东西，诸如自由地选择情侣、永恒的青春，
还有那田园诗般美丽的漫游于云彩中、不必做苦工的生活。

如洛克已指出的，纳西妇女坚持传统的浪漫爱情价值观，因此拒绝

---

① 这与汉族关于成年身份的观念有关，即一个男人的童年身份的正式结束是当他
成为父亲之时（沃尔夫），可能一个女子的童年身份也同样结束于当她当了母亲之时。
因此，一个人的成年身份是通过父母控制的婚姻制度而获得的。

② 我在这里所说的"传统"是指 1723 年清朝介入前纳西人的习俗，我在下文中也
用"传统的"一词来指这一时期。

嫁给不是她们自己选择的男子。也有这样的情况，有的妇女在婚前的恋爱中怀了孕。在这两种境况中，这个古代神话为年轻人提供了一个理解自己的境遇和采取行动的准则。我对这种情况的看法是，它是作为一个结合结构形态而出现的，即过去存在的殉情神话成为新的殉情事件的背景，新的殉情事件在与神话类似的情境中再上演。

## 儒家学说、社会等级、男子身份和性

纳西族自杀的青年男子比自杀的青年女子要少得多。青年男子自杀的原因是很不同的。洛克指出，纳西青年男子奋起反抗父母安排的婚姻。尽管这可能是一些男性自杀者的表现，我认为纳西人已接受了汉族的父权制亲属关系体制，这种体制强调子女对父母孝顺的价值观。这一情况必然已使年长者和青年人之间的关系有了变化①。其结果是青年男子在家庭中的地位急剧下降。一首殉情男子唱的歌反映了这一点：

> 我头上有那些长者！
>
> 有那么多的长者！
>
> 可这些长者哟，
>
> 没有一个关心我，
>
> 他们都虐待我。
>
> 在养我长大的这一家，
>
> 我连指甲般大的一点东西都不要。

换句话说，青年男子在儒家父权制下地位的降低可能是他们自杀的部分原因。在儒家父权制家庭里，家庭成员的地位是与年龄直接相关的，男子只有成为父亲后才获得成年身份。如按照纳西族传统的性体制，生理已成熟的青年男子和未婚男子被公认为已步入成年，可以自由地选择异性伴侣。而在儒家体制之下，这些青年人仍然只有孩童身份，不被承认为成年人，不被承认他们已有自己选择婚姻伴侣的能力。另

---

① 如奥尔特诺尔指出的，父权制家庭最突出的特点是"延长儿子的隶属关系和控制他的时间"。

外，自杀也许也与男人身份的传统观念有关。关于男人身份的传统观念是与性活动和浪漫的爱情有联系的。按 20 世纪 50 年代摩梭人的习俗，摩梭男子在举行成年礼后，被承认为已有男子身份，他们在自己出生的家庭里已不再有固定的住处。一个男子如果连一个"阿注"（情人）都找不到，就被认为是没有本事的人。如果他回家，也只能在草棚里居住，或者与年迈的舅舅住在上室。顾彼得指出，"强盛的性能力"是被纳西男子所重视的。如果纳西男子的性活动如摩梭人一样，与男性成年身份结构相关，那么，就可以理解纳西青年男子陷入一种潜在的悲剧性关系中后对他们的刺激，这一点也可从这一事实中得以佐证，即青年男子在性活动中扮演的角色更为猛烈，他们"极力地诱惑"年轻的女子。

基于上述情况，不难理解为什么在纳西民歌中反复出现倾诉孤独和描写诱惑的主题，能在青年人中引起这么强烈的情感共鸣。在某种意义上，两种文化准则——纳西传统的准则和法定强迫的汉族准则的存在会在某种情况下导致青年男子的利益和青年妇女的利益发生冲突。一方面，青年男子为获得男子身份而需要情人，而另一方面，如果未婚女子怀孕了，她们就会丧失名誉甚至生命。

另外，在纳西族中存在着男女人口比例不均的情况，这意味着不是每个纳西男子都能得到妻子。与汉族士兵通婚而造成的妇女缺少导致了孩童订婚这种包办婚姻形式，富裕的家庭可以出更高的婚前聘金优先获得妻子[1]。因此，作为汉族习俗的孩童订婚可能也导致形成了一个没有机会接近女子的青年男子阶层。洛克就曾指出过，自杀更多地发生在牧羊的年轻男子或农村青年中[2]。

我以为牧羊人可能更倾向于秘密私通和殉情，因为他们无力支付婚姻聘金，很少有希望得到妻子。牧羊人是那些生活拮据而不稳定的农夫

---

[1] 有讽刺意味的是，持续发生的女性自杀事件使女性缺少的情况加剧，这也促使孩童订婚的习俗长期存在。

[2] 洛克所引证的殉情故事《鲁般鲁饶》上卷的标题也有与牧羊人相关的语言特征，"鲁"也是放牧的意思。洛克认为这可能与牧羊人中殉情最为常见这一点有关系。

的子弟，而且，纳西传统价值观可能在牧羊人中比城市居民要强得多。城里人在汉式学校里读书，受儒家价值观的影响。住在丽江城区的纳西青年男子能讲汉语，他们可能更多地从事长途贸易。如果这样，那么，住在城区的纳西男子可能比农村青年男子更富裕，因此诱发自杀的因素也相对地少[①]。

育龄妇女和农村青年男子的殉情直接与他们和汉族势力的关系相关。与男子相反，纳西女子与汉人的交往仅仅表现在向他们出售地方产品，或是被买去做人家的妻子，或使之受儒家道德观的约束。尽管汉官实施的法律变革使男子的地位得到提高，但并不是所有的纳西男子都从这种变革中得到好处。付不起那么多竞争性婚姻聘金的农村青年，面临着有可能一辈子讨不起老婆的严酷命运。与性活动有关的纳西族关于男人身份的传统观念成为促成这种殉情悲剧事件的一种背景。同样，纳西族传统的妇女身份观念和汉族的妇女身份观念之间的冲突是与不幸的女子婚后生活前景相关联的，它促使妇女去与开美久命金和她的命运认同。

## 性别宇宙论及其转变

1723 年以后的纳西宗教仪式是以拥有苦心经营的经书和很多男性仪式专家的产生以及排斥妇女为特征的。1723 年以前的纳西仪式[②]所关注的核心是生产周期、年度祭祀仪式、成年仪式和简单的葬礼，这些仪式通常由家长主持。虽然纳西族有萨满（或称"吕波"），但他们没有文字，凭记忆举行仪式。

1723 年以后的纳西仪式包括旨在延续父系的年度祭祀仪式，各种

---

① 有意义的是，16 世纪 30 年代是鸦片贸易的开始（舒尔曼、谢尔，1967 年）。许多少数民族在其中扮演了重要角色。据舒尔曼和谢尔的记述，1736—1795 年间，汉族商人被禁止贩卖鸦片，然而鸦片贸易在此期间仍很活跃，我们从洛克的记录中得知，从 1723 年直至 20 世纪中叶，丽江纳西人都有在进行鸦片贸易和吸鸦片者。

② 我假定 1723 年以前的纳西仪式与摩梭人 1949 年前举行的仪式是类似的，这一观点基于我在前面论及的文化连续性这一点上。

类型的驱鬼仪式和汉式婚嫁和丧葬礼仪。虽然纳西族的祭祀仪式和驱鬼仪式与汉族不同，但我认为纳西仪式的目的是与汉族强调孝顺德行、父权（父权制）和控制妇女等内容相似的。随着汉族进入纳西领域和儒家思想的输入，纳西族很多传统的象征和符号或是隐喻性地扩展其含义，或是引起变化。这种变化可以通过审视摩梭人关于洁净和不洁净的特定组织的信仰来看。按摩梭人的观念，洁净与大地和凡人有关。这个原则反映在洁净的等级程度上，洁净程度低者往往位于更洁净者的下方，如宗教仪式专家们住在木楼的上层，而洁净程度低的人则住在不洁的畜圈上方（严汝娴等）。汉官统治丽江后，纳西人逐渐形成了关于洁净和不洁净的信仰。纳西人的宇宙观与下列关系序列有关：

$$\frac{神}{凡人} = \frac{天}{地} = \frac{洁净}{污染} = \frac{男性}{女性} = \frac{父系}{母系}$$

而且，纳西族新形成的宇宙观会在社会关系的实践中反映出来，由于妇女被认为是不洁的，因此她们不能在楼上房间里住宿或是在楼上长时间呆着；她们不能在男人们的上方走动。在简便房屋里，不允许妇女睡在火塘边，火塘这个有威望尊严含义的家户中心是专为男子保留的。[1]同样地，男子和妇女都禁忌跨越家户内供生命神的地方，因为人们认为这会亵渎神灵。这种后来形成的信仰中的性别观念反映了萨林所说的"以隐喻方式表现的新对旧的同化"，其内涵是将神灵与凡人这种等级观念的逻辑延伸到男女两性之间。这种关系亦延伸到了父母这一范畴，集中体现了在汉族影响下纳西亲属关系组织的变迁。传统的母系社会变为父系，母权和母亲的地位已置于父权与父亲之下。对于实行父系制的汉族来讲，父权意味着通过它使社会再生[2]。

上述宇宙观与两性之间相联系的新观念已具有可以解释的说服力，

---

① 摩梭人的住宅内的情况则与此相反，正房火塘边的主位是属于家庭或世系群的头——女性长者的。在摩梭人的信仰中，较少污染和不洁净的观念和对性别的强调。

② 按儒家观念实施的婚姻和妇女控制，诸如使妇女伤残的缠脚、任用太监的女性幽居与证实父权制和父系再生直接相联系。

因为其中运用了纳西族传统宇宙论的推理法。在纳西族的创世神话中说，纳西人的祖先是从蛋里生出，象征着放弃了天的早期母系制。受汉文化影响后，纳西族的象征论认为天作为一个阳性范畴，与父亲相关，这也许可以解释为是反映了父系争夺母系（最初的蛋）作为最早的生殖和创造的角色。如果父亲们能成功地与天形成联系，那么，父系就自然转变为纳西人最早的祖先之根[①]。同时，后来产生的纳西象征论把女性描述为"凑"，意为秽、污染。尽管纳西人认为女性不洁净的观念不像汉族那样普遍，但妇女与男子相对而言，还是被认为是不洁净的，特别是当妇女怀了孕时是这样。事实上，是胎儿（或许是蛋的象征）使怀孕的妇女不洁的，纳西人认为胎儿或不到100天的婴儿是不洁的观念与此有关。

## 祭天仪式

认为母系不洁的观念也可从纳西人祭父系的祭天仪式中看到。洛克描写过祭天仪式，他根据1920年时举行的祭天仪式做过如下叙述：村子的男性成员和仪式专家集中在一起祭祀神灵，祈求神灵保佑村民不受盗贼和野兽的伤害；抚慰邪恶的精灵，使之不作祟。禁止妇女参与仪式，禁止靠近祭天场，因为人们认为仪式中的经书咏诵会导致她们自杀。在仪式中，奉献给父系（祖先）的供品摆在祭坛上，祭坛旁有一根顶部支着一个鸡蛋的三叉棍，东巴为祭品除秽后，开始咏诵经书，怂恿邪恶的精灵们进入那个鸡蛋中，仪式最后以村子的男子们聚餐和瓜分祭祀品结束。

祭天仪式也许可以视为保障父系的存在和保护父系而举行的关键仪式。如果母系（自找情人，拒绝结婚，生下非婚生子女的女性之源）最早是产生于蛋，那么，那些以自杀集中体现了母系的行为、态度，而不是遵循新规范的女子的邪恶精灵们，又可以回到最初产生她们的蛋中去。纳西祭仪经书不仅把自杀的妇女描述为邪恶和坏心肠者，而且把最邪恶的精灵

---

① 应该指明的一点是，天与地在汉族宇宙论中是逐渐形成的领域，它们分别与阳和阴有联系。

都视为是那些自杀者,特别是那些自杀的妇女。[①] 祭天仪式是在基于父权制或父系继嗣的社会再生的公共宗教典礼。它对妇女的排斥表明妇女不被视为父系的一部分,因此不允许她们与男子共享祭典中的聚餐。这个仪式将传统创世角色做了象征意义的颠倒,为维护父系继嗣进行超常的驱鬼和祭祀。该仪式既集中体现了妇女被排斥于世系群之外的事实,也反映了父系社会所防范的关于妇女试图参与仪式和世系群事务的危险性。

　　总之,虽然纳西族接受了汉族的婚姻和丧葬习俗,但汉族的价值观不仅仅是嫁接到纳西仪式中,更确切地说,它使纳西族的传统文化范畴再生,产生新的价值观。纳西宇宙论的转化是由“联合结构”导致产生的,得到法定优越地位的纳西男子在这个结构对纳西文化范畴和宇宙论做了新的解释。这种变迁反映在汉官在纳西族实施的习俗变革中,这种变革也有利于纳西男子的实际利益(参看萨林著作)。能于昏厥中进入阴魂附身状态的纳西妇女过去曾经是“吕波”,她们的职能后来被男性东巴取代[②]。东巴力图主宰仪式的主持者和解释者的地位。于是,女性的阴魂附身状态在过去是她作为“吕波”的证明,而后来则被视为是为邪恶鬼怪迷住的标志,因此需要举行驱鬼仪式。换句话说,她们的阴魂附身被视为是受污染而难以控制的危险状况。

　　如杰克逊 1971 年已指出的,精心制作而成的纳西仪式经书的主体部分属于各种类型的驱鬼仪式和净化仪式[③]。从这些仪式的出现中可以看出父系如何力图使男性成为控制仪式的主角,并识别那些需要控制的仪式。换句话说,仪式以宇宙论的形式使与可见的妇女权限相对的男子权力合理化,仪式旨在力图控制妇女。这两方面是相一致的。如果我们考虑到这一情况,即纳西族在受汉文化影响后,大多数仪式中的女性往

---

　　① 人们认为邪恶的精灵是那些凶死者(包括凶手、事故死亡和自杀者)变成的。

　　② 杰克逊认为东巴是农民,其是主要目的为经济利益的特定仪式实施者。

　　③ 洛克分析了 190 种手写本,发现有 170 种属于净化和驱鬼仪式,它们构成为殉情者举行的仪式中的亚仪式。为殉情者举行的仪式旨在安抚死者灵魂,防止死者对其家庭造成不良影响。

往与那些需要净化的事物有关，即如母亲、孕妇以及自杀者所变成的邪恶精灵，而这些特点都体现在自杀身死的女性身上[1]。那么，把女性排斥出仪式之外是容易理解的事了。由于妇女被认为与邪恶的精灵和污染有密切关系，她们再不是对抗邪恶力量的有效斗士。如奥尔特内尔1974年已指出的，净化仪式必须包含象征性的行为，可能必须是由仪式专家主持，这样对于想控制的事物就更为有效。因此，称东巴在仪式中的咏诵经书对于妇女来说太有影响力，最终会导致妇女自杀的说法就不足为怪了（洛克，1924年，第499页）[2]。

## 结　语

纳西青年妇女和男子的自杀或许可以这样来理解，即这是他们试图反抗汉族价值观对纳西族的渗透和纳西两性与亲属关系体制的转变的表现。清廷在丽江实行"改土归流"是出于他们战略和经济利益的考虑，这明显是在纳西男子中的商人阶层支持下发生的。清朝的法律从法与经济两方面支持纳西男子。纳西男子的势力在16世纪晚期开始强大，这也是长途贸易特别是鸦片交易的繁荣带来的结果。这些因素与汉族士兵与纳西妇女的内婚相结合，在使城镇的纳西人汉化的过程中起了主要的作用。

在20世纪20年代早期，纳西仪式中混融了占统治地位的汉族父权制价值观和妇女贞操观。纳西仪式的精心营造与排斥妇女充当仪式主持者和有时甚至排斥妇女参与仪式是相互有内在联系的。我已就这一点做了阐述。随着汉族父权价值观在纳西族社会的传播，妇女被认同为污染的根源，再不能充当有效的仪式主持者。仪式行为特别是各种类型

---

① 许多女子自杀的原因之一是因为她们在婚前恋爱中怀了孕（洛克）。

② 在把认同为生殖出男性的描述和把蛋说成是被污染物的描述之间，有一个矛盾，如果男性与孵出纳西男性祖先的蛋卵有联系的话，为什么蛋卵要被说成是被污染的呢？这可能是萨林所说的"任意""歧义"或"合乎逻辑的不稳定的符号性质"这一概念的一个范例。也许因为蛋卵最初是意味着母系，而这一联系是难以转变的。

的驱鬼仪式的急剧增加或许可以视为是对"洁净领域"的苦心经营，如奥尔特内尔所说的，"全纯净高度"的提高是随着仪式结构的形成而产生的。

尽管清廷的"改土归流"使丽江纳西族的社会分层达到什么程度不是那么清楚，但有一点是明了的，即妇女和乡村男子从此在很大程度上丧失了自己的地位，纳西族儿童受到的汉族权力结构的强制性影响最小。姑娘们没有被与世隔绝般地幽闭家中，在相当程度上有独立自主的自由。乡村青年没有通过城市学校接受汉族价值观，但一旦他们达到性成熟的年龄，他们的社会地位便发生了很大的变化。由于长期性的妇女缺少问题，处在纳西最穷困阶层的乡村青年面临着不能成婚的前景，而纳西族青年妇女则面临着与婚姻俱来的丧失性的独立自主和合法权力的命运。

纳西青年何时和怎样自尽为解开纳西族的高殉情率之谜提供了一个重要的线索。自从在一个古代民间故事中提到一对情人为逃避父母包办婚姻和逃往殉情精灵居住的神秘之地而殉情之后，殉情成为一种仿效式的行为。关于开美久命金殉情的神话悲剧性地成为殉情行为的"剧本"，使后世的男女青年在相类似的情境中仿效故事主人公而殉情。在某种意义上，这殉情悲剧可以理解为纳西本土文化对文化融合和性别角色转变的反抗。

# 洛克收集的东巴经及其在德国的藏本 *

〔德〕雅纳特（K.L.Janert）

一

约瑟夫·弗朗西斯·洛克（Joseph France Rock，生于 1884 年 1 月
13 日，卒于 1962 年 12 月 5 日）[①] 出生于奥地利，可称之为纳西学之父。
可以说，如果没有他所做的工作，这块研究领域就不会存在。从 1922 年
至 1949 年，他作为一个植物学家、地理学家、东方学家等，在中国西南
部的云南纳西人地区（指丽江区域）生活了大约 20 年。他在那儿有机
会观察纳西人的生活、文化以及纳西祭司东巴举行的宗教仪式。洛克是
第一个，也是至今唯一一个学会识读东巴象形文字和音节文字并翻译纳
西文献的欧洲人。他还成功地从他们手里购买了 8000 多册手写本（东
巴经）。在研究过程中，他断定纳西宗教是古代西藏苯教最早的一支，
它只受了佛教些微的影响。

关于他所收集的纳西手写本的下落，他有如下陈述：很大一部分手
写本在第二次世界大战中丧失；约 4000 册售给私人（此部分称为“赫

---

* 本文为洛克编撰、雅纳特辑的《德国东方手稿目录》第七部第一卷《纳西手写本目
录》序言。该书于 1965 年在德国威斯巴登出版。

① 参看阿尔文·K.乔克（Alvin K.Chock）《洛克：1884—1962 年》、布莱安（E.H.Bryan,
Jr)《洛克轶事》( An Anecdote Concerning Joseph F.Rock，载《夏威夷植物学会通讯》（夏威
夷大学植物学系主办）第 2 卷，第 1 ~ 13 页，第 16 ~ 17 页，1963 年版。

伦梅勒（Heronmere）收藏本"）<sup>①</sup>；约 1000 册手写本和大量 "赫伦梅勒
（Heronmere）收藏本" 的微缩胶卷存放在美国华盛顿国会图书馆；哈佛
大学燕京学院（在美国马萨诸塞州剑桥市）获得 1000 册左右；洛克赠送
给他的朋友和熟人共约 25 册，15 册 "左拉"（Dso-la）手写本在中国出版
部门被盗<sup>②</sup>。包括洛克个人收藏的照相复制本在内的 1115 册手写本被马
尔堡德国（西德）国立图书馆购买。

二

收到福格特（W.Voigt）博士的邀请书后，洛克作为弗里茨·蒂森
基金会（Fritz Thyseen Stiftung）和德国研究学会（Deutsche Forschungs
gemeinschaft）的客人，于 1962 年 1 月底离开夏威夷来到德国，在马尔
堡（严格说是在马尔堡城上方的奥尔滕贝尔格）着手编撰现属 "马尔堡
收藏本"（Hs.Or 和 K.Or）<sup>③</sup> 的纳西手写本附有说明的分类目录。

---

① 这些手写本为弗尼吉亚·哈里森（Virginia Harrison）夫人所购买，现归德·赞
亚斯夫人（Mme·De Zayas），收藏地点是：美国康涅狄格州，格里威治，赫伦梅
勒（Heromnere）。洛克博士获悉，这些手写本中相当多的一部分已委托给书商克根
（Kegon）和保罗（Paul）妥善保管，地点在英国伦敦大罗索街（Great Russels Street）。

② 第二次世界大战后，这 15 本书在香港又送还洛克，原因是因出价过高，没人购
买。此外，洛克还知道其他一些纳西手写本的收藏情况。据他所述，英国曼彻斯特市里
兰德 (Rhyland) 图书馆约有 150 本，巴黎吉梅特博物馆（musee Guinlet）约有 10 本，荷兰
莱顿存放着大约 10 本。另外，在伦敦印度事务局图书馆有大约 50 本属 "汝仲卟"（延寿
仪式）仪式的手写本，这 50 册手写本是传教士霍利·罗勒尔（Holly.Roller）在纳西祭司
为洛克举行延寿仪式后向他们购买的。洛克当时不知道这回事。华盛顿国会图书馆还
从昆亭·罗斯福（Quentin Roosevelt）先生和罗勒尔（H.Roller）牧师那里得到大量手写
本，他们于 1926 年至 1927 年在丽江得到这些书。据洛克说，受影响的东巴们为他们大
量手写本的丧失而极度沮丧难过。（巴黎国家图书馆保存有 6 册手写本，据说它们是用
么些〔纳西〕文写的）

③ 福格特博士为马尔堡所购买的原属洛克的这些手写本，一部分直接来自洛克，
一部分则从罗马东方学研究所买回，该所的纳西手写本是洛克过去赠送的（可看洛克
《纳西语英语百科辞典》）。

在将近 4 个月的时间里①，我协助洛克博士编目并和他一起研究②。洛克在马尔堡编订和描述了 527 本纳西手写本。洛克做完这些工作后，表示这些有内容提要的编目已可付印，因此在他回夏威夷（1962 年 10 月 30 日）之前已把这部分书稿交给出版者。

无疑，洛克博士想在以后校对清样时修订他的书稿。洛克去世（1962 年 12 月 5 日）后，出版他的著作的任务就落到了我的身上，我力图尽自己最大的努力克服其中存在的许多难题，以求使该目录以这样的面目公诸于世：使人们确信全书是完全符合洛克本来的意图的。

这部《纳西手写本目录》目前两卷中的 B 节是按照分类表中主要仪式的顺序来安排的，每一章内的手写本则根据其标题字母的顺序排列。包括马尔堡收藏本的描述在内的 B 节补充了适合手写本目录宗旨的索引③。

因几个原因，我一般保留了纳西词语中一些偶尔的不同拼法，并在关于分类表〔A 节和本书所刊印的 "9 个 '米瓦'（Mi-wua）④ 和 21 个 '高劳'（Ngaw-1a，即精灵）图片（它们的发表是征得洛克博士同意，并以他多年前在纳西人地区写下的笔记为基础的）〕的说明" 中保留了这种拼法。

## 三

洛克博士在纳西人地区生活时，受到当地人特别是祭司东巴的尊敬，因此他们不断地向他提供手写的宗教经籍，洛克从中选购了一部

---

① 1962 年 9 月，洛克在吉森（Giessen）皮亚（H.W.Pia）教授那儿接受外科手术治疗。1962 年 10 月，他在奥地利和瑞士度过了约 10 天的时间。在马尔堡，洛克看了（《中国西藏边疆纳西人的生活与文化》一书和《纳西语英语百科辞典》一、二卷的校样。后一部著作的第一卷于 1963 年夏出版。

② 遗憾的是当时未能找到藏学和汉学方面的专家协助洛克博士。

③《纳西语英语百科辞典》第二卷出版后，不仅要写出本书内容的索引，更重要的是编出一个完整的洛克所有纳西学著作内容的总索引。

④ 国内一般译为 "九宫"。——译者注

分。他对每一册得到的经籍都编了号〔现简称为"洛克数码"（Rock number）〕。为把这大量的纳西文献系统化和便于继续购买，洛克不仅列出他所得到的已归档编号的手写本目录表，同时也在着手准备一个列出尚存所有纳西手写本标题的概略表（手写本指纳西祭司为在举行宗教仪式时咏诵而手抄的书籍）。关于这个概略表中所包括的书目，洛克向通晓手写本及其标题和不同仪式中手写本的咏诵顺序的东巴请教。在这个过程中，他的概略表最初只是为实用而编撰的，但结果它亦成了纳西手写本的一种分类表。

根据福格特博士和洛克博士所订的合同，允许作为本书编者的我抄写洛克所写的资料，以列出"仪式分类表"，使之就绪并出版，使它以本目录中 A 节一样的形式问世。虽然如人们所知，这部目录很遗憾地既不包括所有可得到的纳西手写本的题目，也不包含全部标有"洛克数码"的手写本，但我们仍然希望它的出版会是有用的。[①]

分类表依主要的纳西仪式来分为几部分，每个主要仪式由几个小祭仪组成，这些小祭仪看来总是依一定的连续次序举行。在表中，这些小祭仪也都编了号。由洛克后来增补的小祭仪已并入原号码顺序排列，并在各个连着顺序的号码前加上一个或一个以上的零，以此标其特征。另外，在任何一个小祭仪中咏诵的特定手写本的题目依顺序排列，同时标以字母（参看 50, aa, a-Z, AA-AZ, Ba-Bz, Ca-Cj）；作者后来增补的可合并在连续顺序中的题目，以在分开的字母后标以阿拉伯数字的方式表示（参看 50: C, C1、C2, 或 50, Ab, Ab1）；尚不知其题目的手写本在连续顺序的字母后用"——"号标出（参看：50, f、g, 或 50, Be-Bn）；后来增补的只知属于某个特定祭仪，但不知其在各个仪式中实际位置的详情的手写本题目，以附加括号的字母标出〔参看：50, (Da)-(Du)〕。

这个分类表中提供了依书中的"洛克数码"编成的索引，参看 D 节（在分类表中提到的题目的字母索引将在必需的《纳西语英语百科辞典》

---

① 目录所依据的洛克手写笔记已由他在回夏威夷时带回，因此现在已再不可能得到。

第二部出版后编出）。

## 四

G 节第 299 页至第 438 页展示了复制的 19 册完整的纳西手写本。它们是编者选择的，是最有趣的原文或极稀有的手写本。对纳西学学者们来说，这些复制本可说是提供了第一批原文版本，同时，也可说是用图例从不同角度说明了纳西宗教文献的实质和形式（读者可查阅洛克有关这些手写本中的一些译释本）。其中的 18 册手写本用象形文字（"斯究鲁究 Ssdgyulvdgyu"）写成，Hs.Or.359（R.6053）是一册用音节文字"哥巴"（Ggo-báw）抄写的原文。

本书第一部分和第二部分的卷首插画展示了 8 册不同手写本的彩色的第一页，每一页都以一张小画像开始（第二张卷首插画已在《中国西藏边疆纳西人的生活与文化》一书中发表）。

## 五

这本目录的准备和出版工作是在弗里茨·蒂森基金会和德国研究学会的支持下才得以完成的，所有纳西学领域里的学者都将非常感激上述机构和它们的专家们为这项工作慷慨地提供了资金。

我们深深地感谢为购买这些现藏马尔堡的纳西手写本做出努力和亲自帮助和支持作者在奥尔滕贝尔格（马尔堡）编撰此书的女士们和先生们，他们是：伊迪斯·豪普特夫人（Edith Haupt）、伊雷妮·瓦格纳夫人（Irene Wagner）、康拉德·阿登纳（Konrad Adenauer）、恩斯特·科农（Ernst Coenen）、瓦尔特·海希克（Walter Heissig）、卡尔·约斯特（KarlJost）、海因里希·卡纳柴德尔（Heinrich Kanetscheider）、汉斯·维尔纳·皮亚（Hans Werner Pia）、格哈德·施罗德（Gerhard Schroder）、沃尔夫冈·特罗伊（Wolfgang Treue）、沃尔夫冈·福格特（Wolfgang Voigt）。

最后，我向《东方手稿目录》主编沃尔夫冈·福格特致以个人的深切谢意,感谢他在准备这个版本的过程中始终给予我的帮助。

我们也为印刷者和出版者在使此书问世过程中所做出的杰出工作向他们深表谢意。

于蒂宾根埃伯哈德·卡尔斯大学印度语言文化学系

1963 年 11 月 27 日

# 纳西文与甲骨文比较研究<sup>*</sup>

〔日〕山田胜美

## 甲骨文字的古老性

如果从文字的发展史看，纳西文不过处在幼儿阶段，而甲骨文则已经步入了少年时代。从幼儿回溯诞生之初的情况比较容易，而要从少年返寻幼儿时代及诞生之初的情况就不免困难一些。为何说纳西文是"幼儿"呢？这是因为它还多有稚气，离它诞生之初的绘画还相去不远。李霖灿在他的《么些象形文字典》之序中论及了象形文字与绘画之间的关系，称纳西象形文并不仅仅是文字，而且还是绘画，正处于绘画向文字的转变过程之中。因此，在用象形文字书写的经典中存在有不少绘画。下面，让我们举其一例姑加说明之：

ts'ε¹ h ɯ³ mbo² bʌ³ mi¹, dzi² da³ nε³ ku² mæ¹, t'o² rw³ ndzi³ lε² k¹ wa³ Ku²lε² ha¹ ts'ɯ³; ts'o³ zε² rɯ¹ ɯ² zo², k¹æ¹ pɯ³ rɯ² sw² po¹, k æ¹ b ɯ² s w¹ rʌr¹ rʌr², k æ² lε² k¹æ¹ mʌ² ku¹, ts'ε¹ hɯ³ mbo² bʌ³mi¹, k'o² n ɯ² k¹æ¹ da³ k¹æ¹ da³ sʌ¹, ts'ε³ ŋgu² ts'o³ lε² io³, ts'o³ zε² r ɯ¹ ɯ² zo², la³ mɯ¹ t'u²nʌ³ ty²,rɯ²sɯ² kæ¹ lε³ hʌ³,t'o² rɯ³ pa¹ rɯa² ku² nʌ³rʌr².

---

* 本文节选自山田胜美《活着的象形文字》，由玉川大学出版部出版。

意："衬红褒白命，正在弄织机，斑鸠飞到栅栏上，崇仁利恩若，带着弓和箭，三次瞄准斑鸠鸟，不能发机弩。衬红褒白命，口中喊'射！射！'拿起梭子来，戳在崇仁利恩肘拐上，飞箭离弦去，射在斑鸠食囊上。"

这简直就是一幅连环画！其内容所描写的是洪水之后，人类始祖""崇仁利恩上天求天女""衬红褒白命为婚的故事。如进行分解，即成斑鸠（t'o$^{33}$lɯ$^{31}$）、栅栏（k'o$^{31}$）、箭（lw$^{33}$Sɯ$^{33}$）、射（k'æ$^{55}$）、梭子（ts'ɛ$^2$rɯngu$^2$），织（da$^{31}$）与崇仁利恩、衬红褒白八个单词。巫师看着这八个单词构成的绘画，就可念出以上所表记的音及意。这正如今天的连环画剧。连环画剧有台本，而纳西人是无台本的。经典本身就是台本。这样一来，没有用文字书写的部分就只能由巫师口头转述。文字不过是一种辅助记忆的工具而已。成百上千的经典都是由巫师一一手写而成。不过，经典中有时也有一字一音、互相对应的情况（也偶有一字念两次的情况）。记录名门之家历代世系的宗谱碑等开头所书字的部分内容即是这样。它们是一种被固定下来的文句。以上所举故事的图画被分解为八个文字图，如将它们再加组合，就不能作原来那样栩栩如生的讲述。据李霖灿说，这种绘画在纳西经典中是随处可见的。这种尚未从绘画中超拔而出、充满天真情趣的文字在甲骨文中已经毫无踪影。因为甲骨文至殷代已从绘画大大前进了一步，变成了一般所指的"符号文字"。

汉字：　　虎　牛　羊　　马　犬　　鼠

纳西文：

甲骨文：

如举兽类之例，并与甲骨文一一比较，则如上图所示。虎、牛、羊、马、犬、鼠等字在纳西文中形象逼真、栩栩如生、四足具备。与之相反，甲骨文并非如此，极为粗糙，只表记它们的特征部分。"马"字以鬃为区别，"犬"字以卷尾向上作标志，"鼠"则在表示瞻前顾后的同时添加上了它好食的米粒。就兽而言，甲骨文大加省略，只留两足，除"鹿"竖写、"牛"与"羊"朝正面之外，均是侧向横写。这些特点是极引人注目的。因汉字以竖向书写作为原则，动物便成了直立状。在将兽类字作直立状书写时，横向面变宽，与其他竖写的文字失去整然性，因此，有必要让它横写。这虽是殷代的书写情况，却也雄辩地说明作为一种符号、一种文字，甲骨文绝不是作为绘画加以描绘的。话又说回来，无论是竖写还是横写，只要能够充分表达意义就可一目了然，从而也就达到了文字的目的。

"牛"与"羊"之所以正面书写，或许是因为它们描摹关在"牢"中的形状所致。在创制文字之初，人们已经进入农业社会，实行定居，在作为家畜而被饲养的兽类中肯定已经有了"牛"与"羊"。创造文字者见到从牢里露出角的牛羊便将它们的正面形状描摹了下来。这样，它们便既与和"牛""羊"同时创制的"牢"（甲骨文写作：状牢中牛羊形）字有密切关系，又表明汉字是在农业社会中创制的。

兽类以外的字在绘画中应横向拉长，但甲骨文中大多被竖写，而纳西文则依旧横写，正如以下所示的字：

"宿"字为人睡席（）上，"疾"字是人躺床（）上、作汗出身上之状，"死"字为人装棺桶（）之形。这些字最初如括号内所写者，为横写，后来才改为竖写。纳西族的"睡"字取人体横躺、鼻中打鼾之态，"病"取人高枕横卧之状，"死"字示人倒地成鬼（头上长长发即为鬼），"棺"字示尸体盛于其中。它们均是横写，决不改竖。由于纳西文已有近千年的历史，但仍止于象形阶段，并不进一步进化为符号、升华为文字，所以，可以断定，从创制文字到使用甲骨文的殷代已经经历了漫长的岁月。

## 甲骨文由来极古

纳西文创制于近千年之内，所以，无论任何一个字都可以从巫师之口或纳西社会中找到其创制的原委。与之相反，甲骨文所代表的是上古社会，大多反映现今不能看到的事物，其背景也就难以想象。在收字不足三千个的甲骨文字典中，能确认其意者仅有两千多个。此外的一部分文字正在由有关专家进行解读探讨，剩下者或许永远也解不开其奥秘。

打个比方，纳西文犹如一位少女，她的装束从上到下都是现代所流行的服饰，一看就能一目了然。甲骨文宛若一位白头老妪，不仅她的衣物落后于时代，而且她一生的经历也充满了悲欢哀乐的故事，勾起人们无限的怀旧之情。如果让她们暂时并席而坐，人们就可以于此看到古今迥异的情趣。

人类文化从旧石器时代进入新石器时代之后，取得了飞跃式的发展。到青铜器时代后，更显灿烂辉煌。进入铁器时代后的两千年，便是我们一般所讲的文明时代。纳西文的创制在铁器时代晚期的唐代，而甲骨文的盛行却在青铜时代中期。甲骨文创制于何时呢？据最近的研究表明，它当在石器时代。我自己主张新石器时代，仰韶彩陶片上残存的图画文字便是证据。这还可以通过纳西文与甲骨文的比较得到证实：

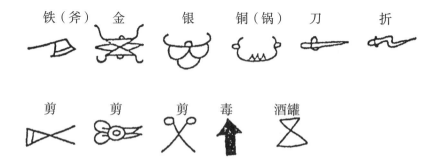

纳西文字的"铁"仅画一把"斧"，其意取"斧为铁制"；"金"字为

金锭之状（又称二银合成之形）；"银"字为银锞（一种银锭，馒头形银块）；"铜"字为铜锅；"剪"字有三种，只有第一种羊毛剪接近唐式（从殷墟唐墓中所发现者），由一根铁线打成，其他两种都是现代的样式。在用弓矢射杀猎物之际，肯定使用过铁打的镞，这可以从毒矢的存在中得到证明，"毒"便是一个黑色的镞。纳西人使用竹制的箭，但竹箭上还要安上铁镞，并涂上毒药。"刀"为铁制，可以从"折"字得到证明，故不再举其他例子。除"刀"和"折"之外，我这里所举者均是甲骨文中没有的字。因此，它们大体表明了纳西文字到底创制于什么时代。

新石器时代的第一个重要成就是砥砺的发明。将石斧磨利，以此制伏森林，自由使用木材，并进一步在斧的一头安上长柄，使采伐能力倍增。甲骨文的"父"字为手握石斧之形，这是旧石器时代的做法。"戊"字已有柄。作为安有柄的武器，还有"我""戍""戈""戊""崴"等字。

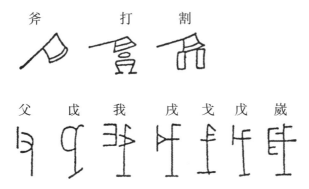

斧　　打　　割

父　戊　我　戍　戈　戊　崴

在殷代，已有玉钺、铜戈、铜矛、铜镞等，但制成这些文字却绝不在殷代。因此，这些武器原非青铜制品，肯定都是石制品。

新石器时代的第二个重要成果是农耕的开始。作为耕作的工具，古代传说中有"斫木为耜，揉木为耒"（《易经·系辞传》）之说，甲骨文字的"耤"字摹耕地之状：一个男子竖向而立，左脚踩大地，右脚踏于耒之横木上，两手握耒把。可说该"锄"形为耒耜之雏形。与纳西文相比较，可知它与现今仍在云南使用的"犁"字之形制是同一的。

汉文：　　　耕　　犁架　　犁头

纳西文：

汉文：　　　耤　　　方

甲骨文：

作为农作物，甲骨文中有"禾""麦""稻""菽""黍"五种。纳西文中无"黍"。"禾"与"黍"为同一字，都摹大穗。因此，"禾""麦""稻"都以"稻"加以表示。甲骨文的"禾""麦""黍"全部描绘了穗、叶、根、干，仅有"稻"字作取米存瓮之意的会意字。这是要特别加以注意的。

"稻"字之所以没有描绘其原形或许是因为在造字之初，造字地区还没有种植水稻，人们所看到的只是盛于瓮中之米。在孔子的时代（春秋末期），"食稻者"与"衣锦者"相提并论，可知稻尚是极贵重的粮食。直到今天，黄河流域的北方居民仍有此俗。但是，由于在殷武丁时有"受稻之年否"与"受黍之年否"同时占卜的情况，所以并不能说当时决不种水稻。在淮河流域，当时还有了以"稻"为名的地名。在仰韶期的彩陶上，也发现了稻壳的痕迹。故，在新石器时期，河南省境内已经开始种植水稻。如果这样，未见过稻而造稻字的时代还要早得多。小麦是外来植物，"麦"与"来"本是同一个字。小麦的原产地为小亚细亚山地，西传向埃及，东传到了中国。埃及人吃小麦已有五千多年的历史，传到中国的时间肯定也很早。"禾"与"黍"是中国的原产，因此，"年"字从"禾"。中国人从很久远的时代起就喜欢用黍酿酒饮用。

汉字：　　　禾　　麦　　稻

纳西文：

汉字： 禾　麦　稻　黍　来

甲骨文：

新石器时代的第三个重要成果是陶器制作。现在，我们仍能看到许多精美的殷代青铜器，但青铜器最早也是摹仿陶器而制成，正如后代的瓷器摹仿青铜器那样。因此，可以说甲骨文中的烹饪器、盛器"鼎""鬲""甗""盘""匜""豆""皿""斝""爵""尊""壶"等类原也是陶制品。在纳西文字中，除了"锅"为铜制、"盒"为木制、"酒瓮"为瓦制之外，都与现代的用具相同。

新石器时代是农业社会的前期，人类通过渔猎而获得一部分食物。这一时期主要靠农产品维持生活，但渔猎仍普遍存在。因此，在甲骨文中可以看到不少描写渔猎器具的文字：

纳西文：　网　　网

这里试举"渔"字的三种写法，两种是使用网而渔，一种是由钓线垂钓而渔。另外，还有用网而狩猎的"罹""罤""罜"。使用弓矢与陷阱的有"毚""雉""阱"等字。纳西文字中的网则与现今所使用的一般的网并无二致，不过是一种为撒网，一种为挂网而已。

## 字根与本义之比较

在纳西文中，其本义被如实使用。故，无论考察哪个字，都能究出其字根。另外，只要打开纳西文字典，该字做何解、该字怎样造、为何用此字等都可以一目了然。

据李霖灿介绍，在2000多个纳西文中，有两类字的情况尚不太清楚，一类是兽类名称，另一类是神灵名称。有的兽类名称单纯靠绘画是难以辨识的。就神灵名称而言，如果不了解造字之初的信仰内容，有的就很难确认。这与《说文解字》"水"部所载的许多有关河流的字，尽管可以知道其所指，但对它为何以此相称却茫然无知的情况相类似。甲骨文与此不同，至今为止，虽已解读了2000多个，但并不能说这些解读都已正确无误。就那些可以断定是解读正确的字而言，不知其字根所指为何者依然比比皆是。又，有些字似解非解，仅仅知道它是一个名词，如地名、国名、人名等，大多不能详明其音意。有许多字在殷以后的三千年间不再使用，或改换成了别的字，即使在收字四万多个的《康熙字典》中，也难于寻找到它们的踪迹。现在且引"有"与"无"二字试说明之：

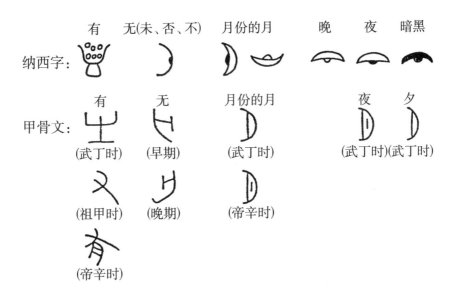

"有"在纳西文中绘一木碗，其中盛六个圆形，像有食物之状，纳西音为"dʑy³³"。李霖灿注云："（此为）有，碗中有物之状。"他还举鲁甸的写法说"器内有物状"。在甲骨文中，旧派将"𓂂"用作有无的"有"，又、再的"又"，侑祭的"侑"。但是，这明显是注音符号"𓂂"（zh）、"彳"（ch）"日"（r）的"𓂂"字，即篆书的"止"字。在殷商时代，它并不是作为"止"字，而是作为有无的"有"加以使用的。人们既不知道它原指何意，也不知道它原读何音。不仅我们今人不懂，连殷代也不知其源自何处。因此，在祖甲时代已经不再使用"𓂂"这个字，而改用"又"字作"有"字。新派一开始就不用"𓂂"，而用"又"字。

"无"字在纳西文中被描绘为半圆形无光残月之状。纳西人在书写月份之"月"字时将此字描绘成发光之半月。月上无光便成"无"字，纳西语为"mə³³"，近似于汉语的"莫"（mo⁴）。李霖灿对此字注曰："无也，不也，未也，否也，凡一切否定之意皆使用此字，仿照无光残月之形。今日摩梭农人于下弦月光细时，常曰'这个月没有了'，犹存此遗意也。"纳西文中的"太阴月"（二十九日半为一个月），"傍晚""夜"等字皆描半月形，只有太阴月朝上，"傍晚""夜"朝下以区别之。"暗黑"一词是以将"夜"字完全涂黑的方式加以表现的。

在甲骨文中，"无灾""无祸""无尤"写作"亡灾""亡祸""亡尤"。到了后世，"亡"字只用为死亡的亡。因此，亡之本意当指人藏于物荫之下看不到。因在古代多有"借用"之事，要找出汉字的字根，要解释其本意，要知道该借用字之本字为何绝非易事。"亡"字现不读"盲"音，但它在古代肯定读重唇音。若近于"没"音（沉于水中不见），其音意便达成了一致。不过，又有谁能弄清这个亡字原状何象？从何借音？怎样构制？我们不能推其本源，殷代人又何尝知道呢？因为他们亦远离造字时代。即使知道，亦很难知其所以然。

在甲骨文中，当时使用的字根的意义已不再是其本意，这是显而易见的。让我们以"厘（釐）"字为例加以说明吧。

图：甲骨文"釐"（釐）字的各种写法（廪辛、康丁、帝辛时代所见者）

正如上图所见的那样，这个"厘"字在殷代就已经有两种写法。旁为以手折枝"丯"，也写作"扑"，有"打"之意，"麦"（来、来）由"穗"与"茎""根"变成。有时添上"又"（又，右手），示一只手持麦之意（从第四到第八字与第十一字）。如果将"又"（又）与"根"（丿）组合在一起，便成（夕）。这是"止"（止）之逆写，"夕＝夊"，完全变应了"麦"。该字字根就是农业社会打麦去壳的一幅绘画，或许字音为"li"，或许本义为"分离"麦粒与壳。不过，到了殷代，它被用作"福厘"（也写作福履）之"厘"（加上作为音符的"里"）。在廪辛、康丁时代，它与"驭"字连用，称"驭厘"。帝乙、帝辛时，它与"延"字配合使用，叫"延厘"。它们都与"受祐"相同，为祭祀受福之意。"延厘"一词一直到三千年后仍然用于影壁（大门外遮目的塀）之上，与"打麦脱壳"的意思已经相去甚远。这就是甲骨文从造字时起经历了漫长岁月的证明。在纳西文中，完全看不到这样的情况。纳西文中的"麦"写作"🌾"（dze³³），"大麦"为"🌾"（mw³³dze³³），"燕麦"为"🌾"（mw³³zw³³）。

在被《说文解字》序文称为"近取诸身"的象形文字中，有一个难探字根的字——"女"。《说文解字》解释"女"字为"妇人，象形，王育之说"。这是视小篆体而释。但是，小篆之祖形为象形文字，它与殷代已相隔一千多年，要寻求其原始性意义已经相当困难。《说文解字》之著者许慎（公元30—124年）虽知有人主张"女"即妇人，为象形文字，但因不能说明它到底摹仿什么形，所以只能加上"王育之说"四个字，给后人留下了许多问题。这里且介绍先学诸说：

徐锴：女为如，如，男子之教，文中女以深癖为德，故象其衣裳绸缪闭固之象（《说文系传通论》）。

段玉裁：不得居六书何等，仅王育说此为象形，盖摹其撙敛自守状（《段玉裁注说文》）。

孔广居：摹侧立俯首敛手曲膝之形，小篆作"🔣""🔣""🔣""🔣"，金文作"🔣"，为柔顺事人之状。《六书故》（宋代戴侗著）中称"摹其婉娈"，《精蕴》称"两手相弇，摹坐形"等皆当疑（《说文疑》）。

饶炯：造字者，妇，"女后从帚之会意，适女之人以奉箕帚"。女，"柔媚婉弱"，与"摹臣字之屈服"同意。称贵女之贞节，掌以两手相掩，敛膝而静坐（《说文解字部首订》）。

章炳麟：《说文》作"女为妇人，象形"。妇道柔顺，故摹貌，"如，为从随"。《大戴礼记·本命篇》《白虎通》皆言"女成如"，与训好字之服成同义（《文源》）。

林义光：女，摹头、身、胫及两臂。身夭娇，两手相交，成女态（《文源》）。

　　这些都从象形的角度进行了解释。关于"女"为女性之形态已经十分清楚。章炳麟注意到"女"与"如"之关系是独具慧眼的。林义光所说的"身夭娇"也不可忽视。至于"衣裳绸缪闭固"啦，"两手相掩、敛膝而静坐"啦，"柔媚婉弱""撸敛自守"等则不免牵强，可以说是解释者的幻觉。这里，笔者想寻解的是"女"字所描摹者为何形，因此，必须将探求的目光投诸殷代，并大量利用殷周的金文。在此方面，马叙伦关于"女为奴之初文，与臣成一字，皆从人，缚其身"（详见《说文解字疏证》），在古代，多以被征服者之子女为奴，"成执法事"（《读金器刻词》）之说是值得重视的。

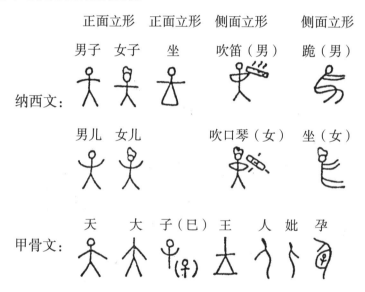

　　在与人体有关的文字中，最易于明白的是人体部分，因它们从古至今都无变化。有关人的字有人为侧面、正面、立姿、坐姿几种形式。下面，就纳西文与甲骨文试做比较。

　　正面立形：甲骨文的"大"字摹写带头、体、两臂、两胫的全身，这当然是"人"字。在殷代，它从成年大人中引申而出，成了大小的"大"。上部所加的头颅以"口"表示，其意为"颠"，其音为"tian"，字根为"顶"。"脑天"一词与之关系密切，在殷代借用为天地的"天"。

"子"字为小孩状，摹两胫在襁褓之中，两臂朝上。它在殷周的金文中作""或""。在殷代，既借用作干支的"巳"，又用作孩子之"子"。纳西文字的"人"字为"男人"，与甲骨文的"天"字字形一模一样。"女人"以在"人"字上加冠""加以区别。"小孩"这个字则无论男女都举两手以向上，这与甲骨文相同，只是纳西文还要张开两脚。"女孩"这个字亦要在"孩子"之字形上加""。看来，纳西族从很早起便特别重视性别上的区别。

正面坐形：在甲骨文中，仅有"王"字为正面坐形。旧派前期的武丁之际为秃头，新派时期的祖甲之际，加上了一横为冠。不过，将此视为坐姿者只是一些在《中国文字》(第7期，严一佯)上发表论文者的一般观点。必须指出，目前已经产生了王字"大斧说"以及王字"王冠说"。纳西文中的"坐"与甲骨文的"王"形状相似，作描头颅、盘腿坐之状，表现了纳西人的日常坐姿。

侧面立形：甲骨文中的"人"仅描侧身与一臂一胫。我们可以从"孕"字与"妣"字知道，甲骨文的"人"原无男女之区别。可是，在纳西文中，"孕"字作""(pu$^{55}$)，"母亲"字作""(me$^{33}$)，它们都一望可知是女人(""为音符)。另外，纳西文还以人体的大小区别母女，如果以""的方式并列两个"女"字，那么，高者为母，矮者为女儿无疑。在丽江一带，也用头上的装饰区别母女，""(头饰为方形)为母，""(头饰为圆形)为女儿。

关于动物字之侧面，以两足代表四足是中国古代造字的一贯手法。"艺"、"若"(两手向上)、"苣"(手持松明)、"夙"(等于"")，"祝"(向神祷告)、"仆"等字便特别描绘两手或两脚：

189

若　　苣艺夙祝　仆

在纳西文字中，侧立之人也必描两臂与两胫，这与给兽形侧写加上四足是出于同一心理的。"吹笛"与"吹口弦"等字都摹写男女侧立之状。

侧面坐形：甲骨文的"卩"（　）字与"即"（　，近食）字、"卿"（　，相向而食）字等的偏旁全是"收手曲膝"之状。古人席地而坐，故无"跪"与"坐"的区别。坐椅子之上为"尸"（正确者应为　，　）字，坐者也包括女性。"毓"（生子）的别体"　"便是这方面的例子。非常有趣的是纳西文字中的"生子"这个字作女性股下滚下小孩之状"　"，"多产"这个字为"　"，"　"注最后一个音。纳西文侧面坐形的"跪"与"坐"都描绘两臂两胫。

纳西文是较新近才产生的。那时，男女都比较平等，因而文字所表现的男女都是成年人，并仅仅以有无冠饰加以区别。我们难道不是可以从它明确分别两性这一点看到纳西族的意识变化吗？在最早的汉字中，"人""大""卩"等字是总括两性的，但为何还要进一步造出跪着两手相交的"女"字呢？它们是不是另有其他原因？孙海波对"若"字等的解释是："人举手跪足，作巽顺、承诺状。"之所以是这样，是因为"若"即"诺"之古字，有谦恭之意。或许，这一本义是可以肯定的。

上边所引的"苣"字等跪足、以两手持炬，"艺"字则跪足以两手植草木，"夙"字为早起拜月，"祝"字为神前跪下祷告，"仆"字侧立以两手托箕、头戴冠、腰挂拂尘等，并不是都以两手表示。"邑"（　）示人所居之所，"众"（）示一个地方人口众多，有站者、坐者，无双臂。这些都是可以用常用造字法加以说明的。"女"字为"两手相交形"，肯定另有原因。

从殷墟出土的文字、遗物可以知道，在殷商时代，古人要对俘虏、罪人、奴隶等采取严厉措施。但是，男女有别，对女子实行优待。

女　　　　　男　　　　男背面

作为优待的具体方法是：将女子之双手缚于身前，并加上刑具。而对于男子，要手缚身后，再加上刑具。手上的刑具叫"菜"。在以上三个陶俑（陪葬品）中，左边为女性，刑具施于前，中间一个是男子，刑具加于背后。对此表现最明显的是右边那个陶俑。刚俘虏到的则只用绳索捆绑。这既可证明存在男奚与女奚，也可以表明"女"即女俘虏，"如"即男俘虏。这一点，请参见以上所介绍的马叙伦的观点。

奚：奴隶。它有种种写法：第一为用手抓发辫，下从"大"；第二为以手抓发辫，下从"人"。他们都是被释放的男俘虏。第三为男奚之发辫，两手均捆在身后。另外两个不描绳，仅以手抓辫。最后一个为女奚，无发辫，两手缚于前。

甲骨文中"奚"字有六种写法：

男俘虏：

女俘虏：

女：甲骨文中的"女"字与第六个"奚"字相同，不描绳，仅画两手交叉于前状。

如：该字从女从口，金文、石鼓文、小篆均是此形。可是在甲骨文字中并不从女，而从缚双手于背后的男奚之形。因此，"如"字指男性奴隶。如果这样，"口"当是什么呢？由于笔者孤陋寡闻，对此尚不得而知。若要略陈浅见的话，我以为"口"即"后"，为表示"后"之意的音符。"口"与"后"在古代同音，其意为"缚手于后的奴隶"。

"女"与"如"的写法：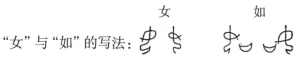

殷代还残存有一部分远古时代的写法，所有"如"字都还未写错，将"女"字解释成"如"是古意残存所致。"女"与"如"的关联表现在它们都"两手相交"这一点，因为他们都是俘虏，因此有必要绝对服从，"如"字也就带有"从""随"之意。《大戴礼记·本命篇》云："女为如，如，女子教男子，为长其义理者。"《白虎通·嫁娶篇》云："女为如，在家从父母，既嫁从夫婿，夫婿没而从其子。传曰'妇人有三从之义'。"

文字创制于农业社会。那时，男权业已确立，又有同姓非婚的铁则，女子便大多从异姓部落中俘虏而来。所以，造"女"字时，其形状就成了女俘。俘虏即罪人，用作奴隶。故，又造出了"奴""婢""仆""女奚"等字。"男"字是"田与力"组合而成的会意字。力即犁，"田力"即"力田""犁田"。男子作为农业生产中的中坚分子，其劳动力受到了高度的评价。"妇"也解释为"服"，但"服"字本身之意为"对盘低头做工"。其音符"𠬝"（以手按住人之降伏状）之古意为俘虏。造带"帚"之"婦（今'妇'）"字，是以扫地代指妇人，女子必须服从男子。这表明，农业社会中的男女关系是极不平等的。这也可以通过"姓"字得到确证。应该说，"母系社会"时代的女权至此已经一落千丈。

以上，我们讨论了"女"字的原始意义。但是，这种原始意义并未残存至今。到了后代，女子的地位再次提高，帝王夫人等还被授予采邑（封地），她们死后与国王一起受到祭祀，再也没有女俘、奴隶、卑贱等意思。"如"字之用法与"若"字相同，写作"王若曰"，也写作"王如曰"，不再带有男俘的意义，一切贬义都已消失殆尽。

"奚"被释为"女之隶者"，像周礼中有"酒人"（造酒之人）有"奚三百"那样，它仅仅为"奚"。"婢"被释为"女之卑者"。"奴"字被释为"皆古之罪人。周礼曰，'其奴，男子入罪隶（有罪之官奴），女子入舂藁'。从女，从又。仔，古文作'奴'，从人"。在《初学记》（唐代故事集）中引用《说文解字》曰："男入罪言奴，女入罪者言婢。"奴为奴隶。因有女旁，将女人以手做工者称奴。古文中从人从女作"仔"，故又示男性奴隶。可见"女"字的本意为奴隶。论述到这里，人们自然会回忆起以上所介绍的马叙伦之说。我们还颇应倾听高洪绪"按，古时略夺结婚，摹人跪地下绑缚两手之状，故为男女之女"（《金文诂林》女字）之说。总之，"如""若""女"三字互训，都带有服从、顺随之意。因此，可以说这些字是同源的。

在上古造字时代，捕获俘虏经过以下五个阶段：

①战败投降，乱发跪地，放弃武器，两手向上。"若"字当此，"若"即"诺"，为服从之意；

②允许投降，受降者屈服。此当"报"字，即"服"。作一人跪地，置两手于膝，胜利者以一只手按在降服者头上之形（因另有一个"殳"字，要注意勿将它们之间相混淆）；

③以绳缚两手，剃光头发，只留下最中间的部分，并将它剪短，扎朝上发辫。这是"奚""如"。女子不剃头、不扎发辫、两手缚于前，予以优待（男奚头上的发辫以殷墟出土的玉人头为据，见胡厚宣《殷周奴隶社会考》）；

④给俘虏上刑具手械，即木制的"荼"（见《说文"解字》。"荼"在甲骨文中为"✿"，有横插双手的两个孔）。楷书写作"李"。《说文解字》称，该字字音读如"籥"，"籥"之意为"箝"。可参照者为人们至今仍

193

将拔毛器具称为"镊子"。也就是说，这一刑具是以夹两腕以限制自由的。男女刑具都是手械，但男子施于后，女子加于前。甲骨文中的"执"相当于此。《说文解字》曰："执，为捕罪人。"现在将"执"之左侧写作"幸"是一种误写，本应为"卒"。

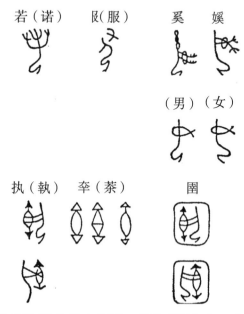

⑤将加上刑具的俘虏投入牢狱，即为"圉"字。在殷代，上古的制度与风俗大多已经消失。故，"奚"字亦用作女奴，"执"字为在女性手上加"茶"。但是，它也通用于男性罪犯。随着文字不断增多，"女"字失掉了其本义，"如"字也易男为女。如果甲骨文及其考古遗物不像现在这样大量被出土的话，这种上古社会状态将是永远也不能解明的。

# 汉字的六书与纳西文 *

〔日〕西田龙雄

## 汉字的结构原理

汉字的数量在殷代甲骨文时代就已多达三千余字，这些文字并不是预先制定出一定的法则之后再据此创制而成的。六书不过是在汉字已经相当完备之后分析既有文字归纳而成的造字法。

六书之语，古已有之。在汉代历史学家班固（公元 32—92 年）所著的《汉书·艺文志》中，它指象形、象事、象意、象声、转注、假借。而在记述周代官制的《周礼·保氏》郑玄注中，它被写作象形、会意、转注、处事、假借、谐声。不过，对这些名词之所指，《周礼》及《汉书》都未做具体说明。

对六书作明确定义，并对它们一一列举说明的是汉代文字学家许慎（公元 30—124 年）的《说文解字》。《说文解字》共 15 篇，其中，正文 14 篇、序 1 篇，共收字 9353 字。许慎根据字形将它们整理为 540 部，并根据六书原理对每一个字进行辨析，最终编纂成了《说文解字》这部字书。此后，人们对六书的解释大都根据许慎之说而定。

那么，六书到底指什么呢？正如人们所知道的那样，它即象形、指事、会意、形声、转注、假借这六种汉字构造原理（按：许慎所排顺序，指事在象形之前）。

---

* 此文选自日本中央公论社刊行的《活着的象形文字》。

## 象形与指事

共见于象形与指事这两种原理的字形特点是文字的形状由单独的字体构成。也就是说，它们都是用其基本意义不能再剖析的字体构成的文字。许慎将有这种特点的文字称为"文"。另外，由于是单独的字体所构成，它们也叫"单体字"。许慎说："象形者，画成其状，随体黠黜，日月是也。"即，正如"日"（□）和"月"（月）那样，它是对应于事物本身描绘极类似之形状的原理。那些表记自然现象、身体部分、种种动物的文字大都符合这一原理。与之相反，一看就知道大体意思为何，进一步深究就能充分理解原意的字为指事字，即许慎所称"指事，视而可识，察而见意，上下是也"。"上"（二）与"下"（二）这样的概念，难以用形状表现自身，便拉一条水平线，线上之部分表示"上"，线下之部分表示"下"。这就是指事。

"本"之古字形为"㞋"，又作"㞋"，在树根处加上一画或三画，表明该字字意与树根有关。另外，"末"的古字形为"㞋"，即，在树梢上加一画，表示该字字意之重点在树梢部分。"木"之字形自身为象形文字，因此，一看即了然其意。但是，"本"与"末"两字如果不添加上下部分，便不知道其所指之意。这就是指事之原理。研究六书者在象形与指事谁先谁后之问题上各有看法，但其本质不在于它们何者最先被创造，而在于古人所言的象形字为具体性表意文字，所谓指事字指抽象性的表意文字。

在《说文解字》所收 9353 字中，象形字为 364 字，约占总数的 4%，指事字则为 125 字。

## 会意与形声

这两种原理的最大特点是文字的形体由两个或两个以上的"文"，即象形或指事字组字。故，又叫合体字。现今我们所使用的"文字"这一术语是将许慎所说的"文"与"字"合称的词。本来，"文"与"字"的结构原理是不同的。所谓"字"是由文生子那样产生的东西。"说文解字"这一书名便是缘"解说文、辨析字"而起的。单体字可以直接了解其意，而合体字则是单体字的结合，其意义也是单体字意义的综合。

被组合的"文"一同作为表示意义的因素而发生作用的合体字就叫会意字。例如："信"字是由"人"（）与"言"（ 或 ，原为笛形）这两个单独的象形文字作为表示意义的因素组合而成的，并且，表示与人和言不同的第三种意义"信"。这就是会意字。正如"日"与"月"合在一起构成"明"，"小"与"大"按上下顺序组合成"尖"，表示与"上""下"之外的意义"尖"，两个"人"字位于"土"之上，共同构成"坐"字一样，它们都同是会意字。许慎对此的解释是："会意者，比类合谊，以见指㧑，武信是也。"也就是说，将几个字合在一起指其他意义的文字就是会意字。

与会意字相对，一个表示意义的文与一个表示发音的文合成一个字时，这个字就叫形声字。这时，表示意义的文叫义符、意符、形符，表示发音的文叫音符、声符。

在形声字中，音符与意符所占的位置是多种多样的，它们采用了各种组合方式。这虽不具有特别的意义，但从目前所看到的汉字的音符与意符所占位置看，可大体分为八类：

一、音符在右侧、意符在左侧的字，如"江"与"崎"，其意符分别为"氵"（水）与"山"，而"工"与"奇"各为表示发音的声符。

二、音符在左侧、意符在右侧的字，如"雅"与"鸭"，"牙"与"甲"

表示发音,而"佳"与"鸟"表示该字字意。

三、音符在下侧、意符在上侧的字,如"完"与"云","宀"与"雨"是意符,"元"与"云"各表示本字字音。

四、音符在上侧、意符在下侧的字,如"忠"与"贫","中"与"分"表示发音,"心"与"贝"为意符。

五、音符在内侧、意符在外侧的字,如"围"与"病","韦"与"丙"表示发音,"口"与"疒"各为意符。

六、音符在外侧、意符在内侧的字,如"闷"与"辦",外侧的"门"与"辛"(两个罪人从两边申诉)表示发音,内侧的"心"与"力"表示意义。

七、音符加入中间、意符分解在上下两侧的字,如"裹"与"哀"都以"衣"为意符,以"果"与"口"各自表示发音。

八、音符在中间、意符分左右两边的字,如"衙"与"弼"之"吾"与"百"为音符,"行"与"弜"(二弓并张的象形字)为各自的意符。

形声字之音符所具有的特点可以从以上例子中窥见一斑。它们并不具体指示所指之事物,大多不过表明属于所指事物的大概范围而已。例如,"铜""铃""钉""铭""钏"等在表示发音的"同""令""丁""名""川"字上加上了"金"字旁。这些字皆属金属范畴,是由添加上"金"这一意符所表示的。这对于帮助人们理解字意是极有帮助的。

形声字的意符与希罗克利夫所说的限定符号所起的作用极为相似。例如,埃及语 mer 为"锄",用" A "这个锄形加以表示。在表记同样发 mer 音的"眼""箱""蛇"等单词时,就要在" A "形上加上各种限定符:

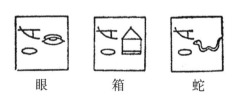

眼　　　　箱　　　　蛇

这些限定符仅仅是为了帮助理解字义,符号并不发声,是与汉字中的"眼"之音符"艮"加上"目"字旁,"箱"之音符"相"加上"竹"头,"蛇"之音符"它"加上"虫"旁采用了完全相同的手段的。当然,在汉字之中,这些意符本身也不发声。

形声字的意符与后边所述的假借原理具有相关之处,作为解决因假借而引起的意义混乱的手段,许多时候,这些意符大多是随意后加的。例如"农"这个字在甲骨文中写作"🌿"——→"𦦓"(异体字),金文写作"🐚",它以刈草工具(以贝壳制成)"🔪"作为意符,意指耕作的"农夫"。可是,在与此同音或近音的若干单词中也使用了该字字形。不用说,这是假借。如果在许多单词中转用该字字形,就要添加区别性意符。在写露浓之"浓"时,先写"氵",后写"农"成"浓";写味浓之酒时,"酉"旁加上"农",成"醲";写"树木繁茂"时,"禾"旁加上"农"成"秾";在写"脓包"之"脓"时,"月"旁加"农";在写"衣服厚"时,"衣"旁加上"农",成"襛"。"浓""醲""秾""脓""襛"这些字原为假借字。到了后来,它们加上各种"衤"符变成了形声字。

希罗克利夫所称限定符

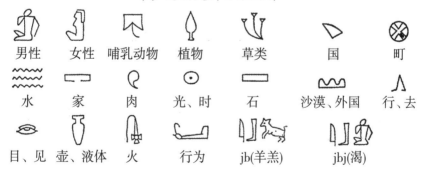

| 男性 | 女性 | 哺乳动物 | 植物 | 草类 | 国 | 町 |

| 水 | 家 | 肉 | 光、时 | 石 | 沙漠、外国 | 行、去 |

| 目、见 | 壶、液体 | 火 | 行为 | jb(羊羔) | jbj(渴) |

大部分形声字的意义与意符无直接关联,但其中有些字的音符兼有意符的作用。如"婚"是由音符"昏",与意符"女"构成的形声字。因为在中国古代迎娶新娘在黄昏时进行。因而,"昏"这个音符也就同时兼示意义:

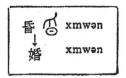

"戔"原是描绘戈互相打击的会意字,该字形转用为"小""少"。以该字为音符的形声字有如下这些字,它们的意义都有共通之处,音符"戔"同时也作为意符。浅:水少;贱:价值低的贝、卑贱;线:细丝;钱:削薄的锹,锹型小货币;栈:小材木、吊桥;盏:小酒杯;笺:削薄的竹简;浅:不深厚;刬:削薄;饯:小宴。

为了记住更多的字,人们必须在文字之间寻找意义上、发音上更密切的关联,并为减少对意义的误解,有必要加上最小限度的区别符号。形声字作为能够满足这两个基本要求者在汉字中具有极大的构成功能,其发展亦最快。

与《说文解字》所收 9353 个字中会意字仅为 1167 字的情况相反,形声字计有 7697 字,约占总数的 82%。

## 转注与假借

这两种原理并非造新字的原理,而是转用既有之字的原理。先谈谈假借。"假借者,本无其字,依声托事,令长是也。"这是许慎的解释。也就是说,所谓假借字就是本无该字,但寻找发音相同的字书写有关事物者,如"长"与"令"便是其例。"令"写作"食",为"集"与"符契"构成的会意字,意指"发号令"。另外,县令的"令",本无此字,因县令是发号令的人,发音又相同,故借用发号令之"令"作县令之"令"。这是假借的一种类型。

"辰"(耂)本为描绘长发老人的象形文字,意指"长""久"。县长之"长"一词中,本无"长"字,但借用了发音相似、意为"长""久"的"长"作为县长之"长"。这也是与上一个例字相同的类型。在这一类型中，在原字与假借字之间有直接的意义关联。借用"见"（ ）以表记"现"也是其例。但是，平常我们还可以看到许多与之不同的假借字。

"其"（ ）摹写编成四角皆平的大竹篓，后加上竹字头变成了"箕"字。借用此字表记发音相同的远称指示代词"其"也是其代表性例子。原画蝎子形" "的"萬"借用为发音相同的数词"萬"也是同一类假借字。

像这样不改变原有字形而加以使用、以表记与之发音相同、意义不同之词汇的用字方法就是假借。所谓假借也就是借用字，因而容易产生同一字不知用为何意的混乱。总的来说，表意文字的最先表音化就是假借法的产生。然而，汉字并没有发展这一方法，而是继续沿着固有的方向向表意化发展、前进。

下面，我们来谈谈转注字。许慎说："建类一首，同意相受，考老是也。"对此，人们尚有种种解释。即，转注字必须具备"建类""一首""同意"三个条件。对这个"类"与"首"做怎样解释尚有问题，但一般认为转注字指"同形，且在语源上有关联的字，像'老'即'考'、'考'即'老'这样可以互释的文字"。

"老"（ ）摹长发曲背老人策杖之形，"考"（ ）原来也是长发弯腰老人之意，它是将"老"之"匕"换置为"丂"的字。后来，这个"考"转用为"考虑"的意思。我认为，转注字与假借字、形声字完全不同的地方是改变原字字形之一部分，以表记派生语。

这里，可将上述的汉字结构原理归纳如下：

一、象形与指事是具体地，或是抽象地创制新字的原理。

二、会意与形声是将既有字形按意义与意义，或是意义与发音的关系加以组合，创制新的派生字的原理。

三、假借与转注是保持既有文字原貌、换置一部分进行转用的原理。

至今，已创制的六万二千个字之字形都有了种种变化，这该另当别论，但是，无论如何，它们的构成原理都是可以用以上所介绍的六种方法进行说明的。

## 纳西文的结构原理

在了解汉字的结构法之后，我们便可对纳西文的结构原理做一探讨。纳西文也可以用这四种造字法与两种转用法进行分析吗？或者说，是否要用另外的方法进行解释？

在纳西文中，第一种造字原理就是象形。并且，它比汉字更符合这一原理。这是不言自明的。只是，若细加考虑，在象形这一简单的原理之中，也隐藏着说明文字体系的根本问题。如表现"日出"之状况，汉字写作"日"（ ，后一个字形为脚从凹处迈出），纳西文写作" "。因"日"与"东"相混同，纳西文中的第一符号与第二符号稍稍隔开。汉字也好，纳西文也好，在将"日"与"出"分开表示方面是相同的。"日出"在古代汉语中读"niet thiiwət"，而在纳西语中念"$ŋi^{33}me^{33}t'v^{33}$"，分别以两个字加以表现。

然而，在写"烧山"时，汉字使用"山"与"烧"二字，在古代汉语中读成"san nían"。纳西语叫"$ndʐy^{31}mber^{31}$"，分"山"与"烧"两个部分，但在文字中却写成一个字形：" "，这个字形可分解为" "（山）与" "（烧）两个部分，但后者不能单独使用，也决不能将两个部分当作两个单位分开书写。

在汉语中，作为原则，每个单词都予一个字形。因此，也有人将汉字称为表语文字。纳西文并不是用同样的方式反映纳西语体系的。在纳西文中，不仅仅以一个字记一个词，也带有统一归纳书写的特征。但是，这个特征的出现，并不是无缘无故的。把"烧山"分成"烧"与"山"

两个单位考虑是语言行为，而在现实中，它们是一种不可分离的关系。纳西人更忠实地用火从山的形状描写了烧山的现实状况。

在文字的排列方面，纳西文的特征得到了充分的表现。如连写"天""地""人"这三个字，恐怕在任何文字中都会按"天""地""人"的顺序书写，无论它是上下排列，还是左右排列。纳西文中的"天"写作"⌒"，"地"写作"▱▱▱"，"人"为"大"。如果将它们连写，不应写作"⌒""▱▱▱""大"，而应写作"大"。为什么呢？因为天永远在上，地永远在下，而人则处于天地之中间。这就是实际情况。虽如是书写，在诵读顺序上却要按①②③进行。

纳西文不仅每个字都是象征性的，而且在文字的顺序上也按客观状况加以排列，阅读的顺序对应于事物的上下左右及其状况有各种变化。例如"开天辟地"一句，①处于最上，为"天"；②处于中央偏左，为"开"；③处于最下，为地；④处于中央偏右，为"辟"。其念诵顺序为①②③④。顺便说一下，①③为象形，②④为假借。

开天避地

因此，在什么样的范围内进行分合继写是一个非常麻烦的问题。如果将"△"这个字形视为一个字，那么就可以将此解释为"顶""上方"等意。这便成了指事字。因它与汉字的"上""◡"同属一种造字原理，以山的象征体代替了基准线。另一方面，像"△"那样，"山"与"足"组合在一起的字形意指"山麓"。所以，它也可解释成是"山"与"足"两个音符合成的会意字。不过，这种看法实际上是错误的。纳西语中的"山顶"叫"ndzy³¹ky³³"，"山麓"叫"ndzy³¹k'w³³"。前者是"山"之象形字加上"卵"（ky³³）之象形字，后者是"山"上加"足"（k'w³³）。除"山"之外，"卵"也好，"足"也好，都是象形字，可以单独使用。"山顶"也好，"山麓"也好，都是复合词。因此，每个字形就自然都用两个字加以连写。

为什么要将前者的两个字写作"山"与"卵"，将后者的两个字写作"山"与"足"呢？表示"顶"的字本为"卵"之意，但在这里转用为意指"顶"的符号（声符）。如果将此字置于"山"之下就极不合理，故置于"山"之上。"山麓"在纳西语中表现为"山脚"。因此，书写时便按其意进行。将"脚"放在山顶当然怪诞，故将"脚"加在"山"下，并从"山"的一侧伸出。这些与以上谈到的"烧山"的结构法并不相同。""（ndzey³¹mbiə³¹）为"山崩"，""（æ³¹mbiə³¹）为"崖崩"，它们分别是将"山崩之状态"与"崖崩之状态"各归为一加以表现的文字。若将它们加以解析，即成"山""崖""崩"，但"崩"不能单独使用。这也是与"烧山"同属一个类型的象形字。

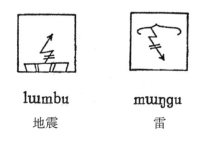

lɯmbu　　　　muŋgu
地震　　　　　　雷

它们都各是一个字，表示从天空中或大地上飞出某物。

## 纳西文的指事字

在纳西文中，也有适合于指事原理的字形，表示数字的字便是这样：

|  | | | | | | | | | | | |
| --- | --- | --- | --- | --- | --- | --- | --- | --- | --- | --- | --- |
| ⎮ | ⎮⎮ | ⎮⎮⎮ | ⎮⎮⎮⎮ | 川⎮ | 川⎮⎮ | 川⎮⎮⎮ | 川川 | 川川⎮ | × | + | ✳ |
| 一 | 二 | 三 | 四 | 五 | 六 | 七 | 八 | 九 | 十 | 百 | 千 |

作为原则，这些符号的使用方法与其他文字并没有什么不同。

百种

三十三层土地

九重天

七层土地

在这些字例中,"九重天"之念读顺序是"天九重","七层地"则是①②③相并列。在纳西人对于数字的思考中,"九"与男性或阳性有关,"七"与女性或阴性有关。天属阳性,地属阴性。他们有九个男子开天、七个女子辟地的故事。

在这里,如果原封不动地诵读所写数字,就极易招致误读。如纳西人喜欢使用"九十九"这个数字,但很少将它写作"×××|||×××|||",大多省略掉一部分进行表记。而且,这种省略方法也是形形色色的。

九十九座火山

九十九座山丘

九十九把斧头

九十九册经书

百万　　　十万　　　一万

一万以上的数字为假借字,这里借用了天、鸭、骨。

在论述汉字构成法时所列举过的"上"与"下"两个例子在纳西文中并非指事字,但"左"与"右"却与汉字一样,同是指事字。有时,像下图(B)那样,也写作两手伸直的形态。这些字形并非按自己的手的方向描写,而是按自己所见的对方的手的方向描绘,因而是很有意思的。汉字也是这样。

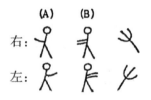

又，后来所使用的汉字"左""右"原来并不是指左与右的，"右"之意为"以言相助引导"，后来才转用为"右"的。并且，其原意相当于"佑"。"左"也是这样，从"帮助"（劳动时左手助右手之意）转用成了"左"，并在表示帮助时加上"亻"旁，成了"佐"字。在纳西文的指事字中，还有以下这些字形：

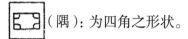

（隅）：为四角之形状。

（同族）：为一卵中生出之形状。

（纺）：为绕线之形状。

有的字即使表现同一意义也因使用场所的不同而改变字形。例如"难"字在白地地区画作人脚下有邪恶物之形状"　"，为飞越此为难事之意；在丽江地区写作"饭"与筷子相加状"　"，意指世界上再也没有比得到饭食更难的事了；在南山地区，它又画作盛食物（糌粑）状"　"，表示在该地区以日常生活得到糌粑为最难事之意；在鲁甸地区，它画作盛米之象"　"。

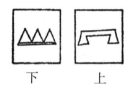

下　　　上

借用火（下）与板凳（上）之字形。

这些字都是指事字，但指事对象却因地域之不同而不同，大体对应于纳西族的生活实际，如实反映了纳西人的思维方式。这无疑是很有情趣的。

## 纳西会意字

下边，我们谈谈组合象形或指事字所造的会意字与形声字的情况。用会意法造的文字为数不少。

让我们举释一些这类字例：

 "遮荫""避雨""遮阳"，该字形由"树"与"人"组合而成，正好与汉字的"休"由"人"与"树"合成的情况相似，只是"人"与"树"的位置相反。这是极有意思的。

  "靠"，由人坐形与"树"或"棒"组合而成。虽无与之具有同样构成的汉字，但若按字加以换置，就成了"椊"或"侳"那样的字。

 "林"，由"松树"与"栗树"组合而成，是与汉字"林"之古体"𣏟"（甲骨文）基于同样的"二木并列"之想法而产生的文字。

 "骑马"，由"人"与"马"组合而成。汉字"乘"之古体字"桼"（甲骨文）是人骑树上之状，近于纳西文的构成方式。

 "饥"由"空腹"与"饭"组合而成。"腹"乃胃袋空空，故加张开之口。"饱腹"则写作"夭"。

 "买"，由"持"与"银"组合而成。在汉字中，"买"（𧷴）是由意符"贝"与音符"𦉾"构成，因"贝"是交换物品的货币。纳西族则用银代贝交换，故作此字。

 "富""安乐"，由"有（何物）"与"饭"组合而成。与之相反，"贫""苦"，则要以作披头散发状的指事字"夭"代"夭"加以表示。这很有趣。

"劈柴"，由"持"与"斧"与"板"组合而成。汉字中的"採"取与此相同的构成法。"採"原为"采"，甲骨文作"，由"爪"与"木"构成，意为用手折树梢。后来，在此基础上加"手"（才）成了"採"。

 "射"，由"弓"与"矢"构成，与汉字的"射""躲"之古体""（甲骨文）由"弓""矢"与"手"合成的情况几乎一样。

 "埋"，由"地"与"箱"、"（死）人"组合而成。

 "鳝鱼"，由"鱼""蛇"组合而成的复合词。汉字的"鳗"意符为"鱼"，音符为"曼"，是它们二者同构的形声字。"朋友""斗""互杀""集合""谈话"等也是用同样两个字形对置起来的会意字。

## 纳西形声字

意符与音符相结合的形声字也见于纳西文之中，但它们并不像汉字中的形声字那样处于绝对优势地位。

 "你"，以"人"为意符，以"黄豆"为音符。

 母方"亲戚"，以"人"为意符，以"蕨菜"为音符。

 "敌"，以"人"为意符，以"柳叶"为音符。

 父方"亲戚"，以"人"为意符，以"肋骨"为音符。

"男子"，以"孩子"为意符，以"大酒坛"为音符。

"执""拿"，以"人"为意符，以"裸麦"为音符。

以上六例都是相当于汉字"人"为偏旁的形声字。这些字的音符有时在上，有时在下，或斜或横，有时也以其位置区别意义。例如，在最后的例字中，如果音符在上为"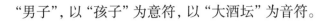"，其意义即为"甥"或"侄"。

"赶得上"，由"持"为意符，以"尾"为音符。

"用"，以"持"为意符，以"骨"为音符。

"投""抛"，以"持"为意符，以"生姜"为音符。

这三个字例相当于汉字中加"手"（扌）旁的形声字。在纳西文中，用手之动作有据会意之法让手持物的情况和意符加音符的情况二种。不过，据会意之法构成的字形最多。

"低""低处"，以"土地"为意符，以"火"为音符。

"朝"，以"太阳"为意符，以"秤"为音符。如果意符的位置相反，为"　"，即成"明天"之意。

"空室"，以"家"为意符，以"二"为音符。

"甘",以"口"为意符,以"刺"为音符。

 "抱蛋",以"卵"为意符,以"锅"为音符。

 "生长",以"树旁"为意符,以"壁"为音符。

 "读",以"书"为意符,以"秤"为音符。

 "炒菜",以"(三脚上)置锅"为意符,以"黑玉之一种"为音符。

在纳西语中,一个单词由两个音节构成的情况并不少见。如"太阳"(ŋɿ³³me³³)、"月亮"(he³³me³³)便是这样。以上这些单词也大体上是由一个文字加以表记的。不过,其中也有其他类型的文字,即在文字字形中加上代表以两个音节开头或后边某个音节之发音音符的文字,如"𝄞"表示两个音节的单词"e-sɯ"(父亲)。但是,这个字是以"人"为意符、加上表示后边音节"sɯ"之音符"树"(Sʌ)的。汉字中并无此类字。不过,去掉音符的字形只表示"人"等高度抽象的范畴性意义。因此,笔者认为,还是将它视为形声字之变形更好。

 "兄",以"人"为意符,以"锅"为第二音节的音符。

ə³³bu³¹

"弟",以"人"为意符,以手上加"草"为第二音节"zɯ"之音符。

gɯ³³-zɯ³⁸

210

dze³³-ɯ³³

"甥""侄"，以"人"为意符，以头上的"裸麦"表示第一个音节"dze"之音符。加音符的位置与"执"相对应。在为三个音节的场合，有时也使用与之相同的手段。

se⁵⁵me³³gu³¹

"敬神"以身负重物之形为意符，以""（me³³，白胶木）形与""（gu³¹，行李）形为表示第二、第三音节发音的音符。

另外，也有以下这两个稍稍不同的例子。

tɕ'i⁵⁵sər³³

"雾"，以"云"为意符，在中间加上作为表示第二音节音符的"树"。不过，因开头的音节"tɕi⁵⁵"意为"云"，因此，该字形朗读顺序为①②。可以说象形字"云"与假借字"树"是连续的。

ha³³tɕi⁵⁵

"冷饭"，以"饭"为意符，以表示第二音节的"刺"为音符。不过，"ha"之意为"饭"。因此，朗读顺序应该是②①。象形字"饭"与假借字"刺"是连续的形式。

另外，纳西文中有一批字是与这些形声字貌似相同但实质相异的。

## 注音文字——纳西文的新原理

单独使用象形字字形也能大体知道其意思，但有时却不尽明了。在这样的时候，为了确定这些字到底意指什么，就要添加上表示该词发音的文字。例如在不能理解头上戴盔、手中持枪的字形为"士兵"时，就要将"士兵"这一单词的发音"mo"用其他文字（如竹篓）加以表示，以明确"士兵"之意。这是与以上所举的形声字完全不同的原理。但是，在这一类型的文字中，意符是主要的，音符是次要的。意符部分是具体的，仅有它也能大体了解其本来所表记的意义。实际上，没有音符也是无所谓的。我想，可以将此类型叫做注音文字。在纳西文字中，这种文字是极多的。

士兵　　　　　　士兵

ŋə³¹

"我"，在指自己的"我"上再加上注音符"五"。

lv³¹

"抬"，在两手抬物的形状上加上注音符"石"。

sər⁵⁵

"肝"，在肝的象形上加上注音符"树"。

ŋgv

"筋肉"，在筋肉的象形上加上注音符"锅"。

şu³¹

"鸡冠"，在鸡冠的象形上加上作为注音符号的"斧＝铁"。

k'ə³³

"沟"，在沟的象形上加上注音符"篮子"。

zər³¹

"柱"，在柱的象形上加上注音符"四"（藏音）。

ho³³

"汤"，在碗中盛满汤的形状上加上注音符"肋"。

tşʻua³³

"米"，在碗中盛米的形状上加上注音符"鹿角"。

tʻy³¹

"盖房"，在"家"与"斧"连接的会意字上加上注音符"木桶"。

pa⁵⁵

"大碗"，在大碗的形状上加上注音符"蛙"。

mi⁵⁵

"女性"，在"女性"这个象形字上加上注音符"火"。该字带有以"女性"为意符，加上音符"𢀖"（性器）的形声字等加以区别的特点。在两个音节的单词中，也有同时加上两个注音符的文字。

mu la

"传坏话"，中间画坏话从恶魔之口向两边传开状，以"篓"（mu）与"手"（la）为意符。

nda-phu

"照东方之月光"，在放光之月形状上加上注音符"（用刀）切"（nda）与"泡"（phu）。纳西人相信，月光是由西向东放射的。

## 纳西假借字

纳西文虽无相当于转注原理的构成法，但有假借字，并且数量极

213

多。从纳西经典中找出纯粹的假借字决非难事，例如"⟋"从其形状上即可知道原为"斧"之象形。这个字既是"斧"，又意指"铁"，其发音为"su"。因此，除了原封不动地转用为"找""求""金属""持"之意义外，有时也假借这一字形表记与之发音相同、只是声调有异的单词"铸造铜铁""熏"。

| suhɯ | su | su-tshʌr |
|---|---|---|
| 去找 | 金属 | 持有 |

字形"⊡"明显摹"骰子"之形，该字形除转用与骰子发音相同的单词"由……"之外，也用于声调类型不同的"拖""想""考虑""生"等。

| nu me su du | su tho le nbɯ sur su | thɯ su dɯ | mo su |
|---|---|---|---|
| 心想 | 生松栗 | 比它大 | 牵牛 |

这种假借方法在纳西文中好像早已使用，纳西经典只能由巫师阅读，因此，其中也有牵强假借的情况。这一方法对纳西文的发展产生了很大的作用。即，它使纳西文离开原来的象形性，进一步向表音文字化的方向发展开去。

从构成原理看，"盐"（⬭）字为注音文字，在描盐块形状的"⌐"中央加上数字"+"（×）作为音符。发音相同的"tshe"（切）也好，发音极似的"ts'ər"（热、生热）也好，都假借这个字形。这些恐怕是经过注音文字阶段后变成了纯粹的假借字。

这种假借进一步发展，本来作"🍃"（木叶）形，"tshe"（头发）"〰"（tshe）也借用了这个字形。即，在表记同发"tshe"音的一系列文字中，"盐"形最为优先，排除了其他字形。代之以"不知"（🙊）"mʌsʌ"使用"🙉"，也是因为在书写音节"sʌ"时，"树"这个字形更具力量。

这种方法进一步发展，就产生了如下这种各字形与意义无关的纯粹的表音符的用字方法。

moknɯ

"烟"，"篓"与"箱"皆是音符。

khɯ-hɯ

"炭""木炭"，"湖"与"齿"同作音符。

mi³³kʻə³¹

"罪""罪恶"，"火"与"竹篮"都作音符。

mi³³tsi³³

"蘸糖水果"，"火"与"脾"都作音符。

ȵiwe

"地狱"，"鱼"与"村"都是音符。

tshe-khwa

"泉"，"盐"与"角"都是音符。

"足"，两个"簸箕"都是音符。

除神灵鬼怪外，固有名词都使用这一方法：

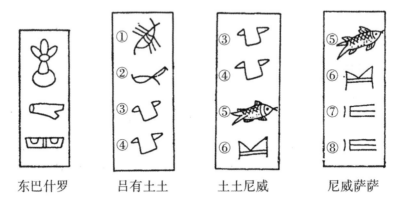

| 东巴什罗 | 吕有土土 | 土土尼威 | 尼威萨萨 |

第一个框为纳西东巴教教主东巴什罗。框中第一个字为"东巴"，是象形字。第二、第三个字与字意本身的"肉片"与"牛颈木"无关，是借用来表记"什罗"这个发音的文字的。其旁三个框分别是东巴什罗之祖先——第二代祖母、第三代祖母、第四代祖母的名字。

这三个祖母的名字一望可知是按①—②—③—④、③—④—⑤—⑥、⑤—⑥—⑦—⑧的顺序发音的。前边一个名字的后两个字与后一个名字的前两个字是相同的。即，母亲名的一部分与孩子名的一部分是相同的。这是彝缅语系民族文化的一个共同特征，叫亲子连名制（一般为父子连名制）。日本也从古就有将父亲的名字之一字给予孩子的习惯，但纳西族与彝族的父子连名制比之更加规范。

在亲子连名制中，除了这里所举的两字连名之外，还有种种类型。从纳西族以外的例子看，缅甸年代纪中从古缅甸王朝（帕甘王朝以前的时代）第二代到第六代王取了如下连名：pyusawti（在位：167—242）→ Timinyi（在位：242—299）→ yimminpaik（在位：299—324）→ paikthili（在位：324—344）→ Thinlikyaung（在位：344—387）→ kyaungdurit（在位：387—412）。

可见，这里所采用的是最后一个音节连名的方法。不过，第五代王却继承了父王名的最后两个音节。

在纳西经典中，纳西族英雄表现自己祖先为谁之际，大多以父子连名的方式念诵各代祖先的名字。这种连名制起到了一种押韵的作用。在记忆家系方面，这确实是一种很方便的方法。并且在纳西象形文字中，这种连名制的视觉性极强，显得更为明了。

## 表音文字的混入

象形法是纳西文字的主要构成法，指事法次之。不过，纳西文中的象形法与指事法的界限大多不太清楚。并且，组合象形、指事字而成的会意法、形声法都作为有效的造字方法而加以使用。纳西人还创制了作为假借字之准备阶段的注音文字。最终，假借法作为最有力的造字手段而发挥作用，使纳西文向着表音字化的方向发展前进。也就是说，在某种范围内引入了表音系统，使纳西文作为更便于记忆的文字加以发展。但是，纳西象形文终究没有变成表音文字。纳西族的表音文字与象形文字是两种起源迥异的文字，但它们又同在纳西社会中产生。

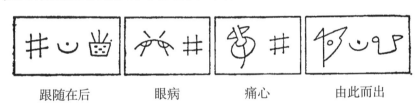

| 跟随在后 | 眼病 | 痛心 | 由此而出 |

关于表音文字，我将另寻机会予以论述，但作为与之相关的问题，我想在这里举一个重要的事实，即，在用象形文字书写的文章中，有时也混杂有表音文字。如以上所举的"带"原为"骰"这个象形字变形后的假借字，"后"与"……在"则是从与此完全不同体系的表音文字中借用过来的。此外，也有表音文字使用于"痛""由……"等之中的例子。

这样的表音文字的混入并不能认为自古已然，但它在后来的经典中确实是屡见不鲜的。

"东曲休麻来了。"左为表音字"le"。

 "死了。"下为表音字"se"。

如果使用象形文字写"le""se"这两个音的话，它们都需要假借，变成如下形态：

东曲休麻来了 死了

表音文字的来源至今未明。但是，在表音文字中确有一部分与藏文、汉文极其相似的文字，恐怕它们是分别从藏文、汉文中借用过来的，如：

下 丂 入 上 ᵐ)

上例音读"Shʌ go le Sʌ me"，意为"说是大周来"。其中字形"入"似汉字的"入"，"ʒ"（se，完）似汉字的"了"，它们都是与汉字之形义有关的文字。另外，"上"与"下"是借用发音的文字。与藏文相似的文字有"ᄁ"（ka）等字。

 "三夜后的早上，好的东西（kame）与坏的东西（k'uame）从上出现。"这里，"ka"这个字使用的是藏文。

 "大力（ka）神东神与色神管。""ka"的表记使用了藏文。

"绿色的被盖。"同样，"ka"用藏文作表记。

"纽生休罗说。"使用了汉字"上"记"Sʌ"（说）。

"土（tʂw）"，以汉字"止"为注音符。

"占（SA）"，以汉字"下"为SA音之表记符号。

可见，汉文与藏文已相当频繁地出现于象形文写成的文章之中，并且，这种混入比之其他表音文字还要早得多。

这些借用字恐怕是与纳西族早期受汉文化、藏文化影响一道出现，并忠实地继承下来的。在与汉人、藏人进行交际之际，纳西人肯定是以汉语、藏语为媒介进行的。因此，借用他们的文字也就是理所当然的事了。尽管这样，纳西族为何不全盘接受藏文，将它变形之后加以使用，或不整理汉字以作为自己的文字使用呢？这是一些极有意思的、需要深入探讨的问题。

# 纳西族表音文字的诞生 *

〔日〕西田龙雄

## 文字的两种类型

从古到今、从东到西，人类创制的文字多种多样。不过，无论字形怎样，它们都是用来记述人类语言的，不外乎两种类型。第一种类型是字形与语言的声音无直接关系，只记写语言意义的表意文字。目前，已经没有这种类型的纯粹状态，但它与汉字及纳西族象形文字最接近。第二种类型自然是只记语言之声音的文字，即所谓的表音文字，其中又有两种亚类：A 为一个字记一个音，B 为一个字记一个音节。前者是音素文字，后者是音节文字。罗马字为前者之代表，日本假名为后者之典型。

仅从表面看，表意文字的字形种类繁多，表音文字则以同样的字形不断重复使用作为基本特征。因此，即使用未知文字写成的文书，只要有一定的分量，我们就可以从其表面特征推知它到底是表意文字还是表音文字。

虽然人类文字分为两种基本类型，但在实际生活中，它们又往往因某种作用而加以混用，无论是纯粹的表音文字还是纯粹的表意文字都不作为实用文字加以使用。

---

* 此文选自日本中央公论社刊行的西田龙雄所著的《活着的象形文字——纳西族的文化》。

尤其是表意文字，随着其字形的简化，象形的特征不断消失。为了记忆众多的符号，必然要求文字与语言的发音发生一定的联系。其结果，表意文字也就逐渐向表音文字转化。这是许多文字共通的自然演化过程。

## 纳西族表音文字的特点

除了象形文字之外，纳西族还拥有属于第二种类型的表音文字。这是纯粹的音节文字，但带有与日本假名文字完全不同的特点。具体讲，有以下两个特征。

首先，如可以记 "ni" 这个音的文字在日本假名中只有 "二" 或 "れ"，即在片假名与平假名中只各有一个。这时，平假名与片假名的不同可视为与罗马字的大写与小写相对应。但是，在纳西族的表音文字中，能记录同一音的字音并不只有一个。如发 "ni" 音的纳西表音文字既可写作 "⊙"，也可记作 "凸"。

纳西语的子音与母音都比日语丰富得多，因此，其音节数量也远比日语丰富，表音文字的数量也就远不止 50 个（日语仅有 50 个假名）。

其次，纳西族表音文字显示出了音节文字的全部特点，日语却不是严格意义上的音节文字。如日语中的 "byōki"（病）是 "byo" 与 "ki" 两个音节，所以，如果使用严格意义上的音节文字，就必须用两个字加以表记。不过，在假名中必须写 "びょ ラき" 或 "ヒョウキ" 四个字。纳西族表音文字与假名不同，无论形状如何，一个音节只需一个字书写，如 "k'ɯ³³" 写 "犬" 一个字，"k'o" 也用不着假名那样进行 "ケ" 与 "ヲ" 的组合，用 "中" 或 "⟨⟩" 即可。"k'o" 之所以有两个字形是因为这种文字有表示同一音节的文字不止一个的例子。

因纳西语有四声，所以，也有因声调的不同区别字形的情况。如，"k'o" 有时第一个字形记录居中的音阶无升降地发音的音节，后一个字形用于低平型声调的音节，但从总体看又不恪守这一原则。"**𡎝**"除中平调为"木牌""洞""角"之外，也用于低平调"桩"。"**⌂**"除低平调"辟"之外，也用于低平调"ho"，与中平调"k'o"连用为"夜"。

一言以蔽之，纳西族表音文字带有稍稍庞杂、无统一性的特点，可以说是仍处在未加整理阶段的文字。

## 与纳西族象形文字的关系

在纳西语中，这种表音文字叫哥巴文，并在表音文字中写作"**山 尿**"，本为"弟子"之意。也就是说，纳西族象形文字由东巴教主东巴什罗创制，而哥巴文字却由东巴什罗的弟子所创制。纳西人就是这样看待这两种文字之间的关系的。

这种表音文字最先在鲁甸与维西一带与象形文字并用，但其起源至今仍是个谜，并不能认为这种文字是从邻近民族那里悄悄引入纳西族之中用以记录纳西语的。因为目前除纳西族外既没有其他民族使用这种文字，也没有用这种文字记写的纳西语以外的经书。因此，作为一种规范过的文字体系，这无疑是纳西人自己创造的。总之，纳西人创造了东巴文与哥巴文两种文字。

这种表音文字并不出自与纳西族象形文毫无关系的人之手，这可以从以上所举的表示"ni"或"khwa"的字形中相见得知。"ŋi"本状太阳之象，为"**⊙**"，是从"**⊜**"演变而来的。"khwa"（**⌂**）肯定是从象角之形的象形字"**◖**"转变而来的。这不是说明它是如同由汉字变成假名的日文那样形成的吗？在纳西族文字中，至少有一部分表音文字是从象形文字演变成的。这从文字发展的一般历史来看也是可以成立的。这样的字形转化关系是否适用于整个表音文字体系呢？这就引出了以下这些问题。

首先，除了以上两例之外，纳西族表音文字到底是什么形态？这里且举李霖灿于 1943 年收集于丽江西北部之巨甸的《纳西族占卜起源故事》的开头部分：

1. e la mʌ sʌr ni.

2. tsho tshɯ mbur ne zwa rwa ku nɯ mbur.

3. ɯ tshɯ ndzi me džʌ khwʌ mbo nɯ ndzi.

4. dži tshɯ ji me so swa ku nw ji.

5. dzi tshɯ ndzɯ me kha tshe ru phur we nɯ ndzɯ.

6. tsho ze rɯ ɯ zo tsho mbur tshɯ thɯ dzɯ.

7. tshe hɯ mbo bʌ mi tsho za tshɯ thɯ dzɯ.

8. tsho mbur tsho za dzi džʌ la rʌr dy ňʌ thu.

其译意为：

1. 很久很久以前。

2. 人类从什罗神山顶上迁移来。

3. 鸟从吉美乍阔山上飞下来。

4. 水从高山生。

5. 人们住在卡衬鲁普窝村。

6. 崇仁利恩迁到人世时。

7. 衬红褒白命降临人世时。

8. 人类来到了丰饶的大地。

在这个故事中，人类的祖先为崇仁利恩、衬红褒白命，正与《洪水故事》相同。但是，在这里，这两个固有人名都变成了各用一个表音文字记录的形式。如果将表音文字与象形文字加以对照，其特征就极易明白：

衬红褒白命　　崇仁利恩

又如，"牛"与"马"并列表现之际，纳西语叫"ɯ nez ua"，如逐句翻译，与日语相同，成为"牛·与·马"的形式，在用象形文字进行书写时，成了以下的（1）。虽"ne"相当于"与"字，但它也可以用假借字加以表示，一般是借状"鼠"之象形字，写如（2）。但是，该字之连结除了可读"牛与马"之外，也意指"牛与鼠与马"，这就显露出了象形文字的根本弱点。与之相反，如用表音文字书写，它们即成（3）。

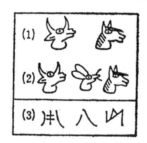

"山之树"也一样，表现为"山·之·树"。可将（1）（2）的象形文字与（3）的表音文字加以对照：

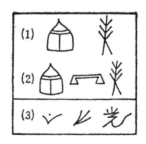

因此，正如已经叙述过的那样，知道用"ne"（鼠状）或"gə"（凳子状）记写"与"或"之"这样的关系词之表示方法，即表音性地运用象形文字的纳西人，为何不进一步将象形字形简化为表音文字呢？并且，以"⊕"变"☉"为代表的象形文字与表音文字之间的关联又具有什么样

的意义呢?

象形文字与表音文字的类似性还表现于以下这些字中:

| 汉　　　　字: | 麦 | 秤 | 树 | 矛 | 目 | 心 | 骨 | 左 | 右 | 起 |
| 纳西象形表音字: | | | | | | | | | | |
| 纳西标音字: | | | | | | | | | | |

笔者想对此事实做如下解释:纳西表音文字是与纳西象形文字出自两个源头的,但表音文字也混杂有一些由象形文字变化来的字。其结果是能书写相同发音的字形也就有数种,如表示 "ŋi" 的本来字形为 "凹","k'o" 的表音字为 "半",但是,由象形文字变来的 "☉" 与 "◠" 也混同于一起进行使用。

在各种文字体系中,表音文字的每一个字一般都带有一些规则性,如藏文、缅文、苏门答腊的巴塔克文字等,每个字形间的关联都十分清楚,并便于记忆、使用。不过,纳西表音文字并不带有这样的规则性,如日文中 "ナ" 行的字被写成如下字形,字形之间的关联性极弱:

| na | ni | nu | ne | nu | nur |

,并不能用其中某一字形来推类其他字形。但是,在极有限的范围内也并不是说完全不能看出它们之间的关联。如果根据形状上的相似性对纳西表音文字进行草草归纳,就可得到若干字群(见下页):

其中,既有字形相近、发音也很相近者,也有并非如此者。这种归纳而成者与日语中的平假名 "す" 与 "ね"、"ろ" 与 "る"、"め" 与 "ぬ"、"け" 与 "は" 相类似。并且,与表示最后的画是否加以归纳相同,在解明所有字形的形成或文字体系的形成方面,它们并不提供任何线索。

但是,从这种事实加以推测的话,纳西族的表音文字是以某种象形性字形为基础,或以此为参考创制而成的,只是这种基础形态已经所存无几。

① ʂɯa  ʐɯa  ② ɖɯ  ʈɯ  ③ tso  tshɵ  ④ nggɯ  tse

⑤ ku  ke  zɯ  ⑥ kʌ  dʑi  me  ⑦ tʂʌ  za  (O) py

⑧ sæ  ndʐo  gʌ  he  ⑨ dʑi  hɯ  lo  khæ  ⑩ ʂɯ

hæ  ru  ⑪ zo  ko  u  hy  ⑫ mjʌ  ñʌ  tshɵ

⑬ ȵi  ʂuɹ  phuɹ  bæ  pɯ  ⑭ yo  nuɹ  kɯ  nɯ

bɯ  ⑮ mɑ  tʂo  jʌ  ba  nggo  nggɯʌ  ⑯ thu  nggɑ

do  phuɹ  dʑi  ⑰ ze  dʑɯ  ndʐʌɹ  ⑱ ʂo  tʂhʌɹ

## 汉字的影响

如要举例说明，纳西族所接触到的象形文字（表意文字）首先是汉字。在表音文字中，有不难断定借用于汉字的字形。"上""下""犬"等是汉字的直接使用。"上"与"下"是以其发音记纳西语，"犬"是以汉字所表示的意义为基础借用其字形。纳西语的"犬"叫"k'ɯ³³"，在表音文字中，为了记录"k'ɯ"而借用了"犬"字字形。如果这一字形仅仅使用犬之意，那就与日本的训读没有什么不同。但是，事实上，在纳西表音文字中，"犬"这个字形还表记"足""光""去""烧""盛"等词。在这个层次上，它是作为纯粹的表音文字加以使用的。

此外，还有一些与之相同的表音文字：

写：借用汉字"写"之意，记写纳西语中的"pər"（写）。这个字记录所有发"pər"音的词。

忪：借用汉字"黑"之意，并取该字之上端记写纳西语中发"na"音的词。

小：借用汉字"小"之意，记写纳西语"小"（nu）。该字形转用为表音文字"nu"。

此外，也有一些不经训读阶段，或目前尚不知其详，与刚才所举的"上"与"下"同样加以对待者。对于能极熟练地阅读汉字的纳西人来说，这是极自然地产生的借用。

之：借汉字"之"的发音，写纳西语"ndzi"，如"走""飞"。

止：借用汉字"止"之发音，书写纳西语"tʂɯ"，如"查"。

弍：借用汉字"式"之发音，并对原字形稍加改变，书写纳西语的"ho"，如"迟""晚"。

曰：借用汉字"曰"的发音，书写纳西语"zɯ"的发音，如"神"，还表记"石"（ru）。

口：借用汉字"口"的发音，表记纳西语"k'o"，如"杀""门"。

另有一些表音文字虽然在字形上与汉字相同，但其发音与意义都同汉字无涉。

示：与汉字"示"同形，但与汉字无关，书写纳西语的"年"（khu）；

占：与汉字"占"同形，但与汉字无关，书写纳西语"白"（p'ər$^{31}$），

三：与汉字的"三"同形，但与汉字无关，书写纳西语的"方式"（du）。

当然，最后这三个例子是否的确从汉字借用还难以断定。

在整个纳西表音文字中，可视为借用于汉字字形的情形毕竟不太多。但是，我们在考察纳西表音文字时不能不顾及汉字的强有力影响。

汉字在邻近民族文字的产生过程中都或多或少地产生过影响，日本、朝鲜、越南等民族都曾在创制自己的文字的过程中受到了汉字构成法的启示，纳西族也不能例外。虽然现今所看到的汉字借用在纳西表音文字中并不太多，但可以肯定，在当初还是相当多的。如下所举的字形原来都极可能是汉字：

弍　古　町　甙　空　而　臣　升
sʌr　tse　khʌ　khɯʌ　o　zæ　po　e

若对应起来，"甙"当是汉字的"哉"，"空"当是汉字的"恶"，"而"字是汉字的"而"。

### 彝文的特征

与纳西象形文字有关者还有彝文。彝文与纳西文字的关系是不容忽视的。彝文并无象形文字与表音文字之区别，均是表示音节的表音文字。但是，在彝文中也含有一些像纳西族象形文字那样一看就知道是描绘事物形象的文字：

永宁属水潦罗罗译语

现在，我手中有一本叫《永宁属水潦罗罗译语》的彝汉对译单词集，它作于清代，为四川彝语方言调查报告。其体例分为天文门、地理门分类词汇，上段用彝文写成，其下为相当于彝语意思的汉语，进而在其下用汉字写彝语的发音。这是极宝贵的资料。据说，与之相类似的彝语单词集就有十几种之多，到第二次世界大战结束为止，还藏于北京故宫博物院与哈诺依远东学院。到今天，它们已经不知去向。我手中所藏者乃是天理大学今西春秋教授的藏本。是从未被人所发现的一本。可将此称作水潦罗罗语·罗罗文。

该水潦罗罗文中一见可知是象形文字者有以下字形（括号中为汉字所记彝语）：

| 甲 | 齿 | 面 | 印 | 锅 | 宝 |
|---|---|---|---|---|---|
| （谦） | （者抹） | （施） | （恩） | （黑波） | （抹） |

在这本单词集中，这些象形字形已充作表音文字使用。如果发音相

229

同，它也可以用于记写原来意义之外的单词。如状"盔"之字形也用来书写发音相同的"园"与"猛兽"，状"脸"之字形也转用来记"（日）照"与"旛"：

| 园 | 猛兽 | 日照 | 旛 |
|---|---|---|---|
| （起） | （歉不） | （女施） | （秃曲） |

从总体上讲，彝文原来也是象形文字，表音文字大都是由此变成的。这是确定无疑的。不过，并不能推定一切表音字都变成象形字，这正与纳西族表音文字的特点相似。彝文也借用了汉字，最显著者莫过于数词。在水潦罗罗文中，基本数词书写如下：

这些字形，如"三"也用作表记"去""迟""急""绢"等，"五"亦表记"鱼""用"。因此，从汉字中借用的数词也用作了表音文字。

彝文在云南、贵州、四川三省范围内使用，并随地域的不同存在字形上的相当大的差异。四川凉山、云南路南、贵州大方、四川水潦彝文为代表加以比较就会发现有以下关系：

白 黑 虎 鼻 人

凉山：

路南：

大方：

水潦：

不仅仅文字有如此差异，书写的顺序、阅读的顺序也并不一样，既有横写者，也有竖写者，既有从左到右阅读者，也有从右到左阅读者。让我对此稍做说明。

在书写方面，有 A 型、B 型两种基本类型：A 型从右到左，进行横写；B 型从左到右，进行竖写。

此外，还有从左到右横写的 C 型及从右到左竖写的 D 型。

不过，用这样的方式书写的经书并不一定按书写的方向进行阅读。写作 A 式却读作 B 式，其文字的排列顺序并不予改变。反之，写作 B 式却横向读作 A 式，其文字顺序亦不予改变。因此，无论怎样，都能读出同样的内容。就阅读而言，似乎总是从左到右横向阅读，但一旦习惯，就会觉得从横看的字体是正宗的，正面的字体是横向的。

在彝文经典中，常常有文字倒置的感觉，这便是由此产生的。云南、四川凉山的文字虽似横向，写作 A 式，阅读却是采用 B 式。彝文的一大特点就是书写与阅读的顺序。然而，它并不像纳西象形文字那样或省略、或表记语句、或将文字顺序按书写者之想象上下左右随意排列。彝文是一字字写完一行后再另写一行。

## 纳西文字与彝文、汉文

彝文的产生远在纳西文字之后。彝族与纳西族一直毗邻而居，与其说它们各自创制了独特无关的文字，还不如说它们在文字的形体上具有某种借鉴关系。事实上，这两种文字中的一部分在形体上是十分相似的。

由于资料之不足，彝文与纳西象形文字、表音文字的比较研究尚难进行，但这确实是将来必须开展的课题。

|  | 车 | 羽 | 鸡 | 星 | 月 | 尼 | 心 | 头 |
|---|---|---|---|---|---|---|---|---|
| 纳西象形文 | | | | | | | | |
| 路南彝文 | | | (乙) | | | | | |
| 四川水滤彝文 | | | | | | | | |
| 纳西标音文 | | | | | | | | |

|  | 左 | 右 | 门 | 马 | 蛇 | 石 | 水 | 风 |
|---|---|---|---|---|---|---|---|---|
| 纳西象形文 | | | | | | | | |
| 路南彝文 | | | | | | | | |
| 四川水滤彝文 | | | | | | | | |
| 纳西标音文 | | | | | | | | |

纳西族表音文字作为比纳西象形文字更为方便的文字，至少是作为在同一行中从左到右按话语书写的文字，发挥着极实用的作用。但是，其字形间的关联很弱，比之象形字更难记忆，尚有表记同一音节的字形并非一个，不能区别声调等缺点。可以说，纳西表音文字成了一种无统一性的、发音不健全的文字。

在这种文字中，混入了彝文、汉文、纳西象形文等多种因素。将它们汇成一体，实在是纳西族人具有创造力的一种体现。从文字体系讲，它与彝文极相似，但两者的关联既难以证明，也难加否定。虽然不过是纯粹的臆测，但我是如下这样思考纳西表音文字形成之过程的：

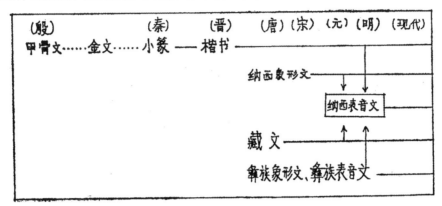

# 纳西族的传说及其资料[*]

## ——以《人类迁徙记》为中心

〔日〕君岛久子

### 纳西族与传说资料

纳西族曾被称为"么些""么蛮"。其古代历史在唐代樊绰所著的《蛮书》名类第四条中开始有这样的记载："么蛮亦乌蛮别种也。铁桥上下及大婆小婆兰探览昆池等川，皆其所居之地也……此等本姚州部落百姓也。"

《新唐书》中亦有这样的记载："么蛮些蛮与施顺两部皆乌蛮。"

从这些记载看，么些是分布于从现今四川越西到云南丽江之广大地区的民族，他们曾建立过唐代南诏六诏之一的么些诏国[①]。

我们顺便看看有关么些族文献资料的主要部分，可知除以上谈到的《蛮书》及宋祁的《新唐书·南蛮传》之外，还有宋濂的《元史·本纪》《元史·地理志》，徐霞客的《徐霞客游记》，余庆远的《维西见闻录》等。更重要的资料是《杨升庵木氏宦谱序》《木氏宦谱图像世系考》《续云南通志稿南蛮志么些诏》附注的《木氏宦谱》《木氏历代宗谱碑》。其他，在诸葛元声的《滇史略》、杨慎的《南诏野史》、张廷

---

* 译自日本《中国大陆古文化研究》第 8 集《纳西族特集》，风响社 1978 年版。

① 白鸟芳郎：《乌蛮白蛮的住地与白子国及南诏的关系》，载《民族学研究》，1952年版，第 17～244 页。

玉的《明史土司传》、倪蜕的《滇云历年传》《云南事略》、冯苏的《滇考》、师范的《滇系》等著作，以及《大明一统志》《大清一统志》等史书中都有记载。

J.F.洛克与李霖灿曾深入当地进行过长年累月的调查，他们还得到东巴（纳西族巫师）的协助，成功地解读了图画文字（指纳西族象形文字——东巴文），多次把该民族的传承资料介绍于世。现在我的研究也承蒙这两位先生的鼎力之助。

## 关于《人类迁徙记》的若干见解

《人类迁徙记》在纳西族中流传最广，被咏诵于祭天等许多仪式上。这是一个为有关纳西族研究者所经常引用的著名故事。

依我之见，可把这个故事视为中国羽衣故事之一，并可认为它是从属于华南少数民族，特别是在山地民族中流传的难题求婚型羽衣故事的。具体情况如下所记。且看天女之父对主人公所出的难题内容：

1. 一天之内把坡上的九座森林一齐砍倒；

2. 把砍倒的九座森林，一天之内都烧成灰作肥料；

3. 一天之内把九片火山地播上种子；

4. 一天之内把山地里的庄稼都收割回来；

5. 把收割来的粮食都打晒出来。

可见，从这些字面上就表现出了他们的生产方式——烧荒耕作的全过程。在难题里，有天神让主人公去捕捉岩羊、鲤鱼，偷虎乳，并将虎乳放于鸡、牛、马、牦牛、犏牛圈上，根据这些动物的反应以试虎乳之真假的内容。对此，李氏论述道：这说明他们除烧荒耕作外，还兼营渔猎业与畜牧业，这便是么些人的全部生产方式[①]。

另外，在这个故事的结尾处，还有这样的内容：主人公与天女生了三个孩子，长子为藏族、次子为纳西族、季子为民家（即白族——译者

---

① 李霖灿：《么些族的洪水故事》，1957年，第126页。

注），说是他们骑马奔向不同的地域，成了这三个民族的祖先。

笔者认为，像这样的结尾，记录了在纳西族形成过程中，与其他两个不同系统的集团，即藏族与民家（白族）之间有过接触融合的情况。从他们"骑马"去各自的地方的句子中，不是可以窥见他们作为游牧民族的特点吗？

从摩梭的迁徙路线也进一步可知他们是从北方迁移而来的民族。又，据"男子还有不少人留有'发辫'，盘旋头顶，喜用青布缠头；短衣短裤、裤仅及膝"[1]等记载观之，可知他们是有编发辫之风俗的民族。正如他们常常也被称为摩梭羌那样，我们不是可以看出他们是广义上的羌族分支，并与其原居住地——甘肃、新疆地区的游牧民族有着联系的吗？[2]关于这一点，笔者将在别的文章中从民间传承方面加以论述。

在这个故事中，天女之父对解决了全部难题的主人公进而提出了要求。对这些要求的内容，李霖灿举他自己介绍的洪水故事中的句子"如果你想娶我的女儿，且问你带来了什么婚价？"为例，说是在此证明了买卖婚姻的存在。但是，据我们翻译的《人类迁徙记》（指《中国大陆古文化研究第八集——纳西族特集》中所载的作者及新岛翠共译的《人类迁徙记》。——译者注）中的有关句子看，无论如何也不能断言他们果真表现了买卖婚姻，"你带来了什么聘礼呢"的意思是指主人公带来了什么订婚礼品，而不是其他。对此，主人公回答道："我怎能把羊群从地上赶到天上来？怎样携得动金银财宝？"

他反驳天神："我怎么能把羊群、金银财宝带到天上？"他说自己不就仅仅没有做这些事吗？并进而复述了他所解决的难题内容，认为这一切比羊群、金银财宝更有价值，足以充当聘礼。于是，他娶到了天女。可以说这与在其他山地民族中能看到的难题型一样，反映了根据提供一

---

① 胡耐安：《西南边疆民族概述》，载《政治大学学报》第9期第28页。

② 白鸟芳郎：《石寨山文化中所见的斯基泰文化影响》，载《江上波夫教授古稀纪念论集》，1976年，第193页。

定的劳动力而娶妻的生活习惯。像这样的习惯在现今的瑶族社会中仍在实行。关于这些，凭笔者在老挝的调查就足以证明。

无论如何，在难题中表现昔日生活是很有趣味的。

《人类迁徙记》也被称为《洪水故事》，后者是大众化的通称。纳西族的洪水故事与其他民族的传说相比，具有一些自己的特色。

在华南及东西亚流传的洪水故事型，正如在苗族、瑶族传说中所见的那样，往往是洪水泛滥之后，仅有兄妹二人劫后余生。后来，他们婚配（最初生下肉块）成了人类的始祖[1]。纳西族的情况与此相反，它是兄妹婚后才暴发的洪水。李霖灿认为，有必要对这一特点加以探讨[2]。他所指出的这一点确实是重要的。因此，我想试述一下有关这个问题的若干管见。

首先，纳西族的兄妹（姐弟）婚为什么不能站在与其他民族的兄妹婚相同的立场上加以考虑呢？在笔者看来，因为纳西族的洪水故事并不单纯，它是若干个不同的故事，即天地创造、洪水故事、羽衣故事的复合体。兄妹婚并不直接关乎纳西族自己的祖先。

从我自己手中所掌握的分布于华南、东南亚的67例洪水故事来看，因为兄妹婚而暴发洪水的例子绝无仅有，多数场合是雷公因什么原因降下大雨而引起洪水，这些无论如何也不能使人感到其中有暴发洪水的必然性。其他的多是无缘无故暴发洪水的例子。

那么，与纳西族有亲缘关系的彝族的情况究竟如何？实际上，在上面提到的67例故事中就包含有彝族系统的洪水故事7例（其中有彝族支系撒尼人的一例）。如果分析这些故事，可知彝族系统的洪水故事有两类：A. 所谓兄妹婚型；B. 与纳西族洪水故事有近似点的类型，即在洪水中仅存的主人公与天女结婚，生了三个孩子，他们成了各民族的始

[1] 君岛久子:《洪水故事与羽衣》,1936年,第1页。
[2] 李霖灿:《么些族的洪水故事》,1957年,第28页。

祖。例如郑康民收集的《倮倮传说中的创世纪》①中的三个孩子，大兄成了彝族的始祖，次子成了汉族的始祖，末弟成了普米族与藏族的始祖。在云南黑彝中流传的故事则成了干彝、黑彝、汉族的祖先。

在这 A、B 两种类型中，B 型明显地近似于纳西族的洪水故事，主人公成了民族始祖。A 型是所谓的兄妹婚，虽说他们最后似乎诞生了人类始祖，但实际上并非这样，在很多例子中并没有生育子女（仅在撒尼人中就有前半部分近似于 B 型，后半部分则是兄妹婚生下肉块的例子），如果只限于以上故事例子而做结论的话，我认为彝族本来的故事大概是 B 型的，它与纳西族的洪水故事属一个系统，是与苗瑶系洪水故事不同的系统。在这个系统的故事中，毫无什么理由便发起洪水的例子是很多的，在他们看来，重要的不是因什么原因暴发了洪水，说明洪水之后人类或民族始祖怎样出现、繁荣的情况更为重要。

作为这个观点的立论根据，我们举与《人类迁徙记》（洪水故事）同型的《丛蕊刘偶和天上的公主》②这部长篇叙事诗为例。在这部长诗所描写的故事中，兄妹并没有婚配，因此，它并没有成为暴发洪水的原因。在序部分简单涉及了天地的创造，六姐妹五兄弟中的末弟被迫一个人缝制皮鼓并乘此在湖上生活，在这期间，洪水突起。当他从皮鼓中出来的时候，所有的人已在洪水中死去。不久，他与天女相遇，并与她同登天界，被天女之父罚了三个月的苦工，顺利地解决了烧荒耕作全过程等难题。这是表明洪水起因并非近亲相奸的最好的例子。

所谓洪水故事，就结构而言，在纳西族中有很大的不同，其"洪水"

---

① 郑康民：《倮倮传说中的创世纪》，载《大陆杂志》22 卷第二期，1961 年。如果把这个故事的结构大体分为两个部分，前半部分为天地分离、创造万物、射日月、创造人类等。后半部分中有三兄弟，有个老人填平了他们耕好的土地，预告洪水就要到来。只有末弟通过老人的指教洪水后余生，娶天女生了三个儿子，长子成了诺苏（彝族）的始祖，次子成了汉族的始祖，末子成了西番（普米族）与藏族的始祖。在分配土地时，汉族住在平地，诺苏与西番、藏族则住在山地。

② 牛相奎，木丽春：《丛蕊刘偶和天上的公主——丽江纳西族神话》，载《云南民族文学资料·第 1 集》，1956 年第 31 页。

的概念也不同。

在纳西族故事中表现出来的洪水不像湘西苗族[①]中所见的例子那样大雨连连数十日后，大地被淹没，而是突然间天地炸裂、洪水袭击，即所谓的"山洪暴发"之情景。其状况是"天吼起来、地叫起来。上面山崩谷裂，连老虎豹子都不能存身，下面洪水横流，水獭和鱼也不能通行"[②]。如果借用李霖灿的表现方法，就是"山顶上崩出水来，深夜变成泥潭，分明是山岭重沓大忽起的一幅图画"[③]。

以上所谈的不过是自己关于纳西族洪水故事的若干见解……

《在人类迁徙记》中，欠缺藏羽衣的情节，但在李霖灿所介绍的图画文字以及口头流传的洪水故事中，有以下的记载：

"老鼠教给洪水后余生的男子：'记住我的话，你去把横眼天女的翅膀割下来。她就是你的好伴侣了。'"[④]

当男子按老鼠的指教想把一个天女娶为妻子的努力失败后，又做了一次同样的努力，在天女下凡在河边浴水时，他拔掉她的翅膀，并让老鼠去取天女放在岸边的东西，使之成为自己的妻子。故事中有这样的描写，或者有两次娶别的天女为妻的句子。归根到底，表现有或割或偷羽衣的内容。

其次，关于"直眼天女与横眼天女"，有这样的句子："眼睛直生的天女美，眼睛横生的天女好。"其具体表现，在象形文字上直眼写成"⬤⬤"，横眼写成"⬤"，前者被表现为美人的媚态，后者则表现了善良[⑤]。

最后要说的是，在《人类迁徙记》的结构上，羽衣故事难题型占有很大部分。该型在苗族、瑶族中也有流传。但对他们来说，并没有发展成为民族始祖的传说，也没有被编入以民族形成的历史背景为主流的故

① 凌纯声，芮逸夫:《洪水神话》，载《湘西苗族调查报告》，1947年，第244页。

② 和志武:《人类迁徙记》，载《民间文学》第16期，1956年，第9页。

③ 李霖灿:《么些族的洪水故事》，1957年，第125页。

④ 李霖灿:《么些族的洪水故事》，1957年，第87页。

⑤ 李霖灿:《么些族的洪水故事》，1957年，第109页。

事之中。

尽管《风土记逸文》中记载有近江余吴湖传说等丹后、三保松原的为数众多、内容丰富的羽衣故事，但在史书《日本书纪》及《古事记》中并不见有这些故事记载（浦岛传说被明确记载于《日本书纪》之中）。

在具有类似于天孙降临谱系的大和王朝的历史上，如果存在一个具有同样从天而降的天女之子孙传承的家族的话，其谱系不是也会被记载于以大和王朝为正统的史书中吗？

与此相反，在纳西族中流传的羽衣故事，与天地创造相联系，并进而向始祖传说的方向发展，在宏大的构思之下形成了纳西族的民族传说而被记载入统治者木氏的谱系之中，直到现在流传不衰……

# 从口诵神话到笔录神话*

## ——语部与纳西族的东巴

〔日〕伊藤清司

### 口诵神话

"神话"这个词当然是从欧洲翻译过来的，并不是我国自古就有的词汇，但与之相近的词却是自古有之。在古典文献中，"神话"这个词好像是被训为"神言"或"神语"的，不过，它是否就是严格意义上的神话呢？我想其中还有一些相异之处。如果把所谓的神话定义为人们相信天地创始、人类起源、这个世界的主要秩序事象等的始源都由古代神灵所为，并将此以口诵的形式相传不衰的口诵传承的话，也许可以说"神语"或"神言"这些古语已经大体触及了神话的本质。

虽然我国古代曾有类似神话的神语这个词，而且直到现代还残留有相当于神语的传承，但在目前，我国已经不复存在严格意义上的神话。另外，尽管我们可以推定它曾存在过，但难于具体指出它们呈现出什么样的形态。之所以这样说，是因为流传至今的所谓日本神话是用文字记录于《古事记》《日本书纪》《古语拾遗》以及各地"古风土记"等当中的神话，而不是口诵传承下来的本来的"神语"。

尽管这样，记录于"记纪"和"古风土记"等当中的神话并不是专门根据统治阶层的理念创作而成的作品，可以说，它是以原来的口诵传承

---

* 本文选自伊藤清司：《日本神话与中国神话》，学生社 1978 年版。

作为素材汇总而成的。在这些被笔录的神话之中，还能找出它们曾被口诵的痕迹。如果要找出其中的口诵痕迹，有关伊奘诺伊奘冉生国之后绕天柱而求婚时的问答场面就是最好的例子：

即巡天柱，约束曰："妹巡左，吾当巡右。"既分巡相遇，阴神乃先唱曰："妍哉，可爱少男！"阳神后和曰："妍哉，可爱少女！"遂为夫妇，先生蛭儿……故，二神复改巡柱，阳神左，阴神右。既遇时，阳神先唱曰："妍哉，可爱少女！"阴神后和曰："妍哉，可爱少男！"

（纪·大八州国章"一书"之一）

这些重复的唱和，可以说就是笔录前加以口诵的痕迹。《出云国风土记》开头的八束水臣津野命开国神话中有三个重复的文言句子，正如先辈学者所指出的那样，其中也留存有口诵的痕迹[1]。

像以上那些被记录的口诵传承，似乎就是由语部讲传的所谓"古词"之类的东西。不过，民间所流传的口诵神话或"古词"在变成笔录神话之前，已经经过了若干次的变异。上田正昭氏曾强调指出，可以将这些"古词"推想为通过各地语部反复口诵之后才渐渐从民间口头传承中脱胎而出的东西。语部所吟诵的这些"古词"，受到了以世袭地方官为首的地方豪族的控制，因这些地方官统治着主持村落祭祀活动的小共同体首领。于是，这些"古词"便沿着他们的统治观念，汇总成了地方性的所谓"旧辞"，最后完成了《古事记》序文中所说的"诸家赍本辞"[2]。如此形成的各种"旧辞""本辞"神话传承，最终由中央王朝统治者在经历了与之大体相同过程而形成的宫廷"旧辞"类的基础上做了选择、改造和多次加工之后，于公元8世纪把最早为口诵的民间神话记录于《古事记》与《日本书纪》之中，成了国家性神话。

① 津田左右吉：《日本古典研究》，岩波书店1948年版。武田祐吉：《开国词考》（《武田裙吉著作集》第四卷），角川书店1973年版。
② 上田正昭：《日本古代图家论究》，墙书房1968年版。

### 神话的记录

可以估计，在编撰《古事记》与《日本书纪》之初，编者是取舍并改造了相当于"旧辞""本辞"等被记录的神话传承之类的。尽管很难指出这种加工改造的具体情况，但是，对此做过选择改造的痕迹还是明确可辨的。《日本书纪》中的并记方式——一连串的"一书曰"便是证明。这种"一书曰"的表现方法或许是采自中国古代史书之中的，可是从"一书曰"这个词来看，其内容是引自文献之中的。尽管"旧辞""本辞"之类并不会与之有那么大的差别，但是，这些以"一书曰"的形式作为表记的古文献数量，恐怕也在 10 份左右。如大八州国出生之段列记有 10 个"一书曰"，出生四神之段列记有 11 个"一书曰"，天孙降临的章节中列记有 8 个"一书曰"。我们正是通过这些例子来作以上推测的。就《古事记》而言，它在编录之初也进行过与《日本书纪》大体相同的对古文献的选择取舍工作，与《日本书纪》不同的是，它并没有采用"一书曰"的形式对异传加以并记。因此，其痕迹并不明显。被采择的每一个"一书曰"的内容，恐怕是在乔装打扮之后添加进基础性古文献故事中的东西。由此看来，就比较忠实地保留了先行文献内容这一点而言，正如梅泽伊势三所指出的那样，在"旧辞""本辞"基础上被记录的神话，更少一些编录者的解释和变动，从而更接近素材的原始内容[1]。

尽管我们已经很难辨析定形于《古事记》《日本书纪》等古典文献中的记录神话之前身——口诵神话的具体情况，但其大体情况不会与以上的推测有多么大的出入。而且，就中国古代神话来说，从口诵到记录的过程也许也是同样的。当然，比之于日本神话，中国神话的情况更为复杂、晦涩，要做此具体推定几乎是不可能的。

中国古代为后世留下了大量的文献，但并没有传下像日本《古事记》《日本书纪》那样记录有体系化神话传承的古书，仅有一些神话片

---

① 梅泽伊势三：《神话的形成——从民俗神话到国家神话形成的轨迹》，载《国文学鉴赏》33 卷 7 号，1968 年。

段散见于各种古典文献之中。这些仅存的神话片段也大多为儒家及其他学派的学者加以断章取义的选择引用，使辨识其原形的工作显得更为困难。在这一点上，中国神话是不能与我国神话相提并论的。白川静也曾经说过，中国古代的历史空间异常深广，活动于其中的民族也多种多样，因此，当它还没有形成统一局面及单一的体系性神话之前，其神话传承就中止了发展[①]。而且，中国古代的合理主义并不重视神话，而将它们脱胎换骨，改造加工，使之淹没于哲学和政治理论之中。同是取舍改造，但中国的情况明显不同于我国以之而证明统治者之正当性的情况。

## 纳西族的东巴

在中国古典神话中，几乎找不到足以说明从口诵到古文献、从古文献到《古事记》与《日本书纪》这样一个日本古典神话形成过程的比较参照。但在居位于中国西南地区的一部分少数民族中，却可以找到可作这种比较参照的神话传承，这是很有意思的。其中最引人注目的要数云南省西北部地区纳西族的笔录神话。

纳西族又被汉族等民族叫作"么些"，现有人口十六万（指 20 世纪50 年代初——译者注），属藏缅语族农牧民族。虽然我们对其社会和文化还有许多不清楚的地方，但世袭官僚——土司家为父系制，在古代则为母系制，在婚姻形式上招婿婚曾占统治地位。另外，他们以萨满思想作为信仰基础，类似于我国古代社会的信仰情况。比之印度、西藏文化的影响，他们受中国汉族文化的同化更为深刻。虽然从唐代起就形成了自己的小王国，但这种国家并不十分成熟，先是处在南诏国的统治之下，后又置于明朝之治下，实行封建土司制度，大都受到中国历代封建王朝的压迫和掣肘。

主持纳西族社会宗教与祭祀活动的祭司叫东巴，他们用独特的象形

---

① 白川静:《中国的神话》,日本中央公论社 1975 年版。

文字在贝叶经状的粗制纸张上记录纳西族中所流传的神话传承，并以此作为经典。然后，在每年二月举行的祭天、祭祖仪式，以及别的场合朗诵这些经典。

东巴诵读的经典，内容多样，用途广泛[①]，但大多包含有天地创始神话，其大意已在别的文章中作过叙述[②]。主要内容为：原初宇宙混沌，不久形成天地，接着出现了独身神，继之出现了数代偶生神，然后出现了人类的祖先。

像我已经说过的那样，纳西族的这一系谱型神话的结构与我国古典神话中的有关结构具有许多相似性[③]。

最后，神灵为兄妹婚而大怒不止，天界的最高神祇甚至驱使洪水泛滥，使世界恢复为以前的混沌状态，仅有那受最高神宠爱的男神崇仁利恩从洪水中脱生。不久，崇仁利恩在彷徨于无人荒野之际与天女相遇，并与之婚媾生下了形物。后来，他又与另一个天女邂逅并相爱。但是，为了求得结婚的允许，他必须首先通过若干次的考验。

他所受到的考验非常类似于栉名田比卖之父素盏鸣尊课之以大国主命的考验。带有经过通过仪式而成为领袖人物的王者就任仪式色彩。

崇仁利恩娶天女为妻之后，从天界降临至最高的山峰之顶，还带来了神器性的宝物与五谷种子、家畜。接着，这对降临大地的人祖夫妇，不断翻山越岭，来到了英古地。他们决定以这里作为根据地，祀奉天神。后来，他们生下三个孩子，其中一人成了纳西族的始祖。历经数代之后，分出了构成纳西族的买、何、束、叶四个氏族。

以上这些内容，在一小部分地区由东巴背诵传述，但大部分地区则

---

① 李霖灿：《从么些经典看么些族的象形文字》，1976 年。

② 伊藤清司：《神话与民间故事——中国云南省纳西族的传承与〈古事记〉》，载《传统与现代》38 号，1976 年。

③ 伊藤清司：《系谱型神话种种》，载稻冈耕二、大林太良编《日本文学讲座，神话下》，至交堂 1977 年版。

由他们各自的巫师东巴用图画文字式的东巴文加以记录，并念诵传述，稍稍具体地表现出了从口诵神话到笔录神话的发展过程。

记录有他们的神话传承的东巴经典，恐怕达数千册甚至数万册之多。我们之所以估计有这样大的数量，是因为每十几户或几十户组成的村落中都大抵有一个东巴，而他们大多记录有各种东巴经典。

纳西族的群落都由本来的血族集团构成，因此，它同时又是祭祀单位。东巴被视为处于"神鬼"之间，作为祭司、咒术师，他们具有极高的社会地位，深受人们的信赖。尽管东巴与血族首长间的关系还不太清楚，但他们原来肯定是同族的。然而，在等级制度已经相当发达的纳西族社会中，东巴很可能隶属于族长，并在以族长为中心的本族祭天、祭祖活动中主持仪式，讲述有关血族集团的来源，特别是其宗族族长的来源和头绪。

在纳西族的居住地云南丽江的中心地区，竖有一块大石碑《木氏历代宗谱》。它为清朝道光年间由木氏子孙所立。木氏为上述纳西族四氏族之一的叶氏族的一支，历经四十余代，在明太祖洪武帝时因功赐姓为木，自此成为世袭土司的统治氏族。这块石碑正如其名所表明的那样，所刻者为木氏历代祖宗的系谱。令人感兴趣的是，前半部分为从远古混沌中出现氏族始祖的内容。像我在《系谱型神话种种》一文中已经介绍过的那样，木氏碑文虽删削去了故事部分，而极简洁地以人名、神名为中心加以记载，但其梗概和纳西族创世神话内容一样，都是与东巴在祭仪上所念诵的神话传承相一致的。这证明，被刻于石碑上的内容是以与口诵传承、记录于东巴经典中的神话传承相同的素材为基础，而在后半部分连接上木氏系谱的。并且，他们还把木土司家系的头绪求之于天地创始以来的神灵，意在以此突出他们的正统性和权威性。

我想，通过强调自己为天地开辟以来神祇的后裔来夸耀自己血统的权威的做法在整个纳西族社会中（恐怕在其统治阶层）都是很盛行的，这一点也可以从记录于东巴经典的神话传承中得到确认。例如崇仁利恩神在经受了天女之父神子劳阿普的若干次考验之后，回答天神提出的"你出自什么样的家族"这一问题时说："我是开天神灵之族！我是辟地神灵之族！"这显然是在强调其有娶天神之女为配偶的资格[①]。

## 东巴与语部

纳西族的东巴与日本古代的语部具有一些类似性。第一，他们都是各地神话传说的传述职能者，其职业是世袭性的、终身性的；第二，他们都隶属于族长等小共同体首领，并在他们的统治下，在祭祀等场合参与主持传承的讽诵；第三，两者都不是所谓的吟游诗人和巡游神人，他们是词章的传述者，同时也是定居的农（渔）民。据上田正昭指出，语部大都占有二到三段（段：地积单位，一段等于 991.7 平方米。——译者注）土地，平常从事农业及渔业生产劳动[②]。东巴也与之相同，平常主要从事农业生产劳动，祭师之职在其生业中只占副业性地位[③]；第四，两者都以在所属共同体等的神圣的祭祀仪式上讲述神话传承作为本务，但在另外的日常生活中也朗诵有关传承："语部的口头传承并非只能在神圣的、非日常性的场合讲述……语部集团在其所处的日常生活中也讲述有关传承。就出云地方的语部而言，他们既在出云长官出席的讲场讲述有关传承……也参加大尝祭仪，起奏'古词'。同时，也在各种日常生活中讲述他们所属氏族和村落的传承。"[④]

东巴也有与之相同之处。我曾说过，东巴经典具有与各种仪礼不可分割的特点，也具有在其内容中掺以不让听众乏味的内容，具有给人以愉悦感的文学特点。据报道，在与纳西族相邻近的民族中，同样的神话

---

[①] 李霖灿：《么些族的洪水故事》，载《民族学研究所研究集刊》第 3 期，1966 年。

[②] 上田正昭：《日本古代国家论究》，塙书房 1968 年版。

[③] 李霖灿：《么些象形文字字典》，香港说文社 1953 年版。

[④] 上周正昭：《民间故事与神话——以讲场为中心》，载《国文学解释与教材研究》第 21 卷 5 号，1976 年。

传承有时也娱乐性地讲述于"宿姑娘"等场合中①。另一方面，讲述乌鸦之所以黑的《青蛙与乌鸦》等故事又不记录于纳西族东巴经典之中，而专用口头加以传诵，而其内容已经具有作为创世时期事物由来神话的因素。可以说，在东巴口诵的传承之中也包含有一些与神圣的祭仪无关，而在所谓的日常生活中加以讲述的作品。

## 纳西族神话与记纪神话的类似点

我们并不知道日本古代的语部是否亲自执笔记录口诵传承，但也不能断定他们在起奏"古词"或在地方共同体的祭礼上讲述神话时完全是凭记忆而背诵。地方性"旧辞"的作者为谁？它们是否经语部之手收集加工而成？正如曾有过语部稗田阿礼与记录者太安万侣那样，虽有口诵传承讲述者及其记录者之不同，但是，如果参考纳西族东巴中并存有背诵神话类的讲述者与朗诵经典者两种，并由东巴自己记录神话传承的例子，"旧辞"类的形成不也可以认为是语部直接参加记录的结果吗？

探讨一下以下问题，就会大大增加做以上推测的可能性：这就是从口诵神话过渡到记录神话之间的存在形态问题。上田氏在以上所举的《民间故事与神话》中指出："其中间形态，就是有过念诵的情况。"如《日本书纪·天智天皇九年三月》所载"中臣金连宣祝词"之句和在同一本书的《持统天皇四年正月》中所载的"中臣大岛朝臣读天神寿词"之句所表现的那样，神话传承是"介文字奏宣……"并继续使之"讲述机能向念诵"过渡发展的。对此，我们应该继续探讨这种念诵与语部之间的关系，以及在此之际成为念诵对象的"祝词""神贺词""天神寿词""旧辞"等的原始形态。上田氏认为，编撰《古事记》时，稗田阿礼"诵习帝皇继日及先代旧辞"，指的并不是阿礼单纯背诵、口诵传承，而由太安万侣将此记录下来。它所说的是"诵习"已被记录的"帝纪"与

---

① 伊藤清司：《神话与民间故事——中国云南省纳西族的传承与〈古事记〉》，载《传统与现代》38 号，1976 年。

"旧辞"台本的正确读法①。这就意味着太安万侣等编录者是站在统治者的思想立场上，把语部等所念诵的记纪神话先行形——被记录的神话传承整理成了史书。而不是近年来故事采取者从文盲讲述者那里收集记录故事传说等民间传承那样的情况。

纳西族东巴所记录、朗诵的经典中的文章，并不是真正的文章，用象形文字书写的经典只在故事的重要词汇上写上文字，并不写助词。正如日本人阅读汉文时需要补加格助词和助动词那样，经典中没有书写的部分要靠东巴在念诵之际用自己的嘴加以补诵。因此，可以说经典是谙熟神话传承的东巴在念诵时使用的备忘录。

在日本引用汉字进行记录之初，那些被记录的神话是否也会类似于纳西族东巴文的样子呢？当然，用汉文开始记录的日本和创造了日本的文字，与以此进行记录的纳西族社会在记录文化史上是有很大差异的。但是，日本在借用异国文字开始记录口诵神话之类的传承之初，到底是由什么人缀之以什么样的文字？并怎样朗读这些记载下来的传承呢？这是一个非常有趣，同时又是难以解释的问题。纳西族东巴所朗诵的经典在与日本古典神话形成的比较上是很有启发意义的。

比较研究日本与中国神话传承有若干种角度。以遗留下来的两者形状等为媒介探究中日两国民族神话观的异同，或两国神话性质的相异为其中的一个角度；在《古事记》与《日本书纪》神代篇中有一些可视为受到中国古代思想的影响以及从散见于中国古典文献中的神话性文章借用过来的文言，摘录并解析这些文言也是其中的一个角度；进而通过比较像开国神话和死体化生谷物起源等各种传承那样彼此共通的神话来探讨这些传承在两国间的传播关系也是主要角度之一。同时，在探明我国古典神话发展或变质过程方面，像上边已经说过的那样，作为平行性事例，纳西族神话成了极好的比较资料。在此之际，我想特别加以提

---

① 上田正昭：《记纪神话再探讨》（收入《日本古代国家论究》一书），墒书房 1968 年版。

醒的是，不仅纳西族社会历史与日本古代社会之间具有不少类似点，而且据西田龙雄指出，在中国南方的少数民族语言中与日本语最具对应关系的是藏缅语族的语言，因此，两者也不是没有同源的可能[①]。纳西语正是属于藏缅语族彝语支。特此附记。

---

① 西田龙雄:《中国江南地区少数民族及其语言》，载高分直一《倭与倭人的世界》，每日新闻社 1975 年版。

# 神话与民间故事<sup>*</sup>

## ——大穴牟迟与纳西族利恩的难题求婚故事

〔日〕伊藤清司

### 纳西族的难题求婚故事

众所周知，三轮山大物主神婚传承是与记载于《平家物语》中的丰后绪三郎出生传说和现在仍流传的八蛇婿传说同一类型的作品，日向神话中的丰玉姬产房的故事也是与《不许看的房间》共通的类型。《常陆国风土记》中的福慈、筑波神话，也是与分布于全国各地的《不能吃的芋》和《弘法泉》传说、《大岁客》型传说同一系列的传承。

像这样收于日本古典神话中的神话作品，有不少是与故事、传说等共通的民间文学作品，如伊奘诺从黄泉逃跑那样的咒性逃跑故事和大穴牟迟稻羽白兔故事等，不一而足。特别是在收入《古事记》上卷神话中的围绕大穴牟迟的一系列故事中还掺有许多民间故事性的话根。下面，我想举居住在中国云南属藏缅语族的纳西族神话传承为例，探讨《古事记》神话包含有许多民间故事因素这一特点。我要列举的就是叫《崇搬图》，又叫《洪水冲天》的纳西族创世神话。这部作品的前半部分为天地创始神话，后半部分则是围绕人祖崇仁利恩而展开情节的故事传说，其中含有若干个事物由来的神话。它是流传于该地区少数民族中的同类《创世纪》中的代表作品之一。下面我们先看看其内容梗概，并对一些

---

* 此文选自伊藤清司:《日本神话与中国神话》, 学生社 1978 年版。

问题做一些解说,然后再提出自己的看法。

远古时,世界混沌,日、月、山、川、石、木都还未形成。不久,气与声相变化产生了一位神,这位神又变成了一个白蛋,白蛋孵出了一只白鸡。过后,又产生了一位神灵,这位神灵变成了一个黑蛋,这个黑蛋孵化出了一只黑鸡。

白鸡以天上的白云为被,以地上的青草为巢,生下了九对白蛋,九对白蛋孵出了九对神灵。黑鸡也下了九对黑蛋,它们都孵化成了鬼怪……

这里,作品站在伊朗等地的黑白二元论立场上,采用了复杂的形式。它属于所谓宇宙蛋形创世神话。

接着,出现了九位开天男神、七位辟地女神,共同从事开天辟地的事业。起初,刚刚开成的天地并不稳固,它们总是摇动不停。于是,神灵们在东西南北四角与大地中央竖起抵天柱。这样,天地才得以分离。然后,他们又在天地中央筑起一座名叫居那若倮的灵山,天地才不再摇动。

这座灵山堪比印度的世界山——斯麦尔等贯穿天地的宇宙轴。由此开始,作品进入人类最初降临大地的故事。

上方有喃喃的声音,下方在嘘嘘地吹气,它们互相结合,产生了三滴白露,三滴白露变成了三片大海,从海中产生了恨古,接着出现了每古,继之出现了每古初初等独身神——这些神以"父子连名"的方式延续了七代,后来产生了人祖对偶神。

崇仁利恩出世时,有五个兄弟、六个姐妹,因不能与别的神相匹配,他们只好兄弟姐妹相婚为夫妇。这样一来,天地污秽,激怒了天上的最高神祇。于是,日月无光,山谷鸣动,出现了大害将临的预兆。

早已确立的世界秩序因兄妹之间近亲相媾而回到过去的混沌状态。由于崇仁利恩兄弟开荒耕地时侵犯了最高神祇的住所,最高神祇发怒,变成一只野猪在夜间拱平了崇仁利恩兄弟在白天耕好的土地。崇仁利恩对此大动肝火,设陷阱捕杀这头野猪。然而野猪变身为一对白发苍苍的老夫妇,使利恩兄弟大吃一惊。性情温柔善良的崇仁利恩对此感到内疚,特向两位老人赔礼道歉。这时,老头子变成了最高神,告诉崇仁利恩说,因世界被污秽,不久就要天地倒转、洪水泛滥。最高神还教他宰牛做皮鼓,带上家畜、五谷躲入鼓中逃生。另外,老头又教其他的兄弟姐妹杀猪做皮鼓,不带任何东西就躲于鼓中逃生。

洪水很快袭来,冲走了地上的一切,利恩的兄弟姐妹们也不知走往何方,只留利恩一个人乘着牛皮鼓漂流到山巅上。后来,当他钻出皮鼓一看,地上已经没有任何生物,只有苍蝇在飞舞。他悲痛地走下山去,看见坝子里冒着一缕青烟,走近一看,原来这里有位白发苍苍的老人。老人告诉利恩说:"山麓有两个天女,竖眼的姑娘长得好,横眼的姑娘生得丑,但不要与竖眼的天女去成婚。"崇仁利恩忘了老人的告诫,一高兴就与竖眼天女成了婚。不久,天女怀孕,生下了猪、猴、鸡、蛇、蛙等动物。所以,他们只好把它们都弃于森林沼泽之中。

据别的传说称,让崇仁利恩去与丑女成婚的是一只野鼠。但是,无论哪一种说法都类似于以木花之佐久夜毗卖和磐长毗卖为中心的小野琼琼杵婚姻故事。不过,并不是"香蕉型"死的来历的故事。村上顺子详细论述说[①],有关远古时乘坐空船等从惩罚性的洪水中逃走的传承在中国西南分布极多。不过,它们大抵都是兄妹同乘型,其后,他们同胞相婚,开初生下像伊奘诺与伊奘冉所生的蛭子那样的残废孩子,或者各种异样怪物,并由此而产生了人类。纳西族的这个传承取"弄荒耕地预告型"形式,与彝语支有关传承基本上是同型的。到此,世界上仅有人祖一人,其后,他与天女相邂逅,并与之生下了怪物:

崇仁利恩继续行走,到达了黑白交界处。这里长有一棵开有梅花的树,树下有一个美丽的女神,名叫衬红褒白命。他们交谈,情意相投。原来,衬红褒白命之父——天神子劳阿普已招天界美汝可罗可兴之子为婿,但此人并不如衬红褒白命之意。于是,衬红褒白命才化为仙鹤来到

---

① 村上顺子:《见于中国西南少数民族中的洪水故事》,载《东亚古代文化》,大和书房1975年版。

大地，与崇仁利恩不期而遇。接着，崇仁利恩躲在仙鹤的翅膀之下飞往天界，去向天神子劳阿普求婚。

在别的传说中，这一段被表现为"羽衣故事"型。天女下界浴水时，崇仁利恩得到老鼠的帮助，弄坏了天女的羽衣，使她无法飞回天上。不久，他们俩结成了夫妻，并一同升向天界。纳西语中把媒人称为"哥排咪拉补"，意为白鹤是媒人。据说这句俗语源出此典。

傍晚，天神子劳阿普放牧归来，知道以上一切后非常生气。崇仁利恩告诉他，地上的人类已经死绝，只剩他自己一个人。因此，他恳求天神把天女衬红褒白命嫁他为妻。阿普出了以下难题，考验他是否具备做女婿的能力：

一、要一天砍倒九片森林；

二、要一天烧完砍倒的九片森林；

三、要一天之内在烧完的九片土地上播完种子；

四、要一天之内收割完九片土地上长出的谷物。

崇仁利恩在衬红褒白命与白蚁的帮助下一一做完了这些难题，立即把成熟的谷物收割完交给了天神。但是，天神告诉他，其中少了三粒谷物。于是，崇仁利恩射穿了偷走谷物的斑鸠的胸膛，从胃囊中取出了两粒谷子，又用马尾勒紧蚂蚁的腰肢，从其体内取出了另一粒谷子。

据说，这就是斑鸠胸前有斑点与蚂蚁细腰的来历。所以，这与《古事记》天孙降临条中的海鼠裂嘴的来历故事一样，属于事物由来故事。

接着，天神子劳阿普带着他去山岩间捕山羊。深夜，他们疲惫不堪地睡在岩洞之中。子劳阿普睡洞里，而让崇仁利恩睡在洞口，企图把崇仁利恩踢下悬崖峭壁。但崇仁利恩遵从衬红褒白命的指点，事先用毛毡悄悄包好一块岩石作为自己的替身而逃走。对此一无所知的阿普用脚猛地一蹬，岩石就滚到山间，砸死了山麓的一只羊。第二天早晨，崇仁利恩把这只羊做成佳肴送给阿普。阿普又说："今晚咱俩去捕鱼吧。"崇仁利恩又一次预先得到衬红褒白命的指教，如何如何，一经照办，并没有被阿普踢入水中。这次，阿普又让崇仁利恩去挤三滴虎奶。崇仁利恩到野外挤了三滴野猫奶，骗说这是虎奶。但阿普拿它前去牛棚、马厩、鸡圈上辨别，所有的家畜都毫无反应，揭穿了崇仁利恩的骗局。后来，利恩又遵照衬红褒白命的指教，取回了真正的虎奶，顺利通过了最后一次考验。

不用说，这是流传于世界各地的"难题求婚故事"，其中也有像日本《古事记》中大穴牟迟向须势理毗卖求婚时所受到的女子之父神速须佐之男进行的考验那样的内容。关于这一点，我将留待后边讨论。

为了确认崇仁利恩的器量，子劳阿普向他问起自己的血统如何，崇仁利恩回答说："我是九位开天神灵的子孙，我是七位辟地神灵的后裔！是飞越过九十九座大山、跋涉过七十七条山谷也不知道疲劳的祖先的后代……是什么样的坏人也打不倒的勇敢祖先的后裔。"

在此，他列举了许多足以证明自己具有高贵血统的例子，终于从阿普那里娶来了天女为妻。

古代纳西族男子常常在腰间佩带长刀以为装饰，尤其是把虎皮衣服当作具有一定社会地位的象征。因此，虎皮衣成了这个民族男子最为渴求的衣物。

崇仁利恩在娶到衬红褒白命之后，并没有男子汉的装束。就在这时，突然出现了一只红虎。崇仁利恩听从衬红褒白命的劝告，捕杀了这只老虎，剥下虎皮制作衣裳与裤子，并用它缝制了帽子和腰带、箭囊。衬红褒白命也用羊皮、羊毛制作了衣、帽、腰带等饰物。在他们夫妇手拉手从居那若倮山降临大地之际，天神子劳阿普为了让女儿日后生活富裕，送了牛马等各种家畜及金银碗具，以及许多植物种子，其中只差猫与蔓菁。于是崇仁利恩回到天上去偷猫，还把蔓菁种子藏在指甲缝里回到大地。后来，天神知道这些后非常生气，他诅咒说，要让大地上的猫从肺里发出噪音，让它的肉不能食用。因此，从那时起，无论什么时候，猫的喉管里总是呼噜呼噜直响，扰人不安，它的肉自然也不能用于烹调。蔓菁也因天神的诅咒而一煮便是水，一背沉甸甸。

这就是有关猫与蔓菁由来的故事。而以下则是把素不相识的鸡与狗根据吠叫而当狗，或据其司晨报晓而当鸡之由来的故事。

两人从天界降临大地时，并没有鸡与狗做伴，因此很难区别主人与宾客，难以判断白昼与黑夜。后来，他们从天界带来了狗与公鸡，靠狗分清了主人与宾客，靠公鸡辨明了白天与黑夜。

他们刚到大地时，用木桶挑清水，点火把照明，意为塘中清水满盈，光明普照世界。

自古以来，丽江纳西族有这样一个结婚习俗，即在女子嫁入时，要由一个女子挑水、一个男子点上火把，双双从新娘子前走过。可以说这种习俗的来历与以上这个传承有关。

他们占卜了吉日，告别了天界的父母而降临大地。途中，左有白风，右有黑风，倾盆大雨从天而降；洪水暴涨，使道路、桥梁都消失了。这是可罗可兴因怒于他们的结婚所作的报复。因此，衬红褒白命动之以小智，拿了三块牛油和三升小麦面、三笼柏叶在高山上烧香，对可罗可兴神表示谢意。这样一来，突然黑云消失，太阳鲜红，闪耀出灿烂的光辉。他俩继续赶路，越过许多山川河谷，到达了纳西族的居住地英古地（今丽江坝区），吉祥结婚。

可罗可兴被纳西族人视为司风雨雷电之神。人祖崇仁利恩夫妇下凡人间之后，纳西族每年都要举行"斗卟"仪式，请东巴打开经典祈愿可罗可兴不要再降下灾害。这个"斗卟"仪式，直到最近还在纳西族民间继续进行。人们相信，只要稍有懈怠，就将大降暴雨，到处歉收。这个传统性的"斗卟"仪式，起源于这个崇仁利恩夫妇故事。

不久，衬红褒白命生下了三个儿子，但孩子们直到三岁也不会开口说话。崇仁利恩就派蝙蝠为使者，前去天界向岳父阿普打听其原因。天神告诉说，是因为他们忘记了双亲的恩典而造成的。天神还说，要崇仁利恩与妻子相商，赶赴九布通耻大祭司处求卜，进而以粟木为"祭木"，用白杨做"顶神杆"，以黄牡牛与雄鸡作牺牲，用米与酒作供物，在旧历十一日举行祭天仪式，向天神阿普表示感谢，同时也向可罗可兴神谢礼。

祭天仪式在纳西族的祭祀活动中是最为隆重的仪式，时间分正月和七月两次，祭日大多是十一日。正月之祭称为大祭天，七月之祭称为小祭天。在这个仪式上，人们竖两根黄栗木，一根表示天神阿普，一根表示其妻阿仔神。要杀一头黄牛（现改为猪）供献给两位神祇。另外，白杨做的"顶神杆"表示可罗可兴，在此神面前应杀鸡相祭。后来，在黄栗木做的"祭木"旁还要竖两根小祭木，据说这两根小祭木代表人类始祖崇仁利恩及衬红褒白命。总之，现今的祭天仪式都是仿照人祖故事中有关内容而形成的。

有天早晨，三个哑孩子正在房前玩耍，看见一匹马跑来吃蔓菁，他们一齐用不同的声音喊叫起来。一个高喊道："达你羽毛扎。"另一个喊道："软你阿肯开。"最后一个喊道："买你苴果愚。"其意都是"马吃蔓菁"。于是，这些叫喊声成了三种不同的语言，三个儿子也成了三个民族的始祖。他们穿着不同的服装，乘骑三种不同的马匹，居住在不同的地方。大儿子成了藏族的祖先，居住在上方；小儿子是白族的祖先，居住在下方；次子是纳西族的祖先，居住在中间地带。后来，他们各个民族子孙兴旺，繁荣昌盛。

在纳西族祭司所讲述的人类寿命由来故事《延寿经》中也谈到有关藏族住上方、白族住下方——大理、昆明等地，以及中间居住纳西族的内容。在他们的挽歌中，也有去大理、昆明等白族人居住地买寿岁的句子。据说，自古以来纳西族人就畏惧藏族，而以白族人卑下，这种观念在此也得到了反映。

## 纳西族的《古事记》

以上是参考了中共云南省丽江地委宣传部编的《阿一旦的故事》中所收集的有关资料及李霖灿的《么些族的洪水故事》①后汇总而成的故事梗概。它们本来并没有固定的标题，所谓《洪水故事》《人类迁徙记》等不过是翻译介绍者出于方便起见而采用的名称而已。这种事例在中国

———————

① 李霖灿：《么些族的洪水故事》，见《民族学研究所集刊》第三期，1956 年。

西南少数民族社会中并不少见，如彝族的《创世故事》《先基》等便是这样。《先基》在阿细语中只是"歌"的意思。

总而言之，云南省楚雄彝族自治州彝族所流传的《梅葛》、属南亚语系的布朗族所流传的《顾米亚》、阿细人中流传的《先基》，都是与上述的纳西族传承相同的作品。这些创世故事从内容上讲，都是在讲述天地开辟以来的历史。在这个意义上，它们又被通称为"古事记"或"古代故事"。在此，为了避免与日本《古事记》发生混乱，我们特将它们称为"古代故事"进行比较。但是，如果考虑到它们的存在形式，还不如把上述纳西族的传承和彝族的《梅葛》等称为"古事记"更为恰当。之所以这样说，是因为这些传承大都被加以记录，并作为书册而被保存。

在中国少数民族中，属藏缅语族的彝族和纳西族作为仅有的几个象形文字保持者而负有盛名。其具体情况，尤其是纳西族的情况在西田龙雄的《活着的象形文字——纳西族的文化》[①]中做了以下介绍：用纳西族的象形文字，也可以说是图画文字写成的大部分经典被朗诵于祭天、祭祖等祭典之上，而纳西族的宗教是一种原始宗教，巫师东巴自己保管自己手写的经典。每一个纳西村落中大都有一个主持宗教仪式的巫师——东巴，他们曾在纳西族社会中处于极高的社会地位，独自处理一切宗教事务。除此之外，作为社会领袖，他们在战时是军师，平常又是能应对一切的教师。这并不是说他们现在已经完全失去了这种特点，但确已沦为把祭司当作一种副业，平常从事农业生产，在村落中婚冠丧事时被人们请去祝福，或表示吊唁，如有病人则赶去驱鬼，或主持大祭天等季节性祭祀与祭祖活动等。

东巴在婚冠丧事上朗诵的经典就是上述所介绍的"古代故事"及《虎之卷》等。随着地方的不同，有的东巴也不朗诵这些经典。总之，东巴也就是日本的语部。纳西族东巴所朗诵的"古代故事"，属于讲述开天辟地及人类起源、神灵业绩等的真正的神话，其中还含有讲述纳西人

---

① 西田龙雄：《活着的象形文字·纳西族的文化》，日本中央公论社 1966 年版。

最为重视的大祭天和"斗卟"仪式起源的事物由来神话和从婚俗讲述蔓菁、狗、猫等物和名称等由来的传说。总的来说,它讲述了纳西族社会及生活的由来和故事。父子连名制在"古代故事"中的创世时期即已出现,这恐怕是把其权威及其起源置于神世七代的神祇之上。

然而,纳西族的"古代故事"中也包含有"羽衣故事""难题求婚故事"等民间故事,尤其是以崇仁利恩为中心的情节相当完备,具有很多娱乐性因素,而且,这些也被讲诵于祭天、祭祖仪式上,这是很有意思的。

## 神话与传说

正如早已指出的那样,在日本的《古事记》上卷中,有不少与天地创始、谷物起源、死亡起源等神话相关的、与现行传说等相同的故事,见于大穴牟迟神赴根之国神话中的难题求婚故事也是其中的一个。高木敏雄曾经指出,大穴牟迟神赴根之国的故事从属于分布在世界各地的"英雄求婚·咒术逃跑型"传承。这种类型的故事大都由八个话根构成:

一、青年英雄奔赴敌方住所(令人生畏的动物、巨人、怪物、敌国他界的统治者);

二、敌方让青年英雄做种种艰难的事情;

三、其目的在于使青年英雄死去;

四、每做这些难事,敌方的女儿总是给予英雄以救助;

五、最后,青年英雄带着这位姑娘远走高飞;

六、敌方追赶时,青年英雄勇敢御敌;

七、御敌的方法是:如果投掷物器,这个物器即变为障碍物;

八、逃走的结果是青年英雄及姑娘获得了幸福[1]。

在有关大穴牟迟的故事中,缺少第 7 个话根。另外,如果把可罗可兴进行报复和对此加以烧香祭祀的情节看成是第 6 个话根的变异的话,那么,纳西族"古代故事"中就缺少咒术性逃跑的第 7 个话根。

---

[1] 高木敏雄:《比较神话学》,博文馆 1904 年版。

　　《古事记》中的大穴牟迟，在根之坚州国受到了速须佐之男的一系列考验，即：让他呆在关有毒蛇、蜈蚣、毒蜂的房间之中，让他在荒野中寻找鸣镝，然后从四周纵火烧杀，以及让八十个神用烧得通红的大石头烧杀等的考验。在把以上这些内容解释为在讲述特殊通过仪式这一点上，所有研究者的看法都是大体一致的。可以说，大穴牟迟就是出云君王或英雄，它与曾在日本古代社会的成人仪式和入门仪式上所进行的考验和习俗或将它们加以礼节化的各种仪式相关联，所强调的是大穴牟迟是否具备作为领袖人物的条件。和歌森太郎认为，八十神的考验是老年人对青年组新加入者的考验。松前健认为，如果考虑到大穴牟迟曾推广医疗咒术治疗伤痛的白兔，用生太刀生弓矢这些使死人复活的镇魂咒器和巫祝用于神言的用具——天之诏琴等情况，可以说大穴牟迟神具有很强的咒医、巫祝特点，他是巫祝社会中的一员，从某种意义上说是神话上的创业者，八十神就是对这样的巫祝集团入团候补生进行考验与苦行的年长者或长老。他还推测说，生太刀、生弓矢、天之诏琴等是祭司王的一种神器。以大穴牟迟为中心的一系列故事是古代祭司王即位仪式和成人仪式起源传承[①]。

　　如果去掉对巫祝特点的强调，各位研究者的解释都与之大体相近。西乡信纲也站在民族学的立场上指出，王者即位仪式就是被特殊化了的成年仪式。大穴牟迟故事就是让人回顾青年人成年仪式加工改造为王者即位仪式过程的最好故事。他还取古代王者即位之说指出，天之诏琴等可比作王位之象征的三种神器[②]。纳西族的"古代故事"中以崇仁利恩为中心的情节也可看作是在讲述通过王者就任仪式的特殊性成人仪式。这些部分就是有关崇仁利恩降临大地时为人民带来了家畜和五谷种子以及天神给予他九个金碗、七个银碗等内容。难道这些不是意味着神器性的宝物？进而言之，崇仁利恩不单单是人祖。纳西族有四大氏族，其中，住在丽江一带的叶氏族为豪族，据他们的《木氏历代宗谱碑》记载，

---

① 松前健：《日本神话的形成》，塙书房 1970 年版。
② 西乡信纲：《古事记的世界》，岩波书店 1967 年版。

崇仁利恩的次子为纳西族始祖里为糯于，经四代至哥来秋（高勒趣）。哥来秋的四个儿子就是纳西族四个氏族的祖先，自此凡经六十几代到清代。以上这些被当作统治氏族的系谱而受到特别尊重。崇仁利恩对既是天神又是岳父的阿普所讲述的自己血统来历的部分中，也能看到这样的传统。如果考虑到崇仁利恩与他的妻子一道在重要的祭天仪式上被当作神灵而祭祀的情况，我们也许可以在以崇仁利恩为中心的故事中看到，其中既有始祖神的特点，又带有经过"通过仪式"而成为领导者的"首长就任仪式"性色彩。然而，尽管纳西族社会已经出现阶级，但没有形成自己的国家，从而也就没有建立起稳固的君权。因此，这些故事也就不是从国家立场上加以记录的作品。故，在崇仁利恩故事中也就没有产生、形成、复合、发展有见于我国大穴牟迟故事中那样的君主因素。

如果考虑到古代社会和未开化社会中相当普遍地存在有成年仪式和其他成人礼的情况，大穴牟迟所受到的考验尽管与之不同，但我们不能说我国古代不曾存在过作为这些故事之素材的某种考验，当然也还不能证明确实有过这些考验。广畑雄辅认为，虽然这些考验未曾存在于我国古代社会，但在编录《古事记》时，这些考验故事已经流传于我国，故而编者借用了这些故事去赞颂大穴牟迟具有适于为王的资格[①]。广畑雄辅的这种观点是有一定道理的。之所以这样说，是因为在中国山东半岛也流传有与见于大穴牟迟难题求婚故事中，大穴牟迟靠妻子给予的各种咒性克服了呆在关有毒蛇的房间、关有蜈蚣和毒蜂的房间等考验的情节非常相近的故事。即：一个名叫春旺的青年靠妻子给予的梳子和咒文等克服了岳父让他呆在关有大虱妖精的房间和关有臭虫、蝎子之妖精的房间、盘有毒蛇的水井之中的考验，避免了被这些害虫害死的灾难。

有的学者从别的角度提出，大穴牟迟神话的考验故事是借用了外来的传承。松前健针对有关向须势理毗卖求婚时大穴牟迟受到速须佐之男的考验也有可能反映了劳动婚式的婚姻形态的观点指出，如果是这

---

① 广畑辅雄：《大穴牟迟神话》，载《民族学研究》39 卷 3 号，1974 年，后收于《记纪神话研究——中国文化思想对其形成产生的作用》（风间书房，1977 年）中。

样，大穴牟迟在通过了这些考验之后也就没有必要与须势理毗卖相伴逃跑了。大林太良也认为，从同一类型的故事在海外的分布情况看，难题婿故事是同稻、羽、白兔等故事一起从海外传来的①。

最近，君岛久子就这一问题指出，流传于我国的难题婿故事在内容和艺术特征两个方面，具有很浓厚的山地火山农耕文化的特点，它与从事火山农耕的苗族、瑶族等少数民族有共通之处②。我自己也曾提出了一些看法，介绍了苗瑶社会中存在有从山上滚下树木以压死求婚者、带求婚者于野外，然后从四周放火烧杀求婚者，以此进行考验的难题求婚故事③。

以上是以大穴牟迟与崇仁利恩难题求婚故事为中心而做的素描式比较。文中也许有一些把《古事记》与纳西族的"古代故事"视为类同的语句，但我并不想把《古事记》与"古代故事"加以简单的联系而去探讨其来源。我所要指出的是，在推断从创世时期开始讲述，并把农耕及其祭祀的由来、天皇家族权威的来历复合于各种故事加以讲述的《古事记》原型方面，纳西族的"古代故事"可算是一个很好的参考。当然，纳西族的"古代故事"也是漫长的历史发展中所产生的作品，到今天也已包含有复杂的结构和内容。但是，不管怎样，现今仍朗诵于其"古代故事"中的有关开天辟地等严格意义上的神话，与我们视为旧话、传说而区别于神话的民间故事是同属一类的。这一点并不是因纳西族的"古代故事"为古老的象形文字所记录而造成的，因为在完全靠口传的阿细人的《先基》中也好，在布朗族的《顾米亚》中也好，其内容都是一样，而且，就纳西族本身的情况而言，不仅仅"古代故事"是这样，在前面所举的《延寿经》和"媒妁歌"等当中也没有本质上的变化。

我们感兴趣的是纳西族的东巴经典带有一些与他们的各种仪式不可

---

① 伊藤清司：《出亡神话讲座》，载《日本神话讲座》第三卷，学生社 1973 年版。

② 君岛久子：《表现于中国民间文学中的生活形态种种（如羽衣故事）》，为"第 28 届日本人类学会、日本民族学联合大会"口头发言。

③ 伊藤清司：《月亮姬的诞生》，讲谈社 1973 年版。

分离的神圣性，其内容也有不使出席仪式者感到困乏而予以愉悦感的故事文学特点。阿细人的古代故事《先基》则被唱咏于山野中的"宿娘"之时。彝族的《梅葛》也被唱诵于婚葬仪式以及祝贺盖新房等场合。

就神话与故事传说的关系而言，人们有种种不同的看法。如有自格林兄弟以来把神话当作民间故事之母胎的神话蜕化堕落说，柳田国男等分有说，还有波阿兹和罗威提出的神话与故事通用说，等等。近来，巴乌曼还提出了一个神话与故事的合成用语。以上种种看法并没有给神话与故事、传说等的关系以严格的定义。但是，如果考察传诵于中国西南少数民族当中的"古代故事"之类的作品，就可以知道日本的《古事记》上卷中所载的故事性传承，或许大多都是有意联系当时社会上所流行的各种习俗、仪式编录而成的，或许它们并不是收集综合了当时流传于民间的各种故事而形成的传承，而是在此以前作为"古词"而被语部等讽诵之际，天地创始和事物由来故事等，便已经一并加以讲述。现在我们不是把它们视为故事传承而没有进一步去识别它们之间关系的意识了吗？

我们也可以把纳西族等中国西南少数民族社会视为与日本古代社会具有同一性质。在有关纳西族等资料还掌握甚少的今天，只以仅有的一部《古代故事》作为资料论述神话与民间故事的关系这样一个重大的问题，简直就像苇管窥天。因此，在这里我只能以《古代故事》为例，陈述一下自己对《古代故事》上卷（神代卷）中的有关故事之先行形态的一点看法。

# 纳西族神话中创世过程的
# 重复性及各创世主题谱系*

〔日〕诹访哲郎

纳西族创世神话中直到崇仁利恩诞生为止的部分原本不是作为一个连续不断的神话而存在的,它是若干起源各异的神话主题相重合而形成的。探讨各主题之谱系的结果是纳西族的创世神话中的混沌型主题来自汉族文化,卵生主题来自吸收了南方文化的苯教文化,死体化生创造万物及天地的主题出自以西亚或中国西南为中心的文化,天柱型主题则属于受佛教染指的汉文化。

## 各主题之间的断绝性

纳西族创世神话大致可以区分为崇仁利恩诞生前与诞生后两大段。在《崇搬图》中,到"不成黑白之起源"为止是前段,"始祖诞生与洪水泛滥"以后为后段。后段中有若干个二次变异,但以崇仁利恩为中心展开故事情节这一点却是一贯到底的。与此相反,前段除了多少可看作是附加的"不成黑白之起源"外,其余都由说明自然界形成的主题构成,只是它们互相之间既无密切联系,也没有必然的发展。

"从混沌诞生模糊的影子"明显属于混沌型创世神话。种种模糊的影子稍纵即逝,其间夹杂有"三元生九种,九种生母体"这样充满哲学韵味的句子。然后,作品向包含有黑蛋白蛋相对立的卵生型过渡。可以

---

* 本文选自诹访哲郎所著《中国西南纳西族的畜牧民性与农耕民性》第五章第四节,第一法规出版株式会社 1988 年版。

说，在混沌型与卵生型神话之间，并没有密切的关联，也看不到必然的发展轨迹。

因在白蛋黑蛋中产生善恶谱系的主题中穿插了神鸡"恩余恩曼"飞翔高空、莅临大地的内容，所以，一见可知卵生型神话与"竖柱开天地"为内容的天柱型主题具有密切的关系，并且有必然的发展逻辑可寻。但是，由于其藏文化色彩很浓，民间口头流传的有关作品中又不存在天柱型主题，因此它可能是后来才添加上去的。这样，我们也就不能认为从"白善谱系与黑恶谱系生自蛋"向"竖柱开天地"过渡是纳西族创世神话固有的结构。

天柱型主题是后来才附加上去的，因此，紧接着"竖柱开天地"展开的"从卵生牛之死体化生"本该出现于"白善谱系与黑恶谱系生自蛋"之后。那么，卵生善恶谱系主题与"卵生牛之死体化生"主题是否具有密切的关系和连续性呢？由于被杀的尸体化生出种种自然物的牛亦出自"恩余恩曼"所生的蛋，所以，可以说卵生主题与死体化生主题具有连续性。通过被杀的野牛而出现于世界的天、地、日、月、石、土、水、岩、草、木等正是卵生型神话得以展开的前提。另外，从"恩余恩曼"所生的蛋中变成的只是善的谱系，不过不能认为这头野牛亦属于善的谱系。在云南省民族民间文学丽江调查队所整理的《创世纪：纳西族民间史诗》中，这头野牛被描写成了以角抵破天，用蹄踏陷地，迫使人们不得不再次竖天柱开天地的怪物。这显然是一个恶者[①]。即，"白善谱系与黑恶谱系生自蛋"主题与"卵生牛之死体化生"主题虽被描写成具有连续性，但在事实上，它们是互为独立的神话主题。

自然，死体化生主题和与之相连的"建造居那什罗山"并无连续性，"并未成为黑白之起源"则与原有的创世神话无关联。

---

① 云南省民族民间文学丽江调查队搜集翻译整理:《创世纪：纳西族民间史诗》，云南人民出版社 1978 年版，第 10 页。

## 与纳西族始祖诞生相关联的创世主题是什么

纳西族《创世纪》的前一部分是由原本毫不相干的若干主题集合而成的，可称为具有多元性的神话。在构成具有多元性创世神话的主题群中，到底哪一者才是纳西族固有的主题呢？这一点，将在后边进行探讨。这里，我将首先就后半段的始祖神话是否与前半段中的某个神话主题相关联发表自己的意见。

云南省民族民间文学丽江调查队整理的《创世纪：纳西族民间史诗》是这样讲述崇仁利恩以前九代祖先的诞生过程的：

> 居那若倮山上，
> 产生了美妙的声音；
> 居那若倮山上，
> 产生了美好的白气。
>
> 好声好气相混合，
> 产生了三滴白露水；
> 三滴露水又变化，
> 变成了一片大海。
>
> 人类之蛋由天下，
> 人类之蛋由地抱，
> 天蛋抱在大海中，
> 大海孵出恨矢恨忍来。[①]

在这里，纳西族祖先恨矢恨忍是从蛋中诞生的，被描绘成处于卵生主题的延长线上。恩余恩曼最后所下的蛋孵化出了野牛，其后，野牛死

---

[①] 云南省民族民间文学丽江调查队搜集翻译整理：《创世纪：纳西族民间史诗》，云南人民出版社1978年版，第13～14页。

体化生出了自然万物。如果这一死体化生主题是后来才插入的，那么就可以推定，其原貌应该是从恩余恩曼最后生下的蛋中诞生了恨矢恨忍。

在以上所介绍的《创世纪》中，恨矢恨忍生于蛋，但在《崇搬图》及其他资料中，恨矢恨忍都被说成是生于海中，而不是大海所孵抱的蛋中。因此，又可以说纳西族祖先的诞生情况并不处于卵生神话的延长线上。另外，像好声好气变化生下依格窝格、恶声恶气变化生下依古丁那那样，恨矢恨忍还是妙声妙气变化生下的。所以，我们可以将它们理解为属于同一系统的神话。这也可以认为是将物质的根源求诸声气混合的哲学性观念最初附加于卵生神话与始祖神话。

关于混沌型主题或死体化生型主题与生命的诞生并无直接关联，因此，我们并不能仅仅根据神话的内容肯定或否定它们是否与始祖神话相关。以崇仁利恩为中心而展开的始祖神话可看作纳西族的传统神话，故，与始祖神话有无连续性也就成了判断混沌型主题或死体化生型主题是否为纳西族传统神话主题的重要依据。

## 混沌型神话主题的谱系

当天地未分、阴阳尚未对立之际，混沌无定形，微暗之中，先出现了事物的萌芽。其清亮者上升成天，其重浊者凝固成地……

这是《日本书纪》第一卷开头一节的意译[1]。在岩波书店版《日本古典文学体系》中，对此的注释是："这见于《淮南子》及《艺文类聚·天部》之中。可以肯定，这是从若干中国神话中摘选与日本神话相似者而编撰成的。"关于原初世界并无天、亦无地，从昏暗的混沌中出现了事物萌芽这样带有极强的哲学色彩的主题同见于中国汉代的《淮南子》以及日本奈良时代用汉文写成的《日本书纪》之中。并且，如果考虑到东亚地区以很早就受汉文化影响的民族集团为主拥有这一主题的情况的话，毫无疑问，《日本书纪》中的混沌创世主题是借用于拥有高度文明的汉

---

[1] 板本太郎，家永三郎，井上光贞，大野晋：《日本书纪》上，第 76 页。

族那里的。

连与汉族隔海为邻的日本都借用了汉族的混沌型创世主题，尽管不使用汉字，但在许多方面都已经受到汉文化影响的纳西族也不会不从汉民族那里借用有关神话主题的。

在苯教的世界起源学说中，最初之神为那姆卡·斯通登·却斯姆，并没有从混沌中产生天地、日月等的内容。"那姆卡·斯通登"为空间之意。因此，那姆卡·斯通登·却斯姆可视作神格化的空间。虽不能说与混沌完全无关，但将混沌型主题的来源求之于苯教显然是勉强的。

具有民间传说倾向的丽江纳西族创世神话《丛蕊刘偶和天上的公主》中也有混沌型主题。但在《永宁纳西族的阿注婚姻与母系家庭》中所介绍的创世神话却开始于洪水泛滥，并无混沌型主题可寻[①]。

虽然很难将混沌型主题判定为是否是纳西族传统神话主题，但因它具有高度的哲学性及文明性色彩，因此，我们还是可以将它理解为源自汉族文化。

## 卵生型主题的谱系——与苯教的关系

创世神话中的卵生型主题可根据是否从蛋中生出而区别为两类，第一类为从蛋中诞生宇宙天地的宇宙卵生型神话，第二类为往往将民族始祖的诞生归结于蛋的始祖卵生型神话。

尽管出现于纳西族神话中的卵生主题与以上的分类未必完全吻合，但"白善谱系与黑恶谱系生自蛋"属第二类，"卵生牛之死体化生"近似第一类。在"白善谱系与黑恶谱系生自蛋"主题中，白蛋、黑蛋中所出现者都与纳西族始祖崇仁利恩没有直接关联，但从白蛋中孵化的猴人与猿人被说成是人类的祖先，而且，在固有的情节中，恩余恩曼所生的最后一个白蛋中所孵化的并不是巨牛，很可能是崇仁利恩前九代祖先恨矢恨忍。所以，可以将"白善谱系与黑恶谱系生自蛋"看作是纳西族的卵

---

① 詹承绪等：《永宁纳西族的阿注婚姻与母系家庭》，上海人民出版社 1980 年版，第 254 页。

生族祖神话之一。

"卵生牛之死体化生"主题中出现的天、地、日、月等是巨牛死后在其尸体上化生者。正如后边所述的那样,起源相异的两种主题极具重合的可能,因其本源都是蛋。所以,如果勉强为之,也可以将它们分类为宇宙蛋型。

从纳西族卵生始祖神话中的"白善谱系与黑恶谱系生自蛋"看,其情节无疑与苯教世界起源论有关。不只是自蛋生善之谱系、黑蛋生恶之谱系,蛋的形成过程等也与苯教如出一辙,同是从三元或五元开始,蛋的形成过程与声、气(风)、光等相关,它们都建筑在二元论基础之上。因此,"白善谱系与黑善谱系生自蛋"是东巴等将苯教世界起源论引入纳西族创世神话所产生的结果。这是确定无疑的。

值得一提的问题有两个,第一个是在苯教世界起源论中为何含有卵生因素。卡梅指出:"将太古的神与恶魔的起源归结于蛋之观念是西藏苯教所特有者。佛教的宇宙起源论中并无此种观念。拜火教的影响在西藏的二元论世界结构中显而易见。不过,蛋的观念却另有来源。"[1] 也就是说,可视为苯教之母体的拜火教与佛教中所缺少的卵生神灵观念为何会出现于苯教中这一点,可以从对卵生神话分布情况的考察中进行认识。第二个是在民间流传的创世神话中所出现的崇仁利恩前的九代祖先恨矢恨忍卵生的问题。关于这一问题,笔者将在其他地方详做论述。

## 卵生型主题的谱系——南方系说与欧洲起源说

对朝鲜神话及历史颇有造诣的三品彰英为探讨朝鲜半岛上包含卵生因素在内的始祖神话之来历,曾广泛涉猎了东亚的卵生始祖神话,并就其分布情况做了如下论述:

始祖神话中的卵生因素以印度尼西亚各族为中心分布区,北经台湾传入朝鲜,东南延伸至美拉尼西亚,米库罗尼西亚诸岛,西部扩及缅甸、

---

① 卡梅:《苯教的历史和学说概论》,1975年,第194页。

印度、中国西藏……我曾在蒙古、满等族中刻意寻找这方面的类型，但竟然无一所获。惊异之余，我深以为这一问题值得注意……在汉族古代文献中，与朝鲜卵生始祖神话值得一比的资料也只有徐偃王来历一例。并且，就徐国的民族而言，当属所谓的东夷或岛夷……其故事因素非大陆系汉民族所固有者，还不如说是海洋系，即接近印度尼西亚系分布圈的因素。[①]

另外，三品彰英就《蒙古源流》所载的西藏王波罗扎卵生传说，强调了西藏与缅甸在民族性、文化性方面的相近性，认为"波罗扎卵生传说是基于从缅甸传入西藏的卵生因素而形成的。恐怕在很晚的时代，它才与佛教或喇嘛教等一道出现于蒙古族传说之中"[②]。

针对三品彰英的卵生始祖神话南方系说，大林太良认为卵生神话是由欧洲传入的。他认为：

三品彰英从分布情况将卵生神话视为起源于南方者，这大体是正确的。但是，南方系文化也有若干支流。其中，哪一个支流与卵生始祖神话更有关系呢？从其分布情况看，卵生始祖神话并不与东亚及大洋洲的狩猎民族及栽培民族诸文化有关，而与较新的文化冲击波有关。在这个意义上，鲍乌曼将这种主题的神话视为属于较高层文化者并不是没有道理的。但是，可以从印度和中国的此类主题的分布情况加以断定，它们也不是受了印度、中国的古代文明影响而形成的。在印度，卵生神话分布于处于边缘地带的喜马拉雅地区和内地的非印度教的摩达诸族之中。在中国，徐偃王的传承地是在东南海岸上，并以非民族文化作为背景。

因此，我们说卵生神话主要分布于喜马拉雅和印度支那、印度尼西亚，并往往与龙蛇因素相结合。在欧亚大陆、爱沙尼亚、芬兰、俄国与欧洲北部也分布有这种主题的神话。如果将这一切结合起来考察，虽说

---

① 三品彰英：《神话和文化史》，平凡社 1971 年版，第 344～346 页。

② 三品彰英：《神话和文化史》，平凡社 1971 年版，第 347 页。

它是南方系,但也不能不与北欧等的有关神话联系起来。①

大林太良在进一步论及钓岛神话等在北欧与大洋洲极为相似的情况后,得到了这样的结论:"总之,亚洲与大洋洲的卵生神话好像是与东南亚被称为'东山文化'(公元前800年到公元元年前后)的青铜文化,以及与之具有亲缘关系的各种文化联结在一起的。它从东欧经亚洲内陆到达东南亚,进而传入东亚及大洋洲。"②

卵生神话到底是三品彰英所指出的南方系,还是大林太良所推测的起源于欧洲的文化冲击波所造成的文化现象这一问题对以神话为线索探讨纳西族的历史文化情况是极有意义的。现在,曾被三品氏和大林氏在考察卵生始祖神话时所忽略的中国少数民族的神话资料已经大多公诸于世。因此,无论人们对此已经作出了多少结论,我还是以为需要对中国的有关资料稍做整理后再下结论。在现阶段,很难清楚表明谁更加正确。

不过,如果硬要在尚无充分根据的前提下陈述笔者的看法,大林太良之说未免欠妥,因仅据卵生神话的分布情况是难于断言它确实"与较新的文化冲击波相关"。如果它从欧洲传来后分布于东南亚到大洋洲的大片地区,那么,它在中间地带却为何保留甚少呢?

本文将根据三品氏之卵生始祖神话为南方系神话之说,加深自己的认识。不过,如果说卵生始祖神话在中间地带消失并其分布以东南亚为中心的时代完成于两千多年前的话,大林氏的观点也不会在本研究中成为问题。

假如将卵生始祖神话视为从东亚扩及朝鲜、印度、中国西藏的南方系神话的话,苯教宇宙起源论中存在有卵生因素就可以作这样的假设:从西方传来的具有西方式宇宙起源论色彩的苯教在传入西藏后即与南方系文化相汇合,将卵生因素吸收进了自己的宇宙起源论中。

---

① 大林太良:《神话学入门》,日本中央公论新社1966年版,第97~98页。

② 大林太良:《神话学入门》,日本中央公论新社1966年版,第347页。

## 野牛、盘古是否为宇宙卵生型

出现于纳西族创世神话中的"卵生牛之死体化生"与三国时代徐整所著的《三五历记》中的"盘古神话"颇为相似。

正如野牛很难从蛋中孵化那样，盘古亦在大蛋中长眠一万八千年；野牛以角抵天、以蹄踩大地，盘古也如一根巨柱屹立天地之间；野牛死后，头化为天，皮化为地，肺化为日，肝化为月，肠化为路，骨化为石，肉化为土，血化为水，肋化为岩，尾化为树，毛化为草；盘古也在死后气息化为风云，声音化为雷鸣，左眼化为日，右眼化为月，手足身体化为四方山岳，血化为河，筋化为路，肉化为田地，发髭化为天上之星，毫毛化为花草树木，齿、骨、髓化为金属、石、玉，汗化为雨与露。

很难说这些成对的类似是出于偶然，但它们之间又无完全相似者，因此，很难说是谁借用了谁。我以为，过去两个民族中都存在过卵生主题与支天主题、死体化生主题相组合的故事，后来，这些主题在两个民族中分离开来各自独立发展，其结果是产生了野牛故事与盘古故事。

无论是野牛还是盘古，都与死后化生无必然联系，应充分考虑到存在于两者共同的基础故事中的卵生主题与死体化生主题的起源也是各异的，有关野牛与盘古的卵生主题本来也与宇宙创造无涉，而是卵生始祖神话。因此，如果将纳西族创世神话中与野牛相关的事件同盘古神话和其他宇宙卵生型神话同等看待并探索其谱系的话，必然导致错误地把握纳西族的本来面貌。

## 死体化生主题的谱系

如果观察从卵生到死体化生为止的过程，纳西族创世神话中有关野牛的插曲与盘古神话的结构极其相似。但是，如果列举死体化生主题，牛之化生就与西方有一些联系。大林太良曾这样说过：

在印欧语系谱民族的死体化生神话中，巨牛形象总与远古巨人一道出现。牛是具有古代东方文化特征的家畜，因此，维也纳的科帕兹教授曾解释说，这是印欧系民族在尚未分裂以前在高加索至东方的广大地域内所受到的"南方性"文化因素。这种观点恐怕是正确的。如前所述的那样，不仅在巴比伦的杀死蒂阿马特神话里有由死体化生者成为宇宙起源的内容，而且，在古代东方，对牛的崇拜及供奉也都很发达。不仅如此，据鲍乌曼称，世界其他地方因死体化生而诞生宇宙的神话和人类起源神话都是从东洋的高文化地带辐射而成的。

那么，是否可以说古代东方极发达的牛崇拜、牛供奉观念或牛之死体化生神话亦传到了纳西族分布区域呢？我已在前边谈及了这一点，即它很可能是伴随苯教与佛教一道传入纳西族社会的。

与纳西族东巴教之形成关系最大的是西藏佛教前所盛行的苯教，但苯教也不是西藏的本土宗教，它是从更远的西方传播进来的。据西部地区中部的传说，苯教之开山之祖喜拉布是从西藏西部的象雄山来的。查克拉瓦尔蒂氏指出，苯教之崇拜对象和象征符号与印度河谷文明遗物中的有关文物极其相似。他还推定印度河谷所信仰的宗教之一派伴随着印度文明的崩溃而将其中心迁移到了印度河上游的西藏西部[①]。另外，卡梅介绍说，在苯教传说中，苯教之起源地为 Tazig 之 Olmolungring。据有的学者研究，Tazig 就是波斯[②]。尽管苯教的起源地尚无定论，但它从西方传入还是可以肯定的。

纳西族的创世神话中牛之死体化生主题很可能来自西亚的高度发达的文化地带。受苯教影响的藏族《斯巴问答歌》与珞巴族的《三头神牛》也是以牛之死体化生为主题的神话[③]。

但是，在布朗族神话中有神人顾米亚及其十二个孩子杀犀牛创造天地万物的内容；在哈尼族神话中，有天王派遣三个人杀死如山龙牛而造

① 卡梅：《苯教的历史和学说概论》，1975 年，第 171～172 页。

② 毛星：《中国少数民族文学（上）》，湖南人民出版社 1983 年版，第 398、第 533 页。

③ 毛星：《中国少数民族文学（下）》，湖南人民出版社 1983 年版，第 240 页。

天地万物之内容[①]，而这两个民族都与苯教无多大关系。还有，普米族流传有大鹿化生神话，楚雄彝族流传有老虎化生神话，怒族流传有巨兽化生神话。由于分布于西藏高原东南边缘的藏缅语族大都拥有死体化生主题，不将它求诸于西亚文化带，而像照叶树林文化论者相对于"肥沃的三日月地带"提出"东亚半月弧"那样，将西藏高原东南边缘假定为独立的死体化生主题中心区也未尝不可。

不过，将牛类的死体化生主题视为与以牛为牺牲供献于神灵的仪礼一道于苯教形成前就沿阿尔卑斯、喜马拉雅造山地带传入者也并不是毫无根据。人们一般认为，在约8000年前至5000年前的高温期，照叶树林带分布于西亚地区[②]，20进位制也分布于阿尔卑斯、喜马拉雅造山地带。在很古老的文化层次上，西亚与中国西南具有连带关系。

因此，在死体化生主题中，除了叙述宇宙天地起源外，像印度尼西亚东部的哈依努威勒神话与日本的大气津比卖神话等还叙述有农作物的起源。作为宇宙起源神话的死体化生主题主要流传于热带芋类栽培民族与亚热带的杂谷栽培民族中间。关于这两者的关系，有人曾认为是前者传入未开化民族后变成了后者。目前，人们一般认为作为作物起源神话的死体化生主题早已在高层次文化传入之前就已存在于未开化的农耕民族文化之中[③]。我认为，将后者的发展说成就是前者并不客观，至少，将野牛死体化生的插曲与南方栽培民族作物起源神话联系起来是缺乏说服力的。

---

① 詹承绪等:《永宁纳西族的阿注婚姻与母系家庭》,上海人民出版社1980年版,第6、第146、第544页。

② 铃木秀夫认为,在8000年前至5000年前的高温期,可以推定从非洲北部到西亚有I.T.C的明显北上。在北半球,I.T.C为赤道西风与东北贸易风而形成的收缩线,在高温期I.T.C之北上给伊朗的扎克罗斯山脉也带来了夏雨。可以推定,它与现今的喜马拉雅南麓一道形成了照叶树林。事实上,万塞斯特英特于1963年根据花粉分析就已指出:在高温期的末期5500B.P,扎克罗斯山中的塞利帕尔湖一带由温带萨拜纳变成了森林。

③ 大林太良:《神话不入学》,日本中央公论新社1966年版,第101页。

## 死体化生主题与天柱主题

天神之兄弟姐妹竖天柱、进而建造居那什罗神山以顶天立地的情节仅仅存在于纳西族民间所流传的神话之中，因其中所含有的海螺、贝、土耳其石、黑珠、黄金、白铁等在西藏用如象征物，所以，其中肯定有不少是东巴新添加上去的因素。

然而，天柱主题是与死体化生主题一道常常出现于中国神话中的主题。除纳西族外，白族、彝族、拉祜族的死体化生主题也是与天柱主题结合的。谷野典之已经注意到了这一点，并做了天柱主题那样的建筑性宇宙观是否与死体化生主题同时并存的假设。通过考察各种神话主题的分布，他得到了以下结论："以死体化生观念为基础的建筑性宇宙起源神话是最具云南特点的创世神话"，"是由较早时期从西藏高原进入云南的藏缅语族彝语支民族将单纯的死体化生神话发展成了现今所见之形式的"①。

事实上，虽然在谷野典之所重视的纳西族、彝族、白族等处于"中心"位置的彝语支民族中存在有死体化生型与天柱型两个主题的神话，但在怒族、珞巴族那样处于"周边"的民族中却没有天柱型主题神话的存在。笔者认为，这是值得重视的，而且也赞成"死体化生与天柱主题之重合是在比较晚近的时代才实现的"之说。

可是，如果重视《天问》与《淮南子》中出现的天柱主题②，并将彝语支民族仅有一小部分来自西藏高原的观点作为前提的话，自然就会产生不同的结论，即在中国西南，与汉民族文化接触较多的民族有可能从汉民族中借用天柱主题，并将它纳入自己的神话体系之中。这一结论与纳西族天柱主题中所见的较浓的藏文化色彩貌似矛盾，但如果考虑到东巴

① 谷野典之:《云南少数民族的创世神话》,载《云南的民族文化》,日本研文出版,1983年,第48页。

② 秦家华:《〈天问〉与云南少数民族神话》,载《中国少数民族神话论文集》,广西民族出版社1984年版,第166页。

的介入，天柱主题中带有藏文化色彩也是当然之事，并无什么矛盾。

　　还有，用东、西、南、北四根柱子支撑天体的主题或许来源于处在东部的汉民族文化，但为安定天地而新建造的居那什罗神山之形象似乎是基于佛教宇宙观之柱子须弥山思想而形成的。

# 黑白的对立统一 *

〔日〕诹访哲郎

在《崇搬图》中,黑与白从最初的黑恶白善转变成了后来的黑白和谐。而在《黑白战争》中,直到最后,黑始终是恶的,白亦始终是善的。

我以为,《崇搬图》开头部分的黑白关系既是苯教中的世界起源观念,也是纳西族固有的观念。《崇搬图》中黑白从对立到统一的转化很可能象征着纳西族社会以黑(畜牧民)为统治者融合了白(农耕民)的历史。纳西族神话中关于黑白从对立转向统一以及畜牧民之代表与农耕民之代表相婚生下民族始祖的情节正是对笔者所提出的由北南下的畜牧民集团统治世居农耕民集团,最后,两者实现一体化,形成现今纳西族之观点的有力支持。

### 《崇搬图》中的黑白

《崇搬图》中的神、原人与鬼的诞生过程如图所示:

---

* 此文选自诹访哲郎《中国西南纳西族的畜牧民性与农耕民性》,第一法规出版社1988年版。

真与实        假与虚
↓           ↓
亮光          黑光
↓           ↓
好声好气     坏声坏气
↓           ↓
依格窝格     依古丁那
↓           ↓
白蛋          黑蛋
↓           ↓
白鸡恩余恩曼   黑鸡负金安南
↓           ↓
九对白蛋     九对黑蛋
↓           ↓
神灵、原人等谱系   种种恶鬼的谱系

　　这种善之谱系生于白蛋、恶之谱系始于黑蛋的情节起源于苯教的世界起源论。但是，在《崇搬图》中，黑恶白善的对立最终得到了消解。

　　在恩余恩曼生下最后一个蛋后，"冬天的白雪"与"夏天的黑雨"一同参与了孵化。右边吹来"一阵白风"，左边吹来"一阵黑风"，它们共同发生作用，使蛋壳开裂；在建造居那什罗神山部分，黑石黑土与白露白松为神山的建成做出了同等的贡献；另外，在与黑白起源无关的部分中，白鹡鸰与黑乌鸦、白蝴蝶与黑蚂蚁并不存在任何善恶差别，崇仁利恩被天神课之以有关烧荒农耕的难题时，正是由于白蝴蝶与黑蚂蚁的共同帮助才得以战胜天神。

　　以《崇搬图》为代表的《创世纪》中的黑白之间的关系无疑是从对立到统一的发展，而在与《创世纪》齐名的《黑白战争》这部史诗中，黑与白始终是对立的。

## 《黑白战争》中的黑白对立

《中国少数民族文学》所介绍的《黑白战争》之内容大体如下：

　　史诗一开始，以很大的篇幅描写自然界万物的形成，接着叙述东族的造物主米利东主造天地后，让天地一片光明，让太阳和月亮永远照耀东族居住的地方。而术族的造物主米利术主却让天地一片黑暗，使术族居住的地方永远看不到日月星辰。因此，东、术两块截然分开，黑白分明。一天，东族的白鼠在黑白交界的地方打通了一个洞，东族的白猪也在黑白交界的地方拱通了一个洞，东族的光明便照到了术族的地方。米利术主见了，便派儿子安生米委将东族的太阳、月亮偷来，拴在铜柱铁柱上，叫黑鼠守着。东族的太阳、月亮被偷走后，东地一片黑暗。米利东主决心找回太阳和月亮，便让白鼠和金蛤蟆在三更时分到术地悄悄地将米利术主的三绺头发咬断。米利术主醒来，以为是黑鼠将他的头发咬断，便打死了看守太阳和月亮的黑鼠。白鼠急忙把铜链铁链咬断，取回了太阳和月亮。米利术主为了抢夺东族的光明，千方百计图谋杀害米利东主的儿子阿弄。他让他的儿子安生米委假意请求阿弄来帮助他开天辟地、创造光明。可是，米利术主的儿子安生米委反而被东族铡死在黑白交界处。于是，米利术主便调集队伍，制造兵器。这时，米利东主决定躲避退让。自己躲到天上，儿子藏到海里，女儿避于山后，金银财宝及粮食埋藏在岩洞里。米利术主得知东族人的去向后，命令士兵用千万支箭朝海里射，用千万根矛头向海里刺。可是，他们未能找到米利东主，也不能杀死阿弄。米利术主便与军师商量，决定用自己美貌的女儿根饶纳蒙去引诱阿弄。果然，阿弄被根饶纳蒙迷住了，从海里走出来与根饶纳蒙相会。阿弄就这样被术族捉住了，不久就被米利术主杀害。米利东主被激怒了，阿弄之死酿成了东族与术族的一场大战。东族由于得到雷神优麻与白猴的帮助，攻克了术族的一个个堡垒。经过一场决战，东族大获全胜。东族把术的天割下来做地，把术的地翻起来做天；把术的水源截断，把术的火种灭掉。从此以后，东族子孙昌盛，光明永生。①

　　该作品又叫《东术战争》，是根据东巴念诵的象形文字经典翻译而成的。译文有若干种，内容的详略与登场动物等有不少差异，但总是将黑恶白善贯彻始终的。因它由东巴用象形文字记载于经典之中加以传承，因此，作品开端的万物形成过程之描写仍带有浓厚的苯教或佛教的

　　① 毛星：《中国少数民族文学（下）》，湖南人民出版社 1983 年版，第 103～104 页。

气韵。不过，构成《黑白战争》之核心部分 "偷太阳与月亮" "将太阳与月亮拴在铜柱铁柱上让黑鼠守护" 这类朴素的想象却是贯穿始终的，这可认为是纳西族的传统神话。

如果认定《黑白战争》为纳西族传统神话的话，黑暗（黑）为恶及光明（白）为善贯穿于《黑白战争》本身也就可以说成是纳西族传统思想的反映。但是，这样一来，就会产生一些麻烦和问题。如果将卵生主题视为纳西族传统神话的主题，将黑恶白善思想推定为纳西族的传统思想，那么就会导引出《崇搬图》中的 "白善黑恶谱系始自卵中" 为纳西族固有的东西，是苯教的世界起源论借用了纳西族神话这样一种错误的结论来。由于卵生神话与黑恶白善思想相结合的情况不可能只发生在纳西族地区，所以，它极有可能是二者在西藏合体后被苯教所采用，并与苯教一道传入了纳西族地区。在纳西族民间所流传的神话中并未出现过卵生神话与黑恶白善的思想合体情况便是证明。因此，将它视为与苯教一同传入纳西族社会中是稳妥的。并且，正因为《黑白战争》中黑为恶、白为善观念存在于纳西族传统思想之中，应该说，苯教的白蛋与黑蛋中分别出现善恶谱系的世界起源论已经有机地结合于纳西族的创世神话中。

## 对立关系变为统一关系的原因

从对立到统一的黑白关系与一直对立的黑白关系到底谁更古老？到底哪一者是纳西族固有的东西？可以说，一贯对立的黑白关系更为古老。从《创世纪》中所附加的黑白统一的情况看也好，从与《创世纪》的内容复杂、想象合理的情况相反的《黑白战争》之单纯性、朴素性看也好，从纳西族自称为 "黑人" 的情况看也好，黑白始终对立的观念是纳西族固有的东西。很难考虑《创世纪》中的对立到统一的黑白关系后来会脱落统一部分而成了《黑白战争》中所见的黑白始终对立的关系。

那么，为何纳西族创世神话中的黑白关系从对立变成了统一呢？为了回答这一问题，有必要首先解明纳西族神话世界中的黑与白各有什么意义。回答是：从乌蛮与白蛮的命名推定，黑等于畜牧民，白等于农耕民，这种关系与神话世界中所反映的情况相吻合。纳西族创世神话中黑与白的对立关系向统一关系的转变，反映了纳西族以畜牧民（黑）为统治者融合农耕民（白）的历史。具体讲，东巴根据自称为黑并处于统治地位的畜牧民的意志修改神话内容，将黑恶白善的关系改造成了黑白统一的关系。

## "黑白交界"与"黑界""白界"

总出现于纳西族三大神话、史诗，即《创世纪》《黑白战争》《鲁般鲁饶》中，可以视作解释纳西族神话、传承世界结构之关键的是"黑白交界"。在《创世纪》中，为求配偶而升往天界的崇仁利恩在与衬红褒白命结婚后回到大地的地点为"黑白交界处"[①]；在《黑白战争》中，充满光明的东族与一片昏暗的术族的交界是"黑白交界处"；在《鲁般鲁饶》中，开美久命金埋财物的地点是"黑白交界处"。在《黑白战争》中，东族土地为"白界"，术族土地为"黑界"，但在《鲁般鲁饶》中，"黑界"与"白界"的具体所指并不明确。

在《创世纪》中，既没有像《黑白战争》那样对黑白两界作明确描写的内容，又存在若干处天上世界为"白界"、地上世界为"黑界"的表现。例如，在崇仁利恩遭受洪水袭扰时就有这样的句子："九重白云上，利恩的兄弟姐妹哟，不知淹没在哪方；七层黑土里，利恩的兄弟姐妹哟，不知埋没在何地。"由此可看出上方为白、下方为黑的观念。洪水之后，从皮囊中走出的崇仁利恩一边狩猎一边游走，越过黑山岩，来到黑杉林，在"黑白交界处"，崇仁利恩与衬红褒白命相遇，并藏在白鹤的翅膀下飞向天界。

---

① 云南省民族古籍整理规范办公室：《纳西族东巴经选译》，云南民族出版社 1985 年版，第 28 页。

## 畜牧民集团与农耕民集团从对立到一体化

在这里，我想就纳西族的来历与神话对以上的讨论做一回顾。先提出三点：

1. 纳西族与古羌人的谱系并无明显的联系根据。

2. 纳西族文化中的羌文化因素是从北方缓慢渗透而来的，因此，本来的纳西族更具有烧荒农耕民族的特点。

3. 在乌蛮与白蛮、黑彝与白彝等中所见的黑与白各自象征着从北方南下的畜牧民与世居农耕民。

再提出以下五点看法：

1. 纳西族的传统性创世主题——卵生族祖具有南方农耕民的特点。

2. 可将西藏东南边缘部视为构成纳西族创世神话之核心——死体化生主题与卵生神话的中心地区。

3.《崇搬图》中的主人公崇仁利恩具有畜牧民特点，而衬红褒白命身上则带有农耕民特点，两者结婚诞生的纳西族始祖则表现了农耕民集团与畜牧民集团相接触、融合的历史事实。

4. 在《黑白战争》中，黑恶与白善始终对立；但在《创世纪》中，两者是从对立向统一方向变化的。

5. 在《创世纪》中，有衬红褒白命所属的天界为"白界"，崇仁利恩所属的地上世界为"黑界"的表现。

如将以上所列举的各项分开看，有的是极欠缺说服力的"假设"及无充分根据的"推论"。但是，如果将它们有机地结合起来，其整体之各个部分又有一定的可靠性。

现今纳西族的母体为世居民族，他们拥有具有南方特征的卵生族祖神话和以西藏高原东南周边为中心的死体化生神话。另外，与黑相反，他们持有以白为优越的观念。两千多年前，缓缓南下的北方畜牧民集团将畜牧文化带入了纳西族分布的区域。畜牧民穿以牦牛及山羊毛为原料的黑色衣物，而农耕民则着以植物纤维为原料的白色衣物，因此，畜牧民被视为黑色的民族，而农耕民则被视为白色的民族。畜牧民集团虽是少数，但在武力上占有优势，所以，到唐代，已确立了南下畜牧集团对世居农耕民的统治，即黑对白的统治。这样，以黑为主导的畜牧集团就被汉人分类为乌蛮。其后，统治结构继续传承，以致于黑与白的对立关系渐渐消除，乃至融合，并实现了一体化。白色的被统治者也开始采用"黑人"这一自称。纳西族创世神话中的黑白关系也就从对立变成了和谐统一。在男主人公与天女结婚的部分，地上世界被当成了畜牧民的世界，天上世界则被当成了农耕民的世界。通过畜牧民代表崇仁利恩与农耕民代表衬红褒白命结婚诞生民族始祖的情节，反映了纳西族的实际历史过程。可是，在被统治集团——农耕民集团内，直到后来，一直传诵黑白对立、白比黑优越为特点的《黑白战争》这部史诗。可以说，《创世纪》中所见的黑白从对立到融合的变化除了反映实际历史过程之外，也可看作是统治阶层对被统治阶层所采取的融合政策之一环。

实际的历史是复杂的，它由种种事件错综交织在一起，在神话的流传与修改过程中，巫师与东巴以种种形式参与其中。虽然实际情况并不一定像笔者以上所描绘的纳西族整体面貌那样单纯，但这种整体面貌对许多研究纳西族神话的中国学者所抱有的纳西族"单纯北方畜牧民起源说"是一种否定，而对笔者所提出的"北方畜牧民与世居农耕民融合说"是一种支持。

# 东巴文化源流研究序说<sup>*</sup>

〔日〕荒屋丰

## 一、东巴之由来及其性质

（一）东巴文化定义

规定一种文化的定义，最重要者莫过于其基准。在 1985 年出版的
《东巴文化论集·序》中，云南省社科院东巴文化研究室主任和万宝先
生对东巴文化作了如下定义：

"东巴文化，指的是纳西族古代文化，主要记载于用纳西古文字书
写的一千数百卷东巴典籍中。研究这些古老的东西，首先必须明确，为
的是今天和明天，是为建设社会主义精神文明服务的。"<sup>①</sup>

即，东巴文化被视为纳西族的古代文化。并且，以图画文字写成的
东巴经典是其主要载体，因为人们一般认为图画文字与东巴文化是同时
产生的。关于图画文字的起源，诹访哲郎曾做过概括性的论述<sup>②</sup>，只是
尚未做出最后结论。这就引出了东巴的由来问题。"东巴"一词当是西
藏本土宗教——苯教之"祭师"的借用。东巴文化在狭义上指与这些祭
师读经并主持仪式有关的种种事象。但是，笔者试图把东巴文化当下包
括民俗层次上诸种事象在内的广义性存在加以把握，对东巴文化也将作
如下的定义：东巴文化就是包括具有历史差异与地域差异在内的一切纳

---

* 此文选自荒屋丰的硕士学位论文《中国西南纳西族东巴文化源流研究讨论》。
① 郭大烈，杨世光：《东巴文化论集》，云南人民出版社 1986 年版。
② 诹访哲郎：《中国西南纳西族的农耕民性与畜牧民性》，第一法规出版社 1988 年版。

西文化，其对象是整个纳西族所保持的文化。以东巴文化相称，不过是为了使用上的方便而已。

在本节中，笔者将以分析东巴为中心，去理解民俗层次上的信仰怎样反映于东巴文化之中。这就必然将解释祭师之性质作为重点。

（二）东巴为何

东巴被汉字标记为"东巴"，汉语之标准读音为 tōng pǎ。据称，东巴一词取自一个叫东巴什罗或叫丁巴什罗的大萨满的名字。东巴是中华人民共和国成立前纳西族宗教东巴教的萨满。据和志武、郭大烈的调查，中华人民共和国成立之初，东巴总数约 1000 人，到 1983 年，已减至 180 人[①]。即东巴教正在缓缓消亡。

东巴什罗又取自西藏原始宗教——苯教萨满登巴喜饶（Tonpa gshen rab）。除了末尾子音脱落外，它们几乎是同音语。从语义看，Tonpa 为"智者"，gshen 为"氏族"之意。在现代纳西语中，因为已经不存在末尾子音，所以一般称 to wba。

（三）关于东巴教的传播时期

这是苯教传播到纳西族居住地区的时间问题。先介绍和志武与房建昌对此的看法：

和志武称，苯教最早于 7 世纪末到 8 世纪初之间传播到纳西族地区。其根据是，藏族、纳西族与古羌文化有古老的渊源，纳西族在唐代又被吐蕃政权统治 114 年之久。他列举了东巴教神灵排列顺序中第一位为藏族神"盘神"（p'ər³¹），以及东巴经典中"藏族管纳西、喇嘛治牧权"等内容[②]。

房建昌指出，8 世纪后半叶，西藏发生宗教冲突，狂热的佛教徒排斥苯教，或让苯教徒改宗佛教，或是弃苯教而成平民，或是将苯教徒驱逐出境。许多教徒选择第三条道路，逃到了四川、云南。这就使苯教传

① 和志武，郭大烈：《纳西族东巴的现状和过去》，载《世界宗教》，1983 年。
② 和志武：《纳西族东巴文化》，吉林教育出版社 1989 年版。

入纳西族地区[①]。

杰克逊则认为[②]，苯教是在较近的时代传入纳西族地区的。他以纳西族地区 18 世纪的政治文化背景为依据，认为 1720 年以后原在丽江的苯教徒才成为东巴，受请主持各种仪式。

这三种说法都是以政治社会背景为主要根据来说明苯教在纳西族社会的传播的。它们都各有一定的道理。笔者以为，东巴定居纳西族地区乃是苯教得以传播的直接条件，在此之前，并不存在东巴文化。但是，这并不是说早已存在的当地民俗宗教对东巴教的形成没有影响。可以说，东巴文化是以东巴之导入为契机，因当地民俗宗教总体变异而逐渐形成的。

## 二、东巴古称与邻近诸民族萨满的比较

（一）分析方法

比较分析有关语汇，可以寻找到理解东巴以及与之相对立的"桑尼"之线索。在民俗学界，重出立证法已受到长期的批判，其代表人物是福田亚细男。他认为，地域性、语汇分布（共时）并不与历史性变化（历时）必然对应[③]。这里，笔者将通过分析古老的语汇，克服历时性研究之不足，比较纳西族东巴与周围民族之萨满的异同。显然，这与福田亚细男的有关论述不相矛盾。正如宫田登所指出的那样[④]，民俗学在以理解心意现象为目的时，民俗语汇就成了其重要的材料。

1. 汉译"东巴"之背后

东巴反映当地民俗信仰的证据之一可从纳西语"东巴"这一词汇中

---

① 房建昌：《东巴教创始人东巴什罗及生平》，载《思想战线》，1988 年。

② 杰克逊：《纳西族的宗教》，荷兰海牙，1979 年。

③ 福田阿鸠：《日本民族方法序说》，1984 年。

④ 宫田登：《日本民俗学》，讲谈社学术文库 1985 年版。

获得。在《拯救什罗祖师经》①《东巴什罗身世》②等记述东巴什罗出生情况、祖先谱系的经典中，"东巴（什罗）"记作"tomba（ti pa ʒlər）"。"东巴"二字不过是汉语的音译。不过，在许多东巴经典中，"东巴"这一汉译词写作"py"，《纳西象形文字谱》③记作"pyby"。"py"是从"pyby"中脱落了"by"而成的。王世英称东巴曾呼作"本毕""许让"，"许让"指东巴什罗之叔叔。他继而指出，这说明东巴教这一新宗教是在"许让"这种尚未统一的宗教上形成的④。

2. 与周围诸民族萨满之比较

在语言中与纳西族划为同一语支的民族中，彝族有"毕摩"（pimo），哈尼族有"贝玛"(beima)。虽不知准确的发音，但傈僳族的"贝摩""毕婆"等亦与"毕摩""贝玛"等近音，他们都发挥着祭师的职能。这些称谓中还含有"祭祀读经"之义⑤。

由此可知，彝语支诸民族的祭师是同源的。纳西族的"东巴"虽借用于苯教，"py"却是本土祭师。正如杰克逊⑥所指出的那样，东巴与苯教的孟克相通，东巴教的许多仪式也与苯教相似。总之，东巴教是在苯教传入前的以"py"为代表的本土宗教与苯教相融合的基础上形成的。

（二）东巴与"吕波"（桑尼）

1. 序

东巴为祭师，比较理解"吕波"这一巫师的职能是确定东巴之存在位置的必要课题。首先让我们以与分析东巴相同的方式来描述"吕波"的存在情况吧。

2. 汉译"巫师"之背后

《东巴经典译注》将巫师记作"pha"。由此可知，"pha"（爬）是"吕波"

---

① ② 李霖灿：《么些经典译注九种》，中华丛书编审委员会，1978 年。

③ 方国瑜，和志武：《纳西象形文字谱》，云南人民出版社 1981 年版。

④ 王世英：《东巴原始宗教源流初探》，载《丽江志苑》，1989 年。

⑤ 覃光广：《中国少数民族宗教概览》，中央民族学院出版社 1986 年版。

⑥ 杰克逊：《纳西族的宗教》，荷兰海牙，1979 年。

之古语。《纳西象形文字谱》[①] 中有 "pha" 出自盘仔萨美 "phərdzlsarme" 女神那里的传说。这位女神也出现于《白蝙蝠取经记》[②]《取祭祀占卜经》[③] 等当中。她住在十八层天上，智勇兼备，拥有各种经典与占卜工具。盘（phər）神是藏族神，在东巴教神谱中占首位。他与这位女神名字的第一个音是同音。可以说，这位女神名字的第一个音也是借用于藏族的。另外，在纳西语中，"盘"（phər）有 "白" 之意。

3. 与周围诸民族萨满之比较

正如彝族叫 "苏尼" "什尼"，傈僳族叫 "尼叭"，哈尼族叫 "尼帕"，拉祜族叫 "魔巴"，藏族叫 "摩帕" 那样，"pha" 这一巫师称谓不仅存在于整个彝语支民族之中，也见于藏族之中 [④]。

4. "吕波" 与 "桑尼" 的关联

吕波是巫师的自称，"桑尼" 是他称。纳西族将桑尼与 "爬"（pha）组合在一起，合称 "桑尼爬"。"桑尼爬" 很可能是 "桑尼" 系的巫师与 "爬" 系巫师的结合。名称的多样性很可能是通过与外民族的接触而造成的。据戈阿干称 [⑤]，桑尼是从白族、傈僳族中借来的。"桑尼" 之 "桑" 与东巴教神谱中位列第二的白族神禅神的 "禅" 发音相同。可见，它与白族是有一定关联的。纳西语称白族为 "勒布"，称离丽江最近的鹤庆为 "勒布地"。那么，彝族中存在苏尼这一点说明了它与巫具有什么样的关联呢？因纳西语中 "桑"（sæ）之意为 "血"、"尼"（ŋi）为男性生殖器，杰克逊认为，这是一种侮称。虽有这种可能，但不能定论，因 "尼" 还有除污物之意。杰克逊认为，"吕波" 之 "吕" 意为 "妻"，是狩猎精灵、风精灵之伙伴。"吕" 还带有 "箭" 之意。箭是经常作为生命神而使用的。"波" 在图画文字中一般指妇女。笔者以为，它还有另外一个意

---

① 方国瑜，和志武：《纳西象形文字谱》，云南人民出版社 1981 年版。

② 傅懋勣：《纳西族图画文字 "白蝙蝠取经记" 研究》，1984 年。

③ 云南少数民族古籍整理出版规划办公室：《纳西东巴古籍译注》，1989 年版。

④ 覃光广：《中国少数民族宗教概览》，中央民族学院出版社 1986 年版。

⑤ 戈阿干：《滇川藏纳西东巴文化及源流考察》，载《边疆文化论丛》，云南民族出版社 1989 年版。

思,即"石"。可将"吕波"理解成"石妻"。因为纳西族在祭天仪式上石木并用,在有的神话中,石为男性生殖器之象征,木为女性生殖器之象征。这些都与远古的石信仰、木信仰有关。

5."东巴"与"吕波"之比较

从性别看,"东巴"为男性,"吕波"则又有男,又有女。但在图画文字中,"吕波"为女性,男"吕波"只出现于"改土归流"(1723年)之后。那时,女性地位下降,"吕波"便不可能仅仅为女性所保持。

从职能看,"东巴"也好,"吕波"也好,都行占卜。但是,"吕波"之古语"爬"与司占卜之女神的名字同音,"东巴"之古语"卟"(py)意指司读经、祭祀。从其起源看,"吕波"仅司占卜,不能读经。

从法器看,"吕波"只有铜锣,而"东巴"有法鼓、法杖、法螺、法刀、板铃等。

从资格上看,东巴基本为世袭、修行,"吕波"只以"三朵"白石神为祭祀对象。

(三)从东巴之定义看萨满、普利斯特、语部等

1.序

关于东巴为萨满之说始于洛克①,伊利亚德②、杰克逊③、诹访哲郎④等因袭其后;普利斯特说由村井信幸所首倡⑤;语部说创自伊藤清司⑥,它是在与日本的语部相比较时提出的。概念是理念性的,而现实存在却是错综复杂的。在这里,我将试图分析有关客观存在与理念之间的关

① 洛克:《祭天仪式或纳西人奉行的祭天》,载《辅仁学志》第8卷,1948年。

② 伊利亚德:《神话与现实》,载《伊利亚德著作集第7卷》(中村恭子译),塞利卡书房,1978年。

③ 杰克逊:《纳西族的宗教》,荷兰海牙,1979年。

④ 诹访哲郎:《中国西南纳西族的农耕民性与畜牧民性》,1988年。

⑤ 君岛久子:《日本民间传承之源流》,小学馆1989年版。

⑥ 伊藤清司:《日本神话与中国神话》,学生社1979年版。

系。正如佐佐木宏干<sup>①</sup>所指出的那样，萨满与巫术主义之间的关系问题至今尚未得到彻底解决，因此，当我们使用这些术语之际，解明它们是在什么样的意义或立场上使用就十分重要。

2. 东巴可称为萨满吗？

佐藤宪昭<sup>②</sup>指出，经过一个混乱时期，到昭和五十年前后，日本的巫术主义研究已经对"意识异常状态""意识混浊状态"等问题有了较一致的理解。他说："在发挥礼仪作用时，萨满处于与通常意识状态不同的状态之中，而与超自然的存在（神灵、精灵等）直接交流。其方式大体有两种：一是萨满将自己的灵魂从体内分离出去，使之出入于天上地下等超自然性领域，与神灵等直接交流；二是萨满招神灵前来交流。前者为脱魂型，后者为凭依型。"

如上所述，在现实中，因论者不同而所赋予的内容及意义多少有些不同，但作为基本的类型及条件，以上介绍的脱魂型、凭依型等用语还是值得参考的。在解明东巴是脱魂型还是凭依型之前，我们应先探讨东巴是否具有处于异常状态与超自然的存在进行交流这一基本问题。在考察这一问题时，对比杰克逊与伊利亚德的观点是比较有效的。需要指出的是，他们的观点都不是基于自己的实地调查，而是从洛克的有关调查报告中引出的。另外，这些观点也不是为了给东巴下定义而提出的。

据杰克逊称<sup>③</sup>："东巴在仪式上并不处于精神异常状态，而是诵经舞蹈。"如果此说正确，那么，东巴便不是萨满。下面，让我们来看看伊利亚德<sup>④</sup>就其所举事例及神话而提出的观点。

在创造宇宙神话、病及其治疗神起源神话与咒术性治疗仪礼之间

---

① 佐佐木宏干：《巫术主义研究之现状与课题》，载《文化人类学》，阿卡德米亚出版协会，1989 年。

② 佐藤宪昭：《战后日本的巫术主义研究》，载《文化人类学》，阿卡德米亚出版协会，1989 年。

③ 杰克逊：《纳西族的宗教》，荷兰海牙，1979 年。

④ 伊利亚德：《神话与现实》，载《伊利亚德著作集第 7 卷》（中村恭子译），塞利卡书房，1978 年。

存在重要联系的事例见于藏缅系民族,尤其是居住在中国云南省的纳西族之中。在他们的传承中,宇宙起始便分"那伽"与人类,不久,他们处于敌对状态。盛怒的那伽将病、不育及其他鬼祟降于了人类。那伽能偷盗人类的灵魂,使之致病。如果人与那伽不通过仪礼加以和解,病人便必死无疑。但是,作为祭师的东巴可以借助咒语之力量,将被那伽盗走受禁之灵魂解放出来。据说,在神话时代,萨满与东巴借助"加尔达"的帮助一同攻打那伽,但只有萨满能与那伽相抗衡。严格地讲,治疗仪礼就是对其出典的庄严唱诵。正如洛克所译经文中所明确指出的那样,"如果不讲述加尔达的来历,就不能不胡说八道"。这些治疗经文是从宇宙创造神话开始的。试举一例:"起初,并无天、地、日、月、星辰",后来,世界被创造,恶魔诞生,疾病萌生,最后出现了带来药物的萨满、东巴。……也有这样的经文:"如果不讲药物的由来,就不能谈与之有关的一切。天地、日月、星辰出现之际,诞生了崇忍潘迪",接着是说明医药起源的长篇神话……在历经种种艰险之后,他盗取到了妙药,但因魔鬼驱赶而摔倒在地,使盗来之药撒满一地,地上长满了草药。

"通过超自然性存在者的出现,人们得以再构神话性的时间,在某种程度上处于与神话所传达者'同时限'的状态,与英雄、神同时存在。简言之,通过使神话'活着',人们可以超脱世俗性的、纪年性的时间,进入异质的时间,即原初性的、有可能回复的'神圣'的时间之中。"

使神话"活着"意味着与日常生活经验相异的、真正的"宗教性"经验。这个经验的"宗教性"来自人们再现神话性的重要事件,离开世俗世界,进入超自然者出现、活动、变异的、光彩四溢的世界这一事实。并非纪念神话性事件,而是对此进行重复这一点是非常重要的。神话中的主人公于此登场,人们成为与他们生存于同一时代者。这还意味着人不是生在纪年性时间之中,而是生活于原初的时间即神话事件发生时代之中。这就是可以称此为神话的"强有力的时间"的理由。这是展示新的、强有力的、重要事物的惊异的、"神话性"的时间。

像与伊利亚德所举之事例相同的想法中所知道的那样,咏唱纳西族神话不也可以说是处于异常精神状态之中与超自然者所进行的直接交流吗？可是，问题是这是以象形文字为媒介的直接交流。虽说以象形文字为媒介进行直接交流，但一般来讲是由东巴背诵神话的内容，象形文字不过是备忘录式的东西。并且，正如西田龙雄所指出的那样①，纳西象形文字具有"缺乏线条性"的特点，即文字与语音并非一对一的对应。这一特点不正是再生原初的强有力的时间的重要媒介吗？即不仅用声音与姿势，而且通过眼睛给身体以刺激。这并不是通过脱魂所做的间接交流。对于脱魂型萨满来说，最重要的是再生原初的强有力的时间。纳西族的起源神话是一种向他界旅行的脱魂体验神话，在这个意义上，不也可以将它视作脱魂型萨满吗？但是，说到底，这是理念型的，并不发挥现实性的脱魂作用。之所以这样，是因为有的调查报告称，有的东巴为在仪式上获得高额报酬、过富裕生活而在自杀仪礼"祭风"等之上进行欺诈。因此，在这里我们暂定东巴是脱魂型萨满，而"吕波"则大体可以视作是凭依型（附体）萨满。

3. 东巴可说成是语部吗？

有关语部存在形态的资料非常稀少。东巴语部说是伊藤清司为了解明古典神话从口诵到记载于古文献，最后记载于《古事记》与《日本书纪》这一过程，将它们作为比较资料而提出的②。虽嫌过长，但还是让我们对有关比较部分做一介绍吧：

纳西族的东巴与我国（日本——译者注）古代的语部有若干类似点。第一，他们都同是各个地方的神话传承者，其职业主要是世袭，并且是终身性的；第二，他们都在族长那样的地域共同体首领的支配下，在祭祀等场合讽诵传承；第三，两者都不带有所谓吟咏诗人、巡游神人的特点，他们既是词章的传承者，也是定居的农（渔）民。据上田正昭介绍，语部一般有二至三段耕地，平常从事农事与渔捞。东巴也一样，平常事稼穑，祭师之职只是副业性的；第四，两者都以在其所属共同体

---

① 西田龙雄：《汉字文明思考地图》，P.H 研究所 1984 年版。
② 伊藤清司：《日本神话与中国神话》，学生社 1979 年版。

等的神圣祭祀上讲述神话传承为本务，但也在其他日常生活中唱诵神话传承……东巴经典具有与各种仪礼不可分割的特点，其内容也带有不让参列仪礼的听众发倦的、引人生趣的说唱文学特点。另外，同样的神话传承也在邻近少数民族的"宿娘"等场合作为娱乐而讲述。另一方面，解释乌鸦为何黑羽的《青蛙与乌鸦》等故事并不记录于东巴经典之中，而是以口头的形式传诵，它在内容上带有作为创世时期故事的事物由来的神话因素。这样，在可以想象是由东巴加以口诵的传承中，也有与神圣性祭仪无直接关系，而在所谓的日常生活中加以讲述的作品。

在这里，最重要的问题是神话传说是否也讲述于一般场所。和志武说，东巴教与高级宗教不同，并无固定的宗教活动场所如寺院、庙宇等，无严格意义上的宗教组织，无具有体系的宗教教义，无职业性的神职人员。[①] 这正好可以证明东巴经典内容是可以在一般场所进行讲述的。由于没有可以证明东巴与语部不同的材料，所以，我以为伊藤清司之说还是可以成立的。对这一问题，我想在今后通过实地调查而加深认识。

---

① 和志武：《纳西族东巴文化》，吉林教育出版社 1989 年版。

# 总后记

50卷《白庚胜文集》行将出版，我对自己近年从事有关选编工作无怨无悔。因为，在本质上，我也是文化工作者，只是偏于戏曲表演与教育罢了。

在此，对为出版这套文集而无偿提供有关版权的社科文献出版社、线装书局、作家出版社、民族出版社、云南人民出版社、云南民族出版社、晨光出版社、四川新华出版发行集团、宁夏人民出版社、深圳海天出版社、苏州古吴轩出版社、辽宁民族出版社、中央民族大学出版社、新华出版社、中华书局等表示衷心地感谢！同时对授权翻译出版中文本有关著作的日本勉诚出版社、学生社、雄山阁出版社、中公社表示深深的谢意。

我要特别致谢那些为这项工作施以种种援手的朋友们：中国作家协会主席、中国文学艺术界联合会主席铁凝女士，中国作家协会副主席高洪波先生，中国作家协会书记处书记吴义勤先生，全国政协常委班禅额尔德尼·确吉杰布大师，中共贵州省委原常委、宣传部原部长、贵州省人大常委会副主任慕德贵先生，贵州出版集团有限公司党委书记、董事长黄定承先生。没有他们的关怀、决策，就没有这套文集的出版。

我要特别感谢的是贵州民族出版社及其胡廷夺社长。胡先生仅因白庚胜先生于15年前为他写过一篇序，以及这几年来一直关心贵州文学、文化事业，尤其是脱贫攻坚文学书写，便一直谋划着以文化的形式予以回报。胡先生的大气、重义、高端，为贵州乃至全国民族文化出版事业勇于开拓创新的精神，让我坚信贵州民族出版事业及贵州民族出版社必有灿烂的未来。

李江山先生是胡社长的得力助手，也是本文集全部选编业务的操盘手。他的温润、细致、敬业都给我留下难忘的印象。

40 多年来一直在白庚胜先生身边工作，并予以他帮助的中国社会科学院少数民族文学研究所、中国民间文艺家协会、中国文学艺术界联合会、云南省人民政府、中国作家协会、全国政协民族宗教委员会的各位朋友，云南、四川、西藏的纳西族同胞，我也要深深地致以谢意：是你们成就了白庚胜先生的一切辉煌。

如果钟敬文先生、马学良先生、贾芝先生、宫田登先生在天有灵，我想献上这套文集，以感激他们对白庚胜先生的教育和培养之恩。

最后，我想借此告慰我的公公婆婆：二老，庚胜此生不虚度，淑玲卅年已尽力。不足之处，望多包涵！

孙淑玲

2021 年 6 月 15 日